Diseño organizativo
Estructura y procesos

Coordinación editorial:
DÉBORA FEELY

Diseño de tapa:
MVZ ARGENTINA

JUAN JOSÉ GILLI (coordinador)
ÁNGEL O. AROSTEGUI
INÉS M. DOVAL
ALEJANDRA S. IESULAURO
DIANA R. SCHULMAN

Diseño organizativo

Estructura y procesos

GRANICA

BUENOS AIRES - BARCELONA - MÉXICO - SANTIAGO - MONTEVIDEO

© 2007, 2013 *by* Ediciones Granica S.A.
2a. reimpresión: marzo de 2013

ARGENTINA
Ediciones Granica S.A.
Lavalle 1634 3° G / C1048AAN Buenos Aires, Argentina
Tel.: +54 (11) 4374-1456 Fax: +54 (11) 4373-0669
granica.ar@granicaeditor.com
atencionaempresas@granicaeditor.com

MÉXICO
Ediciones Granica México S.A. de C.V.
Valle de Bravo N° 21 El Mirador Naucalpan - Edo. de Méx.
53050 Estado de México - México
Tel.: +52 (55) 5360-1010 Fax: +52 (55) 5360-1100
granica.mx@granicaeditor.com

URUGUAY
Ediciones Granica S.A.
Scoseria 2639 Bis
11300 Montevideo, Uruguay
Tel.: +59 (82) 712 4857 / +59 (82) 712 4858
granica.uy@granicaeditor.com

CHILE
granica.cl@granicaeditor.com
Tel.: +56 2 8107455

ESPAÑA
granica.es@granicaeditor.com
Tel.: +34 (93) 635 4120

www.granicaeditor.com

GRANICA es una marca registrada
I.S.B.N. 978-950-641-514-3
Hecho el depósito que marca la ley 11.723
Impreso en Argentina. *Printed in Argentina*

Diseño organizativo : estructura y procesos / Juan José
Gilli...[et.al.]. - 1a ed. 2a. reimp. - Buenos Aires : Granica,
2013.
   360 p. ; 22x15 cm.

   ISBN 978-950-641-514-3

   1. Organizaciones. 2. Administración. I. Gilli, Juan José.
   CDD 658

ÍNDICE

MEMORANDO AL LECTOR

A: Directivos, profesionales, estudiantes u otros lectores interesados
De: Juan José Gilli y colaboradores
Objeto: PROPÓSITO Y CONTENIDO DEL LIBRO

Propósito

El concepto de diseño aplicado a las organizaciones tiene su origen en Herbert Simon, quien en *Ciencias de lo artificial* afirma que el mundo en que vivimos es más una creación humana –artificial– que un ente natural. La administración, al igual que la ingeniería y la medicina, no se ocupan de lo necesario, sino de lo contingente; no de cómo son las cosas, sino de cómo podrían ser; en otras palabras, del diseño.

Para Federico Frichknecht, administrar consiste en diseñar formas que permitan a las organizaciones alcanzar sus propuestas y resolver los problemas que les plantea el ambiente. No obstante, existe una creencia frecuente respecto de que el diseño deliberado, o su exceso, puede minar la adaptabilidad y la iniciativa; un diseño apropiado tiene precisamente el efecto opuesto: es capaz de permitirnos vivir y trabajar armoniosamente, ser competitivos y eficientes y, a la vez, liberar la creatividad humana.

La visión subyacente en el libro es sistémica, ya que si bien se centra en el diseño de estructuras y procesos, considera otros elementos: el diseño está orientado por la estrategia y exige la consideración cuidadosa de los recursos

11

humanos y tecnológicos. En las sociedades modernas, la mayoría de los puestos de trabajo se generan dentro de organizaciones. Para quienes las integran, su empleo no es sólo un medio de subsistencia; también les importan la calidad de las relaciones interpersonales y la posibilidad de realizarse como personas a partir de la aplicación plena de sus capacidades.

Diseño organizativo. Estructura y procesos es el resultado directo de nuestro trabajo en la cátedra universitaria, pero también de nuestra experiencia laboral en numerosas empresas e instituciones. Los conceptos y métodos que se proponen aquí pueden aplicarse a toda clase de actividad: en el campo de la empresa competitiva dentro de la industria, los servicios o el comercio; en la administración pública central o local; en educación, justicia o salud; o en el ámbito de la defensa nacional.

En el desarrollo del texto se han seguido algunos criterios:

- enfocar los conceptos de estructura y procesos con una perspectiva sistémica;
- presentar una visión actual del diseño organizativo;
- integrar críticamente el aporte de autores clásicos;
- realizar un aporte útil para el estudio teórico y para su aplicación práctica.

Organización de los contenidos

Para lograr el propósito enunciado y respetar los criterios fijados, los contenidos se organizan de acuerdo con el siguiente esquema que articula los distintos temas y proporciona una guía para aproximarse al texto.

Conceptos
clave

```
        ┌─────────────────────┐
        │ 1. Visión sistémica │
        │   de la organización │
        └─────────────────────┘
```

Fundamentos
del diseño

```
┌─────────────────┐        ┌─────────────────────┐
│   2. Diseño     │        │ 5. Diseño de sistemas│
│ de la estructura│        │   administrativos    │
└─────────────────┘        └─────────────────────┘

┌─────────────────┐        ┌─────────────────────┐
│3. Configuraciones│       │    6. Sistemas      │
│    típicas       │       │     operativos      │
└─────────────────┘        └─────────────────────┘
```

Aplicaciones

```
┌─────────────────┐        ┌─────────────────────┐
│   4. Formas     │        │  7. Sistemas de     │
│  innovadoras    │        │   planeamiento      │
│                 │        │     y control       │
└─────────────────┘        └─────────────────────┘
```

Integración

```
        ┌─────────────────────┐
        │  8. Metodologías    │
        │    de diseño        │
        └─────────────────────┘
```

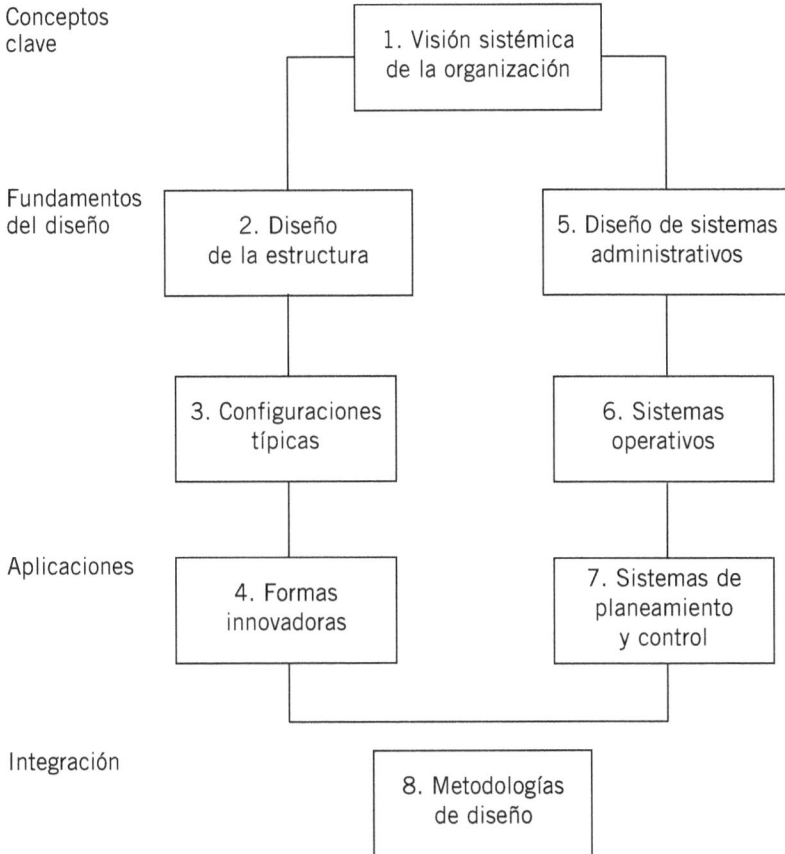

Los *conceptos clave* para el desarrollo del libro se presentan en el primer capítulo, donde se analiza la organización desde una visión sistémica, con el objetivo de proporcionar un marco integrador para el estudio de estructuras y procesos. A partir de allí, se reconocen los elementos a considerar en el diseño y que son determinantes de la forma en que se articularán las tareas, la información y las decisiones. Sólo a partir de la comprensión de la interrelación de estos elementos puede concebirse una metodología de análisis y diseño integral.

Como *fundamentos del diseño* se pretende analizar los conceptos y elementos básicos del diseño de estructuras y de procesos –representados como sistemas administrativos–; para ello, se sigue un orden consistente con la visión del funcionamiento organizativo desde la óptica de la estructura a través de la cual se asignan las tareas a las personas (Capítulo 2, "Diseño de la estructura") y se analizan los procesos que integran las distintas tareas para el logro del propósito organizacional (Capítulo 5, "Diseño de sistemas administrativos"). En ambos capítulos se presentan, además de los conceptos básicos, los criterios y principios que orientan el diseño y una breve descripción de los diagramas y manuales utilizados en la tarea.

Las *aplicaciones* constituyen la parte más extensa y laboriosa del libro, ya que en ella se pretende mostrar en acción los conceptos orientadores del diseño. Los capítulos 3 y 4 se refieren, respectivamente, a las estructuras típicas (formas funcional y divisional) y las formas innovadoras (estructuras matriciales, profesionales, redes, por equipo, misionaria, etc.). Los capítulos 5 y 6, por su parte, tratan los sistemas operativos (abastecimiento, conversión, comercialización, administración del personal y financiera) y los sistemas de planeamiento, de contabilidad y control de gestión.

Por último, se propone la *integración* de los elementos del diseño desde un punto de vista metodológico. Bajo el título "Metodologías de diseño" se analizan, en el Capítulo 8, tres enfoques diferentes: el clásico ciclo de la vida, el de mejora continua y el de base cero; el capítulo concluye con una reflexión acerca del cambio que implica la puesta en práctica de un nuevo diseño de estructura o de proceso.

Con una intención didáctica, los distintos capítulos responden a una estructura similar: parten de los "Objetivos de aprendizaje" que delimitan el alcance y las cuestiones centrales de cada unidad; el desarrollo de los distintos puntos incluye esquemas, gráficos y ejemplos que apoyan la descripción, y en el cierre se presentan fuentes adicionales de consulta bibliográfica bajo el título "Referencias seleccionadas", y una propuesta de "Temas de discusión" que pretenden orientar la reflexión crítica sobre lo leído.

El equipo de trabajo

Ángel Oscar Arostegui

Licenciado en Administración y contador público nacional egresado de la Universidad de Buenos Aires, donde cursó –además– el posgrado en Administración Financiera. Es profesor regular de la Facultad de Ciencias Económicas (UBA). Ex profesor en la Universidad Argentina de la Empresa en la carrera de Administración, y en la maestría en Derecho Empresario de ESEADE. Actúa como ejecutivo en empresas, en las áreas de administración y finanzas, y es coautor de varios libros.

Inés María Doval

Licenciada en Administración (UNR), contadora pública nacional (UNL), docente autorizada y posgrado en Docencia Universitaria de la Facultad de Ciencias Económicas (UBA), donde se desempeña como profesora regular de Administración General y Sistemas Administrativos. Es profesora titular ordinaria de Administración I en la Facultad de Ciencias de la Administración UNER. Participó como expositora en congresos nacionales e internacionales y es coautora de varios libros.

Juan José Gilli

Doctor en Ciencias Económicas por la Universidad de Buenos Aires. Es profesor titular de la primera cátedra de Sistemas Administrativos, director del Departamento de Doctorado en la Facultad de Ciencias Económicas (UBA) y profesor de posgrado en otras universidades. Como consultor especializado en organización ha actuado en empresas, en el sector público y en proyectos de organismos internacionales. Es autor y coautor de libros de su especialidad.

Alejandra Susana Iesulauro

Licenciada en Administración (UBA); realizó cursos de perfeccionamiento docente en la Facultad de Ciencias Económicas de la misma universidad, donde se desempeña como profesora adjunta. Cursó el posgrado en Gestión de la Calidad, Six Sigma y Normas ISO en la Universidad del Salvador. Tiene antecedentes docentes en otras universidades y como colaboradora en investigaciones sobre administración. Actúa como staff y ejecutiva en las áreas de administración y finanzas. Es coautora de dos libros.

Diana Rut Schulman

Licenciada en Economía (UBA), magíster en Ciencias Sociales (FLACSO). Es profesora regular del área de Administración en las universidades de Buenos Aires y de Luján, en las que se ha desempeñado también en cargos de gestión. Docente de posgrado en las universidades de Morón y Patagonia San Juan Bosco. Ha cursado el Doctorado en Ciencias Sociales (FLACSO). Es coautora de siete libros sobre administración y marketing, y actuó como capacitadora en numerosas empresas e instituciones.

Los autores, junto con los profesores *Pablo Albertti, Marcelo Alcaín, Tomás Chahin, Ana Garabito, Luis Ghiglione, Graciela Núñez, Héctor Spinelli, Jorge Wasiak* y un grupo de entusiastas docentes, integramos la primera cátedra de Sistemas Administrativos en la Facultad de Ciencias Económicas de la Universidad de Buenos Aires. Este libro, por lo tanto, ha sido enriquecido por la tarea en común y por una visión compartida acerca de la función de la universidad pública y el compromiso que implica. Nuestro especial reconocimiento a la colaboración de Noelia García en la digitalización de los originales.

Ahora, le corresponde al lector extraer del texto aquello que sirva para su formación y para su tarea y, en última instancia, valorar si el libro ha logrado su propósito.

CAPÍTULO 1

LA VISIÓN SISTÉMICA
DE LA ORGANIZACIÓN

OBJETIVOS DE APRENDIZAJE

- Desarrollar conceptos clave sobre las características de la organización como sistema, para su posterior utilización en el texto.

- Analizar el proceso de diseño organizativo, así como los alcances y componentes de la tarea.

- Reconocer a la estructura y a los procesos como elementos del diseño que permiten articular tareas, información y decisiones.

- Entender la relación entre estructura y procesos, y a partir de allí concebir una metodología de análisis común.

1.1. Acerca del enfoque de sistemas

Escribe Van Gigch (1981, 41)[1] que cuando hablamos del enfoque de sistemas podemos referirnos a muchas cosas, entre otras a un nuevo paradigma científico, a una teoría acerca de las organizaciones o a una metodología.

Los antecedentes de su consideración como un nuevo *paradigma científico* aparecen a partir de 1920 en los trabajos de Von Bertalanffy. La idea tomó forma en 1954, cuando Bertalanffy, Boulding Rapaport y Gherad constituyeron la Society for General Systems Theory. La teoría fue sucesivamente incorporada a las disciplinas sociales, entre otros, por Parsons, y al campo de la administración, por Barnard. Paralelamente a la formulación de Von Bertalanffy, y en el mismo sentido, Wiener sostuvo que la cibernética es la ciencia que brinda conexión a las demás ciencias, basándose en la idea de que tanto los seres vivos como las máquinas son esencialmente sistemas de procesamiento de mensajes, a través de métodos mecánicos, fisiológicos, psicológicos o combinaciones de ellos.

También se ha aplicado a elaborar una *teoría de la organización*, posterior al modelo formal y al organicista. El modelo formal concibe a la organización con visión mecanicista, y rescata en ella una realidad simplificada donde la trama de relaciones responde al mecanismo causa-efecto. La realidad social se analiza como la realidad físico-natural. Este enfoque coincide con el clásico, centrado básicamente en la división de tareas por especialidades y la estructuración de la organización de acuerdo con ciertos principios "científicos". Ha sido sostenido por autores como Taylor y Fayol, y también por Weber, cuyo modelo burocrático se basa en la formalización del comportamiento

---

[1]   Se indica entre paréntesis el año de edición, seguido del número de página cuando se trata de una referencia puntual.

para lograr su control. El modelo organicista tiene que ver con el enfoque sociológico de Parsons y Homans, quienes trataron de estudiar la organización a partir de una analogía biológica. Parsons habla de un mecanismo de homeostasis que, incorporado a las organizaciones sociales, les permite lograr estabilidad y permanencia a través del tiempo.

A la propuesta de entender el sistémico como un *método de la administración* se refiere Simon (1969), cuando lo describe como respuesta a una presión cada vez mayor para sintetizar y analizar la complejidad. En todos los casos, se privilegia el conocimiento del sistema total, sobre el conocimiento de sus partes. El método analítico tradicional examina una entidad desde el punto de vista de sus componentes constitutivos, es decir, descompone el todo en partes más pequeñas para comprender mejor su funcionamiento. El objetivo de este enfoque consiste en lograr una comprensión más completa de los elementos individuales de un sistema. Una vez analizado el problema en partes manejables, se deben reunir los diversos fragmentos antes desagregados.

La administración clásica, por ejemplo, ha estudiado el trabajo analizando cada una de las operaciones específicas necesarias, su secuencia y sus requerimientos. Así, Taylor, en 1880, estudió el comportamiento en una planta siderúrgica y trató de determinar la carga por palada óptima que permitía que un obrero hiciera más trabajo diario. Otro ejemplo es Gilbreth, quien identificó y clasificó todos los movimientos que intervienen en el trabajo manual. Muchos años más tarde, la administración se ocupó de agrupar las operaciones específicas en un proceso de producción, es decir, de hacer una síntesis que permitiera identificar diferentes sistemas de producción. El enfoque de sistemas aborda el tema con una perspectiva más amplia, global e integral.

1.2. Qué entendemos por sistema

Para profundizar en el aporte del enfoque sistémico al estudio de organizaciones, empezaremos por el análisis de los conceptos básicos. El primero, qué es un sistema. Podemos pensar que un sistema es "todo aquello que usted quiere que sea", dado que el concepto no sólo es utilizado en el campo de la administración, sino que puede ser aplicado a cualquier objeto en estudio.

Quizás la descripción de Schoderbek (1984, 11) abarca a las demás. Para este autor un sistema es "un conjunto de objetos relacionados entre sí y con su ambiente, de tal modo que forman una suma total o totalidad". La definición resulta ser lo suficientemente extensiva como para permitir una amplia aplicabilidad y, al mismo tiempo, suficientemente concreta como para incluir todos los elementos que permiten detectar e identificar un sistema. Analicemos, a continuación, sus principales elementos.

- *Conjunto:* colección de elementos dentro de un marco discursivo, que pertenecen a él.

- *Objetos:* desde un punto de vista estático, los objetos son las funciones o actividades que se desarrollan para alcanzar el objetivo. Desde un punto de vista funcional, en cambio, son la entrada, el proceso, la salida y el control de retroalimentación.

- *Interrelación e interdependencia:* se considera que los elementos no relacionados no forman parte del sistema. Si bien encontramos diferentes tipos de relaciones, analizaremos las siguientes como las más relevantes.

  - *Relaciones simbióticas:* alto grado de interdependencia entre los elementos del sistema, que no pueden funcionar aisladamente. Desde un punto de vista biológico, por ejemplo los líquenes son el resultado de una simbiosis entre los musgos y los hongos. En el ámbito organizacional, la relación entre los departamentos de comercialización y producción puede ser considerada como simbiótica.

– *Relaciones sinérgicas:* asociaciones de varios órganos para la producción de un trabajo. La acción conjunta de los elementos del sistema genera un resultado total mayor que la suma de los resultados considerados en forma independiente. El trabajo en equipo, la acción cooperativa de dos o más individuos, produce un efecto sinérgico en la organización. El concepto de sinergia de demanda es utilizado en el ámbito de la comercialización para explicar la percepción de un producto por el consumidor con mayor valor por ser asociado favorablemente con otro. En este caso, la sinergia es el resultado positivo de la asociación entre imágenes de productos.

– *Relaciones superfluas:* están destinadas a aportar un elemento de regulación al funcionamiento del sistema. Son las relaciones denominadas "de control" y suponen la existencia de normas que permiten verificar el cumplimiento del objetivo.

• *Ambiente:* este concepto se encuentra vinculado al de límite. Para Katz y Kahn (1981), este está constituido por las líneas que determinan la actividad del sistema y permiten decidir qué entra y qué sale de él. En general, podemos considerar "límite" a la zona donde el intercambio de energía es más bajo que en el resto del sistema; y "ambiente" a todas aquellas variables externas al sistema, sobre las que este no tiene control. Schoderbek (1981) establece dos condiciones para caracterizar el ambiente:

– que esté constituido por variables no controlables por la organización; y
– que los factores que lo constituyen sean relevantes para la organización.

La definición de un sistema implica la definición de un ambiente, es decir, del conjunto de variables que no forman parte del sistema.

• *Totalidad:* el sistema es un conjunto reconstituido; es un todo no dividido. Se estudia el todo con todas sus partes interrelacionadas e interdependientes en acción. Para inferir hipótesis o proponer soluciones se pone énfasis en la interrelación e interdependencia de los elementos más que en las propiedades constantes de cada uno. El concepto de totalidad suele ser presentado como holismo o *Gestalt.* Así, por ejemplo, lo que explica el funcionamiento de una facultad (que las dependencias estén limpias antes de ser ocupadas, que el material esté disponible cuando los alumnos lo requieren para estudiar una asignatura, que el profesor y los alumnos coincidan en el mismo lugar físico para realizar las clases, etc.) no es el análisis de los diferentes departamentos, sino su combinación, el modo en que se relacionan.

Explicados los términos relevantes que intervienen en el concepto de sistema, explicaremos algunas de las características que complementan la definición.

• *Teleología:* todo sistema persigue un objetivo final. La interacción adecuada de sus componentes permite alcanzar alguna meta, un estado final o una posición de equilibrio. Se puede verificar la existencia de objetivos formulados y reales. Si bien en los sistemas mecánicos la determinación del objetivo resulta sencilla, en los sistemas humanos puede no serlo. Así, por ejemplo, suelen considerarse los objetivos organizacionales como evidentes y muchas veces están explicitados en informes anuales. Pero los objetivos reales no siempre coinciden con su formulación, ya que en ella se pueden omitir o deformar algunos aspectos para demostrar, por ejemplo, la utilidad social de la organización.

- *Recursos:* son los medios que posee el sistema para realizar las actividades que le permitan lograr el objetivo. Si bien podemos afirmar que en general los recursos de los sistemas sociales son personas, dinero, equipos y materiales, un grado mayor de análisis revelará diferencias entre los tipos de recursos que requieren distintas organizaciones específicas, –por ejemplo, una de servicios de salud y una educativa.

- *Jerarquía:* la existencia de jerarquías supone la de subsistemas y permite separar y ordenar partes en los sistemas complejos. Cualquier nivel de jerarquía de un sistema puede ser considerado como un sistema en sí mismo. Las personas que realizan la inscripción de alumnos en una facultad, lo hacen cumpliendo las reglas establecidas por una autoridad superior que las ha elaborado y que efectuará algún tipo de control sobre su aplicación.

- *Atributos:* son las características que identificamos en los elementos del sistema y en sus interrelaciones. Existen atributos definidores y concomitantes. Los primeros son las cualidades que dan a conocer un objeto, sin las cuales no sería lo que es. Los atributos concomitantes, en cambio, son aquellos cuya presencia o ausencia no influye en su entidad.

1.3. La organización como sistema

Si bien a lo largo de la historia de la administración diferentes autores han definido la organización como un sistema, no siempre se ha profundizado en el alcance y el aporte que el enfoque sistémico ejerce sobre la administración.

- Trist y Bramforth (1951) formularon la línea teórica llamada "de los sistemas sociotécnicos". Explicaron que un sistema de producción requiere una organización tecnológica (equipos y procesos) y una organización del trabajo, que relacionen a las personas que realizan las actividades dentro del sistema. Con el concepto de sistema sociotécnico, estos investigadores manifestaron que los requerimientos tecnológicos ponen límites a las posibles maneras de organizar el trabajo, pero también la forma en que este se organiza presenta dimensiones sociales y psicológicas independientes de la tecnología.

- Más tarde, Emery y Trist (1960) señalaron que el concepto de sistema sociotécnico requiere ser complementado con el de "sistemas abiertos". Expusieron que en el campo de la teoría social ha existido cierta tendencia a considerar a la empresa lo suficientemente independiente como para permitir que se analicen casi todos sus problemas sobre la base de la estructura interna y sin hacer referencia al ambiente externo.

- Argyris (1961) definió la organización como "una pluralidad de partes que se mantienen entre sí a través de su interrelación adaptándose al mismo tiempo al medio ambiente externo", con lo que destaca la idea de totalidad dinámica compuesta por partes interrelacionadas e interdependientes. Este autor explica que no sólo los sistemas interactúan con el ambiente, sino también que este influye en la forma en que se interrelacionan sus partes.

- Para Katz y Kahn (1981) las organizaciones son sistemas abiertos, en los que el *input* de energía y la conversión del *output* en el *input* de energía posterior llevan a transacciones entre la organización y su medio ambiente. Uno de los errores de las teorías acerca de las organizaciones es no reconocer que dependen de los insumos incorporados del ambiente, y que el influjo de materiales y energía humana no es una constante. Los modelos tradicionales se concentran en los principios de funcionamiento interno, como si esos problemas fueran independientes de los cambios en el ambiente.

- Ackoff (1994) expresó que los sistemas organizativos están orientados teleológicamente, y que en las empresas los objetivos se traducen en indicadores que pretenden medir la creación de riqueza.

Si analizamos estos conceptos veremos que los de Trist y Bramforth y Ackoff hacen referencia a los elementos componentes pero no a la relación con el ambiente; en cambio, los restantes hablan expresamente de esa relación. A continuación veremos cómo la relación de la organización con el contexto permite identificar distintas perspectivas del enfoque sistémico.

Perspectiva de sistema cerrado

Como explicamos en el punto anterior, el enfoque sistémico permite contar con un modelo de análisis para el conocimiento y diseño de las organizaciones.

Decimos que un sistema es cerrado cuando no se incorporan recursos del ambiente. Los sistemas abiertos, en cambio, permiten el ingreso de energía adicional. Autores como Fayol, Weber, Gulick y Urwick han enfocado los problemas de las organizaciones con una perspectiva de sistema cerrado. Katz y Kahn (1981) sostienen que este enfoque resulta inadecuado debido a que:

- desconoce las influencias ambientales;
- no incluye en el análisis los valores y necesidades de la gente;
- no estudia los diferentes subsistemas y sus interrelaciones; y
- no considera las estructuras formales.

Perspectiva de sistema abierto

Las transacciones entre las organizaciones y su ambiente no pueden ser analizadas con el mismo enfoque que se aplica a las leyes de la física; el continuo intercambio de energía a través de las fronteras permeables hace que deban ser entendidas como sistemas abiertos. El ambiente no sólo es la fuente de entrada de las organizaciones, sino también el destinatario final de sus productos. Analizaremos las características que, según Katz y Kahn, se derivan de entender a las organizaciones como sistemas abiertos.

- *Importación de energía:* los sistemas abiertos incorporan, a través de límites permeables, entradas o insumos de su ambiente que pueden ser materiales, energía o información, y que constituyen el motor que suministra el arranque necesario para que el sistema funcione. Schoderbek identifica entradas en serie, entradas aleatorias o al azar, y entradas de retroalimentación.
  Una *entrada en serie* es el resultado de un sistema anterior relacionado con el sistema focal. En el sistema presupuestario, por ejemplo, la estimación de las ventas genera la entrada de información necesaria para la confección del presupuesto de producción.

29

Las *entradas aleatorias* son potenciales. Constituyen salidas de otro sistema que tienen una determinada probabilidad de ingresar al sistema focal. Por ejemplo, el departamento de personal determinará cuáles de los candidatos para cubrir un puesto reúnen los requisitos necesarios. Cada uno de los candidatos tiene una determinada probabilidad de ingreso.

Las *entradas de retroalimentación* representan las salidas del sistema focal que se reincorporan a él. Proporcionan al sistema señales sobre su funcionamiento en relación con el ambiente, lo que permite indicar la existencia de desvíos que deben ser corregidos para mantener un estado estable. El resultado de una investigación de mercado sobre la aceptación o no de un producto implicará el ajuste de los procesos del sistema. Las organizaciones deben ingresar elementos del ambiente continuamente.

- *Proceso:* es el conjunto de operaciones que se desarrollan dentro del sistema sobre las entradas. Así, por ejemplo, los sistemas sociales realizan diferentes procesos, como la transformación de materiales en productos terminados, la capacitación de su personal, la detección de necesidades del consumidor, etc. Una empresa productiva aplica tecnología y fuerza de trabajo a determinados insumos para obtener un producto terminado: si se trata de una clínica, aplica el conocimiento de profesionales médicos y paramédicos, su experiencia en técnicas de curación para que un paciente recupere su salud o para mejorar su calidad de vida. En muchos casos, debido a la complejidad de los procesos mediante los cuales se modifican las entradas en salidas, se deduce su naturaleza al compararlas . Este modelo, denominado "caja negra", es aplicable cuando se requiere simplificar el análisis; por ejemplo, para evaluar cuáles son las diferencias de habilidades entre un egresado de nivel secundario y un egresado de la educación terciaria.

• *Salidas:* son el resultado de la transformación de los insumos en productos finales. Schoderbek menciona tres tipos de salidas:

   – las que son consumidas directamente por otro sistema, como los productos de una empresa industrial que se venden a los clientes;

   – las consumidas por el mismo sistema en el siguiente ciclo de producción, como los subproductos de un departamento que pasan al siguiente eslabón;

   – las que no se consumen en el mismo sistema ni en otro, y que constituyen residuos volcados al ambiente. Existe una preocupación creciente por tratar de reducir salidas de este tipo que pueden afectar de manera negativa el contexto en el cual se desempeñan las organizaciones (material radiactivo, aguas contaminadas, etc.).

Los sistemas abiertos vuelcan sus productos, servicios, innovación, etc., al entorno.

• *Comportamiento cíclico:* el funcionamiento de cualquier sistema consiste en ciclos repetitivos de entrada –ingreso de materias primas-, transformación –fabricación del producto– y salida –venta–. Ingresan materias primas, se fabrica el producto y se vende, y este ciclo se repite en el tiempo.

• *Retroalimentación:* supone la existencia de dispositivos de control y de la selección de un conjunto de códigos para representar las señales provenientes del ambiente. Cuando se realiza una evaluación (dispositivo de control) a los alumnos y los resultados indican que una proporción significativa no ha alcanzado el nivel de conocimiento requerido, es posible analizar las causas del desvío y desarrollar acciones específicas para su corrección. Tenemos otro ejemplo en el análisis de las causas de las fallas en un producto terminado detectadas por el departamento de control de calidad, que permite efectuar correcciones sobre el proceso productivo, sobre la capacitación del personal o sobre la calidad de los insumos, según corresponda.

Entender a las estructuras sociales como sistemas abiertos supone la posibilidad de corrección de las conductas que provocaron desvíos de los objetivos a partir de la información obtenida sobre las salidas.

- *Entropía negativa:* el término "entropía" proviene de la termodinámica y hace referencia a la tendencia de todas las formas de organización hacia la desorganización y la muerte. Los sistemas abiertos, sin embargo, al importar de su ambiente más energía de la que consumen, tienen la posibilidad de mantener el orden (negentropía o entropía negativa). Cuando hablamos de incorporación de energía nos referimos también a la retroalimentación que permite realizar ajustes y correcciones. Asimismo es importante mencionar que si bien los sistemas abiertos tienen la posibilidad de contrarrestar el proceso entrópico, no siempre lo hacen, de lo contrario no existirían empresas que quiebran. Por ejemplo, una demora en las cobranzas puede ser compensada por el acceso a un crédito bancario que solucione el problema financiero que se presenta al momento de efectuar el pago de remuneraciones al personal.

- *Diferenciación:* dentro de las pautas globales de un sistema, existen diferentes subsistemas con funciones especializadas que se interrelacionan. Por ejemplo, algunas personas que integran una facultad realizan tareas como el registro de las calificaciones de los alumnos, otras se dedican a la preparación de material de cátedra, otras al mantenimiento de las instalaciones, etc. La búsqueda de eficiencia en las organizaciones ha significado la aparición de funciones especializadas.

• *Equifinalidad:* los resultados finales se pueden lograr desde diferentes condiciones iniciales y por caminos distintos. Estos conceptos se basan en la noción de campos de fuerzas que actúan simultáneamente, concepto que desplaza la simplista relación causa-efecto. Para las organizaciones complejas indica la existencia de una diversidad de entradas que se pueden utilizar y la posibilidad de transformarlas de diversas maneras. Se puede mantener la prestación de un servicio durante el período de vacaciones, si se establece de antemano cuántas personas pueden tomarlas simultáneamente, si se adelantan trabajos en el período previo, o se consigue cobertura temporaria de otras organizaciones.

• *Regulación y homeostasis:* la información acerca de las salidas facilita el ajuste del comportamiento de la empresa para el logro de los objetivos. El control permite detectar desvíos en la ejecución de los planes y corregirlos para mantener las condiciones internas dentro de ciertos parámetros frente al impacto del contexto, e implica la existencia de mecanismos que permiten la modificación de la propia estructura para mantener el equilibrio (morfogénesis). Miller (1995), al respecto, establece que cuando se suspende la retroalimentación negativa de un sistema desaparecen el estado estable y sus fronteras, y el sistema concluye. Entendemos por homeostasis el equilibrio dinámico obtenido a través de la autorregulación. Las organizaciones pueden generar opciones en la búsqueda de un nuevo estado de equilibrio, por ejemplo, sustituyendo las horas extra por la contratación de personal temporario.

En resumen, el modelo de sistemas propone una visión distinta de la organización. Según este enfoque, las organizaciones son sistemas caracterizados por las siguientes condiciones.

- *Complejidad,* especialmente en el camino para llegar a la meta; es la principal dificultad de un problema; el grado de complejidad de un sistema está dado por la cantidad de interacciones entre las variables de un nivel que deben ser controladas por un nivel superior.

- *Artificialidad,* porque las interacciones entre los componentes del sistema son diseñadas deliberadamente por personas; los sistemas biológicos tienen límites físicos que no poseen los sistemas sociales. Allport (1962) define a los sistemas sociales como coordinación de acontecimientos más que de partes físicas; por consiguiente, no tienen una estructura separada de su funcionamiento. Dichos acontecimientos están distanciados en el espacio y en el tiempo, pero conectados dentro del mismo patrón. Schlemenson (1990), por su parte, considera a la organización como una estructura de hechos interdependientes más que como un objeto estático, cerrado y autosuficiente.

- *Apertura* o intercambio de energía con el ambiente, a través de la secuencia entradas-procesos-salidas y retroalimentación; el modelo supone que la organización se encuentra en continua interacción con su medio ambiente.
Ackoff (1994) explica que, dado que los sistemas organizativos son de naturaleza artificial, buscan el lo-

gro de metas en su contexto externo, con el cual están indefectiblemente ligados y mantienen una relación de permeabilidad. Sin embargo, la apertura no es total, porque si así fuera, la organización dejaría de existir por la indiferenciación a la que llevaría la desaparición progresiva de los límites.

- *Intencionalidad:* la organización tiende al logro de varios objetivos que sirven de orientación al comportamiento. Cyert y March (1965) sostienen que las organizaciones no tienen objetivos, sino personas que los fijan. Cada uno de los individuos dentro de una organización puede perseguir un fin diferente: los accionistas desean percibir dividendos significativos, la gerencia desea estar bien retribuida, los consumidores pretenden productos de calidad, etc.
La formulación del objetivo no suele especificar los medios para alcanzarlos. Los objetivos operativos constituyen las metas que realmente persigue la organización.

Perspectiva situacional o contingente

Por último, encontramos una perspectiva de análisis superadora del enfoque sistémico que supone que el sistema no sólo interactúa con el ambiente sino que lo influye y es influido por él. Este enfoque, conocido como "teoría de la contingencia", y del cual forman parte autores como Burns, Stalker, Lawrence, Lorsch y Woodward, establece que no existe el diseño óptimo sino que este será aquel que mejor se ajuste a cada contingencia en particular. Mintzberg (1984) explica que en el diseño de una organización debe tenerse en cuenta el ajuste de sus parámetros a los factores situacionales, y que cuando esto se hace, la organización selecciona la forma estructural que más se corresponde con su situación.

La teoría de la contingencia destaca que las características de las organizaciones son variables dependientes del *ambiente* y de la *tecnología*. Diferentes estudios indican cómo el ambiente evoluciona de lo simple y previsible a lo incierto y complejo y cómo esos diferentes tipos de ambiente afectan a la organización y la forma de administrarla; en cuanto a la tecnología, puede considerársela tanto una variable relacionada con los cambios en el ambiente, como un componente del sistema interno de cada organización en particular.

Mintzberg es quien mejor precisa la influencia de los factores contingentes sobre el diseño de la organización. Al respecto, distingue: la edad y el tamaño (condiciones propias de la organización), el ambiente, el sistema técnico utilizado y el poder. En el Capítulo 2 veremos en detalle cada uno de esos factores al referirnos al diseño de la estructura organizativa.

1.4. Componentes del diseño organizativo

Objetivos del diseño

La complejidad y la incertidumbre del entorno actual han llevado a que las empresas emprendieran procesos de cambio para hacerles frente. En muchos casos, los programas de cambio implican modificaciones significativas en la estrategia, la estructura, las prácticas de recursos humanos, los sistemas de información y la cultura de la organización.

El diseño de la acción supone capacidad para alterar un sistema. Según Simon (1969), "diseña todo aquel que concibe actos destinados a transformar situaciones existentes en otras más dentro de sus preferencias". En tal sentido, el diseño de organizaciones procurará la adaptación del medio interno al externo, definiendo los canales de interrelación y las funciones internas necesarios para la transformación de los insumos en salidas del sistema.

Cualquier intento de bosquejar un diseño de un sistema sin disponer de un método sistemático tiene pocas probabilidades de éxito. Solamente con una metodología clara que permita hacer comprender su tarea a cada uno de los integrantes y coordinar todas entre sí, es posible obtener buenos resultados.

Mohrman y Cummings (1991) explican que el cambio fundamental se facilita si la organización es capaz de establecer procesos de autodiseño. Por medio de ellos, los miembros pueden experimentar los desafíos y la satisfacción de reestructurar su institución, así como las frustraciones y el arduo trabajo inherentes a la misma tarea.

El objetivo es lograr un desempeño superior a través de cambios y adaptaciones adecuados a cada situación específica y a las modificaciones del contexto.

Según Mohrman y Cummings (1991, 35) los procesos de diseño deben:

- atender a la naturaleza sistémica del cambio organizacional, recordando que una modificación en uno de los elementos puede afectar el comportamiento de otros;
- ser dinámicos y reiterativos, de modo que la organización esté en continua reformulación, siempre autodiseñándose para adaptarse;
- facilitar el aprendizaje organizacional que, a su vez, permite comprender mejor cómo deben ser los diseños;
- tener en cuenta las metas, necesidades e intereses en conflicto; por ejemplo, es necesario equilibrar los requisitos de desempeño de la empresa con los requisitos económicos y de calidad de vida en el trabajo de los empleados; en todo momento se deben medir los beneficios técnicos en relación con factores sociales o la búsqueda de innovación;

- permitir ajustes, e incluso la modificación radical, en los diseños existentes.

El diseño permite a las organizaciones generar estructuras y procesos nuevos, en función de las exigencias del contexto y de las estrategias. En consecuencia, implica la forma en que se administrarán las transiciones de las organizaciones para pasar de los estados actuales a los futuros.

Elementos del diseño

El éxito de un proceso de diseño radica en la comprensión de sus elementos como partes de un todo que se influyen mutuamente.

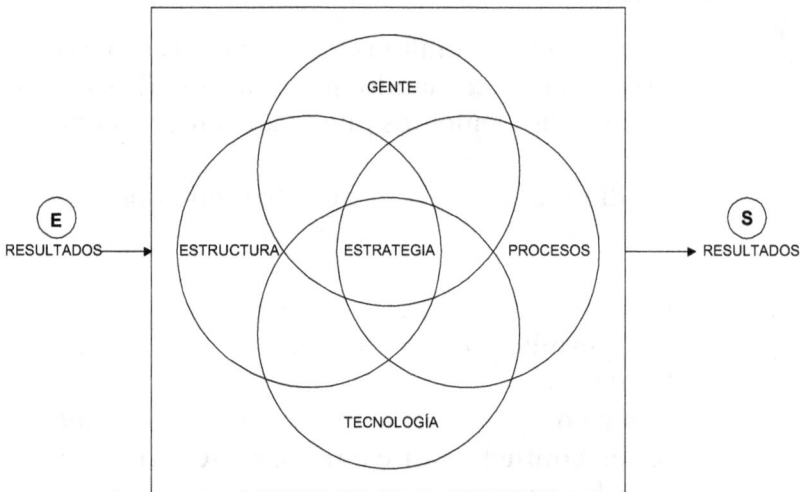

Realicemos un breve análisis de los elementos del diseño organizacional que se muestran en el gráfico.

- *Estrategia:* es la guía para el diseño organizacional. Debemos conocer en qué mercado y con qué producto la empresa logrará los objetivos para establecer el diseño que permita maniobrar hacia el futuro. A partir de la ventaja competitiva que persiga la empresa, se determinarán los recursos, los procesos y la estructura necesarios para lograrla. Henry Mintzberg, Joseph Lampel y Bruce Ahlmstrand (1998) presentan las siguientes acepciones del término *estrategia.*

- Es un planeamiento: una guía, una dirección. Implica la fijación de objetivos y la manera de alcanzarlos.
- Es un modelo: un patrón que coordina las acciones a través del tiempo.
- Es un posicionamiento: algunos autores asimilan la estrategia al mercado en el que se van a colocar los productos.
- Es una perspectiva: así como la estrategia de posicionamiento mira hacia afuera de la organización, considerarla como una perspectiva implica mirar hacia adentro y hacia arriba: la visión de la empresa.
- Es una trampa: otra posibilidad es considerar a la estrategia como una maniobra específica para eliminar a un competidor.

Las acepciones "modelo" y "perspectiva" son, sin duda, las más apropiadas para el desarrollo del tema de diseño.
Rummler y Brache (1995) explican que en la estrategia organizacional se deben tener en cuenta tanto el desarrollo como la implementación. En el desarrollo de la estrategia se deben considerar:

- los productos y servicios que se ofrecerán (¿qué?);
- los clientes y mercados (¿a quién?);
- las ventajas competitivas (¿por qué el cliente va a comprar nuestro producto?);

- las prioridades de productos y mercados (¿dónde nos enfocaremos?).

En la implementación de la estrategia los autores mencionan los sistemas y la estructura (¿cómo realizaremos el qué, quién y dónde?). Por su parte, Peter Drucker explica que la estructura se subordina a la estrategia.

Contar con una estrategia sólida es sólo la mitad de la solución. Muchas estrategias fracasan no por falta de claridad o de visión, sino por haber sido pobremente implementadas.

- *Estructura:* es la disposición de las partes adecuada a los objetivos, que comprende su agrupamiento y el análisis de sus relaciones. La estructura formal está determinada por el conjunto de posiciones oficiales que integran el sistema.

  Las organizaciones utilizan el organigrama para representar gráficamente la estructura formal, la división de las tareas y las jerarquías de las diferentes posiciones. Las prescripciones no contemplan las expectativas de los individuos. Aun suponiendo que los miembros de una organización perciban adecuadamente lo que se espera de ellos, es posible que las prescripciones no se cumplan por falta de motivación o mala coordinación de las actividades. La estructura real es la suma de la estructura formal y la informal. Con "informal" nos referimos a las relaciones no oficiales que complementan y, a veces, reemplazan a las prescriptas.

  Brown (1960) define cuatro tipos de estructuras organizacionales.

  - Estructura formal: es la que aparece en el organigrama y manual de funciones.
  - Estructura presunta: es la que los miembros de la organización perciben como real.

- Estructura existente: es la que efectivamente se encuentra luego del análisis sistémico.
- Estructura requerida: es la que los individuos necesitan.

La coexistencia de estas cuatro formas de estructura genera disfunciones que propician la ineficiencia y la aparición de conflictos. La solución es el diseño de la estructura requerida a partir del análisis de la existente.

- *Procesos:* Hammer y Champy (1994, 37) definen el concepto de proceso como "un conjunto de actividades que recibe uno o más insumos y crea un producto de valor para el cliente". La tarea de diseño de la organización no sólo debe contemplar la división del trabajo y la asignación de las funciones, sino también ocuparse del estudio de las causas y condiciones por las cuales se transforman las entradas en resultados.

  El diseño de los procesos tiene que ver con la visión de la organización en un plano horizontal. La estructura constituye el marco donde se van a desarrollar los procesos; el desafío consiste en encontrar la estructura que soporte los procesos clave de la organización.

- *Gente:* Peter Drucker (2000) señala que la distribución de cargos es quizás el elemento más importante de la administración de personas. Colocar a las personas en el lugar en que sus cualidades sean productivas es la manera de asegurar la optimización de los recursos humanos. Quienes trabajan en una organización pretenden diferentes recompensas acordes con lo que consideran que aportan. El diseño del sistema debe procurar un equilibrio entre el aporte, la retribución y la capacidad de cada individuo.

41

Schlemenson (1990) menciona que el salario, la carrera, la tarea y las condiciones de bienestar y salubridad en los lugares de trabajo contribuyen a configurar la buena relación de los individuos con su empleo. Estos factores pueden ser investigados y evaluados en cada organización en particular. La verificación de desajustes permite elaborar planes adecuados para la reducción de las incongruencias. Entre los instrumentos concretos para ello, el autor menciona:

- sistemas de evaluación del desempeño;
- apreciación prospectiva del desarrollo individual en el trabajo;
- procedimientos para la evaluación de roles y delimitación de tareas;
- encuestas sobre satisfacción con el salario;
- planes para el desarrollo de carrera, etc.

• *Tecnología:* la tecnología, entendida como el sistema técnico (herramientas) que permitirá transformar la materia prima en producto terminado, tiene un papel fundamental en la definición de la forma que adopta una organización, y actúa como una de las limitaciones del sistema social. Así, por ejemplo, el número de niveles jerárquicos, los mecanismos de coordinación y control, y la dimensión de las unidades de apoyo varían según las necesidades tecnológicas.

El diseño de sistemas técnicos implica una serie de elecciones más o menos conscientes en cuanto a los sistemas sociales que en él se insertan.

Si bien en el proceso de diseño de la organización deben incluirse los cuatro elementos mencionados, en este libro nos detendremos en el estudio de la estructura (capítulos 2 a 4) y de los procesos (capítulos 5 a 7). Ambos forman parte del sistema organizacional y, por lo tanto, no pueden ser analizados aisladamente.

En lo que se refiere a las variables de estructura y en los aspectos relacionados con el análisis de procesos, la tarea busca como único fin proveer una adecuada organización. Así, se puede afirmar que no es posible implementar procesos si no hay estructuras claramente definidas. De la misma manera, una adecuada estructura no está capacitada para funcionar de modo eficiente si no aplica procedimientos que permitan el trabajo coordinado de cada uno de sus componentes.

1.5. Formas de articular tareas, flujo de información y decisiones

La visión jerárquica

El pensamiento tradicional propone una distribución estratificada de las funciones porque concibe a la organización como una jerarquización vertical donde se diferencian niveles de decisión y de ejecución.

Elliott Jaques (1976) explica esta realidad a través de la capacidad diferencial del trabajo, esto es, la diferencia en los modos en que la gente percibe, planifica, organiza, resuelve sus tareas, responde a los distintos grados de abstracción. La capacidad individual se manifiesta en lo que Jaques llama "el horizonte temporal personal", es decir, el límite al cual se dirigen las intenciones del individuo. Cuanto más remoto es el futuro intencional al que se apunta, mayor es la capacidad individual.

Simon (1984) describe una organización como una torta de tres pisos. En el piso inferior están los procesos de trabajo, en el medio se encuentran los procesos de toma de decisiones programadas, y arriba, los procesos que se requieren para diseñar todo el sistema, establecer los objetivos y supervisar el desempeño.

Tradicionalmente, desde la visión jerárquica, se ha representado a la organización como una pirámide. Esta forma de representación divide a las organizaciones en niveles, según las características de las decisiones que se toman en cada uno de ellos.

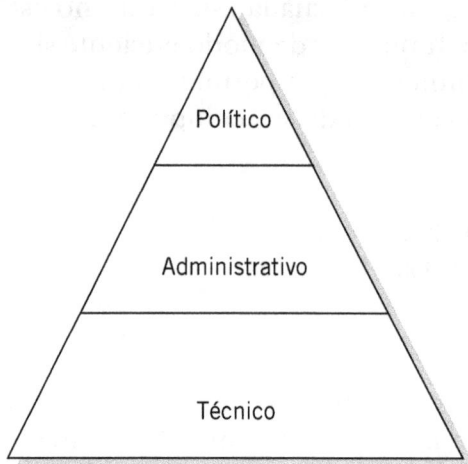

Drucker (2000) distingue cuatro características que identifican la naturaleza de las decisiones empresarias.

- *Sentido de futuro:* cuanto más lejos en el tiempo una decisión compromete a la organización, más estratégica será. Las decisiones tácticas tienen un horizonte temporal más limitado.

- *Influencia:* el grado de influencia que una decisión ejerce sobre otras funciones, áreas o la totalidad de la empresa determina su carácter estratégico. Cuantas más funciones o áreas afecte, más arriba en la pirámide estará la decisión. Las decisiones tácticas, por lo general, se circunscriben a un área o departamento.

- *Factores cualitativos:* las decisiones que requieren consideraciones de valor como principios básicos de conducta, creencias sociales y políticas son de orden superior respecto de aquellas en las que predominan factores cuantitativos característicos de las decisiones tácticas.

- *Recurrencia:* esta característica pretende identificar a las decisiones recurrentes como operativas, ya que pueden formar parte de un procedimiento o regla. Las decisiones infrecuentes, en cambio, deben meditarse detenidamente. Mintzberg explica que las decisiones estratégicas son de excepción, aunque sean significativas en cuanto a su impacto sobre la organización, mientras que las decisiones tácticas se refieren a situaciones recurrentes.

Como puede apreciarse, los conceptos de táctico y estratégico no son absolutos, sino que podemos hablar de decisiones más o menos estratégicas que otras. Si bien algunas son claramente estratégicas, como la definición del mercado y del producto, en otros casos la clasificación no resulta tan sencilla. También podemos afirmar que no existen decisiones intrínsecamente estratégicas sino que es el contexto el que les aporta dicha característica.

Veamos ahora cada uno de los niveles.

- *Nivel político:* asegura que la actividad de la organización se desarrolle dentro de los límites de aceptación del ambiente y se mantengan las condiciones de supervivencia y crecimiento. Su actividad se concreta en la definición de políticas y el desarrollo de planes estratégicos.

- *Nivel administrativo:* adopta decisiones tácticas sobre distribución y asignación de recursos, control de las operaciones y diseño de acciones correctivas. Le compete también comunicar e informar a los niveles político y técnico.

- *Nivel técnico:* es el responsable de la ejecución de las actividades de producción de bienes y la prestación de servicios a los clientes o usuarios. Su funcionamiento se encuentra protegido por la actividad de los otros niveles.

La visión de Mintzberg

En busca de un modelo más isomórfico que la pirámide de tres niveles, Mintzberg (1990) presenta un diagrama con los componentes básicos de la organización. Señala que las organizaciones están estructuradas para captar y dirigir sistemas de flujos y para definir las interrelaciones de las distintas partes. Estos flujos e interrelaciones no son lineales.

Con este gráfico, identifica funciones que agrupa en cinco partes fundamentales:

- *Cúspide estratégica:* se encarga de que la organización cumpla con la misión, satisfaciendo los intereses de las

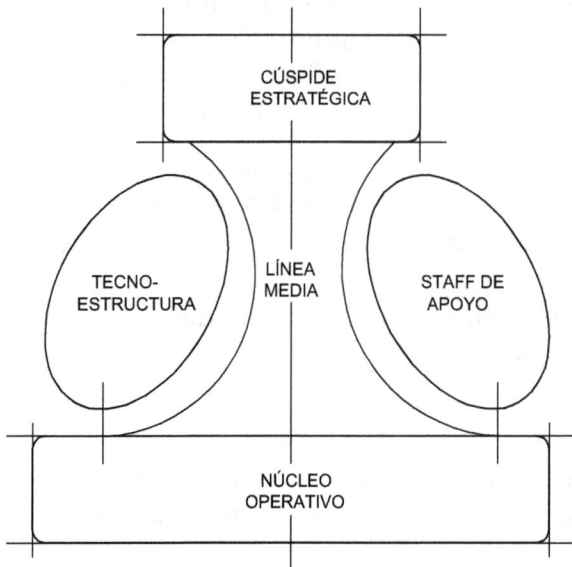

personas que la controlan. Es fácil la asociación con el nivel político mencionado en el párrafo anterior.

Mintzberg determina tres grupos de roles del directivo: interpersonales, informativos y decisorios. Drucker (2000) menciona las siguientes tareas de la administración: hacer que la organización cumpla la misión, que los trabajadores cumplan su labor y se realicen como individuos, y que se encaucen las influencias sociales.

- *Línea media*: corresponde a aquellas actividades que actúan como nexo entre la cabeza estratégica y el núcleo operativo. En general, tiene los mismos roles que el directivo de la cumbre estratégica, pero en el ámbito de su propia unidad organizativa.

- *Núcleo operativo:* comprende a los miembros de la organización que realizan las actividades relacionadas con la transformación de los ingresos en salidas, aseguran su incorporación, los transforman en productos terminados, los distribuyen y proporcionan apoyo directo a las funciones de ingreso, transformación y salida

- *Staff de apoyo:* incluye aquellas actividades logísticas fuera del flujo de operaciones, es decir, que se encuentran relacionadas indirectamente con la transformación del ingreso en salida. Se trata de actividades de servicios que aparecen diferenciadas en las grandes estructuras; por ejemplo: personal, mantenimiento o seguridad.

- *Tecnoestructura:* abarca a los analistas que estudian la adaptación de la organización al entorno y dan pautas para afianzar la normalización. Es decir, que pueden planificar, diseñar estructuras y sistemas o capacitar a las personas.

Un aspecto importante a considerar es cómo atraviesan las organizaciones los flujos de los procesos de trabajo, autoridad, información y decisión. Mintzberg explica que dada la variedad y complejidad de los vínculos entre las partes básicas componentes es imposible describir una única manera en que se produce el funcionamiento. Así es que las partes de la organización están unidas mediante distintos flujos: sistema de procesos de autoridad formal, flujos de información controlados, comunicación informal, constelaciones de trabajo y decisiones *ad hoc.*

- *Autoridad formal:* se puede afirmar que está representada en el organigrama, y que si bien este es incompleto ya que no contempla importantes relaciones de poder y de comunicación en el interior de la organización, sigue siendo un elemento útil porque "proporciona una fiel representación de la división del trabajo, permitiéndonos ver con una rápida ojeada las posiciones existentes dentro de la organización, cómo se agrupan estas en unidades y cómo fluye entre ellas la autoridad formal".

- *Flujos regulados:* esta visión de la organización describe el uso de la normalización. Encontramos tres flujos: el de trabajo de operaciones, el de información y decisiones de control, y el de información.

- *Comunicación informal:* se hace referencia a la actividad realizada por redes de comunicación informal, es decir, las relaciones espontáneas y flexibles entre los miembros de la organización que no caen dentro de lo planeado y acordado.

- *Constelaciones de trabajo:* los miembros de las organizaciones suelen trabajar en grupos pequeños –casi independientes– basados en relaciones horizontales (no verticales). En los niveles inferiores, los grupos se forman de acuerdo con la especialización funcional del flujo del trabajo, mientras que en los niveles de dirección suelen abarcar distintas especialidades y funciones. La organización adopta, en definitiva, la forma de un conjunto de constelaciones de trabajo, de exclusivos círculos prácticamente independientes de individuos que intentan tomar decisiones adecuadas a su particular nivel jerárquico. Las constelaciones de trabajo oscilan entre lo formal y lo informal.

- *Procesos de decisiones* ad hoc: complementan el conocimiento acerca del funcionamiento de las organizaciones, la comprensión de los procesos de decisión, es decir, cómo se vinculan las decisiones operativas, administrativas y estratégicas y qué papeles cumplen los individuos en las diferentes etapas del proceso decisorio.

La visión del proceso

Rummler y Brache (1995), a partir de la visión sistémica, definen a la organización de la siguiente manera:

> *"Es un sistema que transforma (1) determinados insumos en productos y servicios (2) que se entregan al entorno (4). Provee valor para los accionistas (5). Existe retroalimentación sobre los procesos internos (6) y del mercado (7). La competencia también provee sus productos al mercado. El negocio se encuentra en un determinado escenario social, económico y político (9). Mirando hacia adentro de la organización, observamos funciones, o subsistemas (10), que existen para convertir los insumos en productos terminados. Finalmente, el gerenciamiento actúa como mecanismo de control (11) que interpreta y reacciona a partir de la retroalimentación".*

Estos autores representan las distintas interrelaciones del sistema organización con el siguiente esquema:

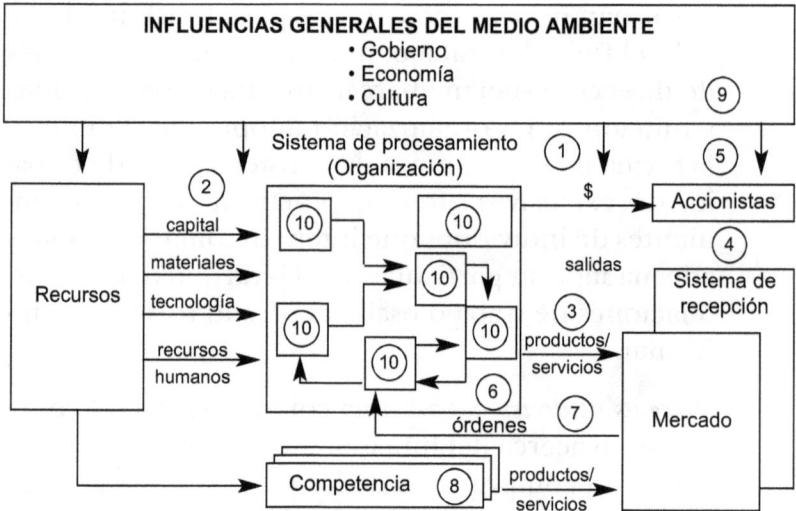

Esta visión supone que las organizaciones son sistemas adaptativos. Durante mucho tiempo la adaptación de las organizaciones no fue un tema tratado por los clásicos, ya que podían cambiar su comportamiento para ajustarse a la nueva condición antes que ocurriera el siguiente cambio. Dada la naturaleza cambiante del mundo en la actualidad, las organizaciones necesitan adaptarse con gran velocidad, y la gerencia debe asegurar una visión de la organización como la mencionada y una actitud proactiva que permita sobrevivir a las organizaciones.

1.6. Dinámica de la estructura y los procesos

Al entender cómo se coordinan las distintas funciones y cómo se articula el trabajo, el flujo de información y las decisiones entre ellas, el sistema organizacional puede ser analizado desde el punto de vista estructural, por un lado, y de los procesos, por el otro. Si bien conceptualmente pueden considerarse independientes, son dos ópticas de análisis diferentes para una misma realidad: la organización.

La estructura organizativa corresponde al estudio de los factores que influyen en la división del trabajo y en los mecanismos de coordinación, lo que afecta la forma en que funciona la organización.

Para completar el análisis de la estructura, nos queda una visión estática de la organización, es decir, cómo están ubicados los individuos, las líneas de autoridad, subordinación y coordinación que los vinculan; comprendemos cómo se han distribuido las tareas y cómo se han asignado los recursos. Sin embargo, nada se sabe sobre la manera en que funciona la organización.

En este sentido, Magdalena (1990) acota que "luego de entendida la estructura, cada uno de los componentes de la organización sabe lo que debe hacer, pero no cómo ni cuándo se pretende que la labor sea realizada".

El enfoque estructural es eminentemente estático. La estructura es necesaria para sustentar el conjunto, pero requiere canales que permitan la circulación de fluidos que la dinamicen y pongan en funcionamiento.

En el caso de los procesos corresponde estudiar las formas en que se ejecutan las tareas en la organización, pero no desde la visión del puesto, sino de la secuencia de actividades que enlaza distintas funciones y departamentos.

Según lo expresado, en un todo concebido como una organización, la estructura que esta adopta no puede ser completamente separada, analítica ni empíricamente, de sus procedimientos. Lo dicho hasta aquí se resume en el gráfico que sigue.

Si bien un modelo que pretenda ser lo suficientemente isomórfico como para permitir la comprensión del fenómeno organizacional debe contemplar el análisis de todas las variables y sus interrelaciones, con fines didácticos podemos identificar tres niveles de análisis.

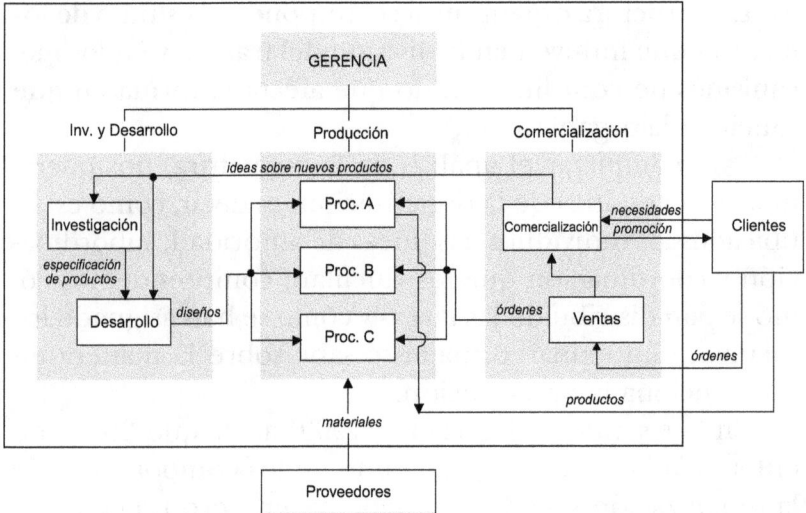

El nivel funcional

Enfatiza las relaciones dentro de las organizaciones. En general, es representado con el organigrama y puede asimilarse al esqueleto. Este diagrama generalmente se utiliza como respuesta a la pregunta "¿Qué tareas se realizan en la organización y quién las realiza?". Ayuda a entender en qué parte de la organización está localizada la gente.

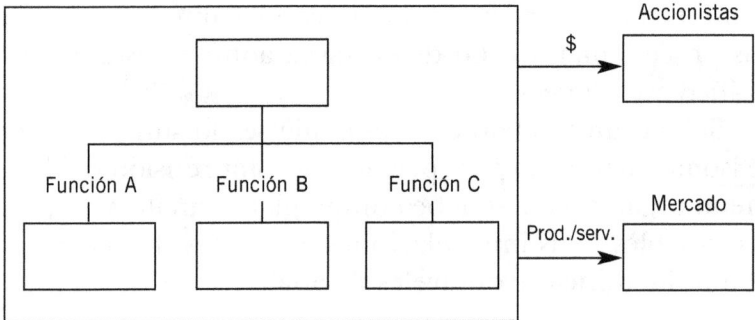

Muestra poco cómo se ejecuta el trabajo en la organización. Las relaciones con los clientes internos y proveedores no están definidas (excepto las relaciones supervisor-trabajador).

El nivel de los procesos

Una radiografía de la organización nos permitiría ver el esqueleto y los músculos (los procesos que atraviesan las funciones). Cuando el análisis va más allá de los límites funcionales establecidos en el organigrama, se puede comprender el flujo del trabajo (proceso de facturación, de diseño de nuevos productos, etc.). Debe asegurarse que los procesos satisfagan las necesidades de los clientes internos y externos. No se les debe adjudicar un fin en sí mismos sino que, al igual que la estructura, deben estar al servicio de los fines organizacionales. El nivel de los detalles ahora requeridos es el necesario para contestar a la pregunta "¿Cómo se hace el trabajo aquí?".

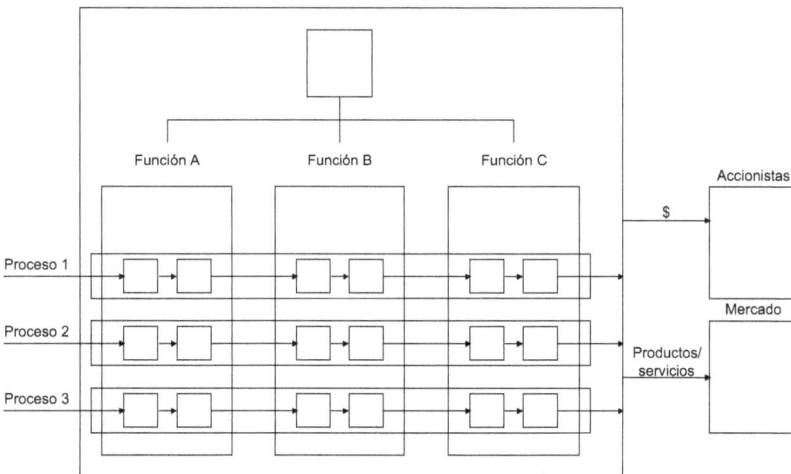

El nivel del puesto

Los procesos son llevados a cabo por individuos. Si aumentamos la aproximación al esquema anterior, podemos observar las células del organismo, lo que le da vida. Esto nos lleva a estudiar los mecanismos de reclutamiento de personal, las responsabilidades de los cargos, recompensas y entrenamientos.

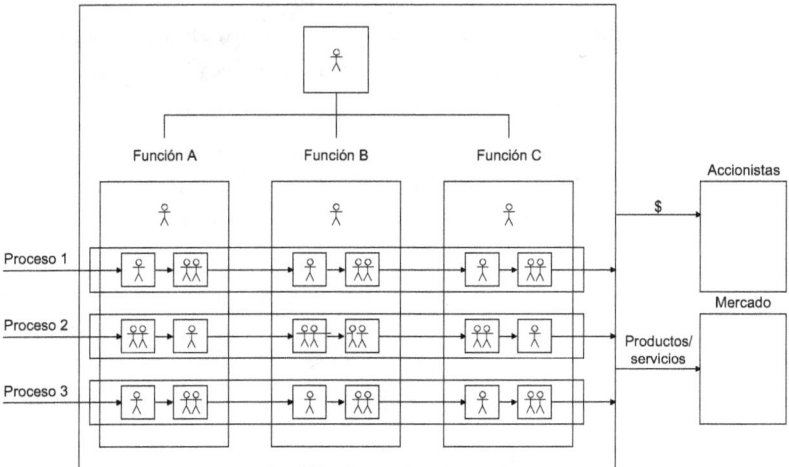

1.7. Referencias seleccionadas

Mintzberg, Henry: *La estructuración de las organizaciones.* Ariel, Barcelona, 1990.

Rummler, G. A. y Brache, A. P.: *Improving Performance. How to manage the white Space on the Organization Chart.* Jossey-Bass Publishers, California, 1995.

Schoderbek, G.; Schoderbek, P. y Kefalas, A.: *Sistemas administrativos.* El Ateneo, Buenos Aires, 1984.

1.8. Temas de discusión

1. ¿Puede decirse que el enfoque sistémico ha realizado un aporte al estudio de las organizaciones?

2. ¿Existe relación entre las características de apertura y la complejidad del sistema organizativo?

3. Relacione la característica de artificialidad de la organización con el concepto de diseño.

4. En la práctica de las empresas que usted conoce, ¿se toma en cuenta la interrelación entre estructura, proceso y personal, cuando se encara una reorganización?

5. ¿Qué elementos de los tratados en el presente capítulo entiende que le serán de utilidad para la comprensión de los temas posteriores de este libro?

CAPÍTULO 2

DISEÑO DE LA ESTRUCTURA

OBJETIVOS DE APRENDIZAJE

- Reconocer distintos tipos de actividades y de relaciones que se dan dentro de una organización.

- Familiarizarse con los elementos disponibles para el diseño de la estructura organizativa (división del trabajo, formas de agrupamiento y grado de descentralización decisoria).

- Analizar en qué medida los elementos situacionales o contingentes influyen sobre el diseño.

- Conocer los diagramas y descripciones de cargos que se utilizan para formalizar el diseño de la estructura.

2.1. Diferenciación interna de la organización

Mintzberg define a la estructura de la organización como "el conjunto de todas las formas en que se divide el trabajo en tareas distintas, consiguiendo luego la coordinación de las mismas" (Mintzberg, 1989, 26).

La definición comprende dos aspectos: por un lado, cómo diferenciar las tareas, y por el otro, cómo integrarlas, mediante la coordinación, para alcanzar los objetivos definidos previamente. La diferenciación y la integración son elementos clave de la estructura organizativa.

A continuación, realizaremos un análisis de las actividades y de la forma en que se relacionan, integrando los criterios de diferentes autores a través de la evolución histórica del estudio de las organizaciones.

Tipos de actividades

Fayol sostenía en 1916 (Fayol, 1991, 7) que las operaciones esenciales que se realizan en toda empresa –ya sea esta simple o compleja, pequeña o grande– se pueden agrupar de la siguiente manera: *técnicas* (producción, fabricación, transformación); *comerciales* (compras, ventas, investigación de mercado); *financieras* (búsqueda y administración de capitales); de *seguridad* (protección de bienes y de personas); de *contabilidad* (inventario, balance, precio de costo, estadística); *administrativas* (previsión, organización, mando, coordinación y control).

A cada grupo de operaciones le corresponde una capacidad determinada, constituida por un conjunto de cualidades físicas, intelectuales, morales, y experiencia.

> *"En toda clase de empresas la capacidad principal de los agentes inferiores es la capacidad profesional característica de la empresa, y la capacidad principal de los grandes jefes es la capacidad administrativa. La necesidad de nociones administrativas es general"* (Fayol, 1991, 19).

Para Peter Drucker, la identificación de las actividades fundamentales y el análisis según sus contribuciones definen los elementos constitutivos de la organización.

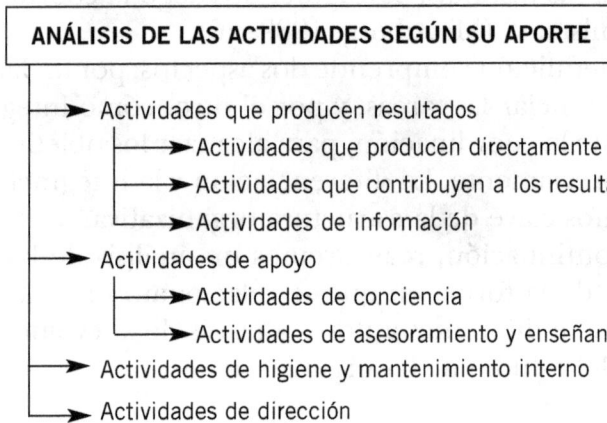

```
┌─────────────────────────────────────────────────────┐
│  ANÁLISIS DE LAS ACTIVIDADES SEGÚN SU APORTE          │
└─────────────────────────────────────────────────────┘
    ► Actividades que producen resultados
          ► Actividades que producen directamente ingresos
          ► Actividades que contribuyen a los resultados
          ► Actividades de información
    ► Actividades de apoyo
          ► Actividades de conciencia
          ► Actividades de asesoramiento y enseñanza
    ► Actividades de higiene y mantenimiento interno
    ► Actividades de dirección
```

Como regla general, Drucker (2000, 360) establece que las actividades que realizan el mismo tipo de contribución pueden agruparse en un componente y bajo una administración, cualquiera sea su especialización técnica. Veamos a continuación la descripción de los distintos tipos.

Drucker diferencia las *actividades productoras de resultados* en aquellas que generan ingresos directamente, las que aportan resultados mensurables y las de información.

Entre las *actividades que producen directamente ingresos,* el autor considera la venta y todo el trabajo necesario para que se realice, como la investigación de mercado, los pronósticos, la instrucción y la administración de ventas. En las empresas prestadoras de servicios, serían, por ejemplo, la atención del paciente en los hospitales o la enseñanza en las escuelas y universidades; pertenecen también a este grupo las actividades de innovación y las financieras. Las actividades que producen ingresos no se tienen que subordinar a las actividades que no los producen.

Las *actividades que contribuyen a los resultados* son aquellas que no originan ingresos, pero que están relacionadas directamente con los resultados de toda la empresa. Drucker incluye en este grupo a las actividades de compra de insumos, fabricación de productos y prestación del servicio, distribución de productos, y reclutamiento y capacitación del personal.

Las *actividades de información* proporcionan un insumo que aporta tanto a las que producen ingresos como a las que contribuyen a los resultados; no se relacionan con una etapa del proceso, sino con su totalidad; tienen que ser simultáneamente centralizadas y descentralizadas. La tarea contable, la investigación operativa, las estadísticas, son actividades productoras de información.

Las *actividades de apoyo* son insumo de las que producen resultados, en sí mismas no originan un producto; se diferencian las actividades de conciencia de las de asesoramiento y enseñanza. Se tienen que mantener separadas de las actividades que producen ingresos o que contribuyen a obtenerlos.

Las *actividades de conciencia* son las que fijan normas, crean visión, controlan el rendimiento comparándolo con las normas y exigen excelencia en todas las áreas fundamentales; son función de la alta dirección. La influencia de la empresa sobre su ambiente, sus responsabilidades sociales y sus relaciones básicas con la comunidad que la circunda son también áreas fundamentales de conciencia. Las actividades de conciencia nunca se tienen que subordinar a nada ni agruparse con otras actividades.

El segundo grupo de las actividades de apoyo son las *actividades de asesoramiento y enseñanza*. Estas son de servicio, nunca tienen que "operar", su importancia radica en la influencia que ejercen sobre la aptitud de otros para rendir y hacer, aumentan la capacidad de rendimiento del resto de la organización, por ejemplo: capacitación o legales.

Por último, las *actividades de higiene y mantenimiento,* que realizan el departamento médico, el personal encargado de la limpieza, el comedor de la fábrica o el servicio de vigilancia, entre otras. Estas actividades tienen que estar separadas de todas las restantes, no contribuyen directamente a los resultados y al rendimiento de la empresa, pero si no se realizan la pueden perjudicar.

Las *actividades de la alta dirección* son diferentes de las que corresponden a los otros grupos, son multidimensionales son recurrentes pero intermitentes, y plantean exigencias de distintas capacidades y personalidades.

Las tareas de la alta dirección son: meditar sobre la misión de la empresa, determinar los objetivos, desarrollar las estrategias, elaborar las decisiones actuales en vista de los resultados esperados a futuro; determinar las normas, es decir ejercer las funciones de conciencia; crear y mantener la organización humana. La dirección tiene, entonces, que meditar sobre la estructura y el diseño de la organización; mantener las relaciones con los principales clientes y proveedores; asistir a actos públicos y cumplir otras funciones ceremoniales; afrontar las crisis importantes, y estar dispuesta a asumir el control cuando se le requiera (Drucker, 2000, 416).

Mintzberg, en su libro *La estructuración de las organizaciones* (1984, 49-57), toma la totalidad de la organización y ubica a los agentes en diferentes partes de acuerdo con la actividad que desempeñan. Las partes de la organización que considera son: núcleo operativo, línea media, cumbre estratégica, tecnoestructura y *staff* de apoyo.

El *núcleo operativo* comprende a los operarios que realizan el trabajo básico, relacionado en forma directa con la elaboración de productos y/o servicios. Las funciones fundamentales de los operarios son: incorporación de materias primas y materiales, transformación de dichos insumos en productos o servicios, venta y distribución, y apoyo directo a las ocupaciones anteriores. Generalmente, son estas las tareas que se pueden formalizar con mayor facilidad.

La *cumbre estratégica* "se ocupa de que la organización cumpla, efectivamente, con su misión y de que satisfaga los intereses de las personas que controlan o tienen algún poder sobre la organización". Tiene tres tipos de obligaciones: a) supervisión: para que la organización funcione como una unidad integrada; b) gestión de las relaciones con el entorno: realiza contactos, informa y negocia con los grupos externos que lo requieran; y c) las que corresponden al desarrollo de la estrategia de la organización. La estrategia puede verse como una fuerza de mediación entre la organización y su entorno.

Podemos observar que las funciones de la cumbre estratégica se corresponden con las de la alta dirección que considera Drucker.

La *línea media* es el nexo entre la cumbre estratégica y el núcleo operativo, a cargo de ejecutivos con autoridad formal. Abarca desde los gerentes superiores situados inmediatamente debajo de la cumbre estratégica, hasta los supervisores de primera línea (jefes de taller); todos ellos ejercen una autoridad directa sobre los operarios y la coordinación mediante la supervisión directa; dan lugar a la cadena de autoridad escalar, es decir a las jerarquías.

El gerente de línea media no se limita a la supervisión directa; en general tiene también a su cargo las relaciones con el entorno de la unidad, ya sean externas a la organización o internas, como los analistas de tecnoestructura y del *staff*, y diseña la estrategia correspondiente a su unidad.

La *tecnoestructura* está a cargo de los analistas que sirven a la organización afectando el trabajo ajeno. Estos estudian la manera de adaptar y cambiar la organización en función de la evolución del entorno; y del control, la estabilización y la formalización de las pautas de actividad en la organización.

Los analistas de estudio del trabajo son los que formalizan los procesos de trabajo; esta tarea está generalmente a cargo de ingenieros industriales; los analistas de planificación y control, que normalizan las salidas, son planificadores a largo plazo, analistas de presupuestos y contadores; y los analistas de personal, que formalizan las habilidades y destrezas, son los capacitadores y responsables del reclutamiento de personal.

En el *staff de apoyo*, encontramos unidades especializadas cuya función consiste en proporcionar apoyo a la organización fuera de la corriente de trabajo operativo. Las funciones que se realizan se diferencian de las de la tecnoestructura y constituyen, en algunos casos, miniorganizaciones. Tienen su propio equivalente al núcleo operativo y, en muchos casos, concentran las actividades que se pueden tercerizar.

La diferencia fundamental que hay entre Fayol y Drucker radica en que el primero considera que las funciones son "núcleos de habilidades afines", mientras que para Drucker lo que interesa es el aporte que realizan más que la habilidad.

La *función*, según el diccionario, es el ejercicio de un cargo, facultad u oficio, por ejemplo: la función de la persona que hace una torta es la de pastelero, la función de quien extrae una muela es la de odontólogo. Mientras que la *tarea* es hacer una torta, o extraer una muela; es decir, realizar en un tiempo determinado cualquier trabajo u obra. Si analizamos los significados de estas palabras, podemos concluir que ambos autores se refieren a lo mismo, pero visto desde diferentes ángulos y teniendo en claro que lo que interesa es lo que aporta la persona y no la función.

Si relacionamos los tipos de actividades mencionadas por Drucker con las partes de la organización que diferencia Mintzberg, se advierte que ambas propuestas son compatibles y complementarias. Así, es fácil asociar las actividades de la alta dirección con la cumbre estratégica, las actividades de enseñanza con la tecnoestructura, y las actividades de mantenimiento interno e higiene con el *staff* de apoyo.

Las actividades que producen resultados (productoras de ingresos, que contribuyen a resultados y de información) constituyen el corazón de la estructura, y como tales, están a cargo de la línea media y del núcleo operativo.

Tipos de relaciones

Una vez que se identifican los elementos constitutivos de la organización, a través de las actividades, para ubicarlas en la estructura Drucker propone un análisis de las relaciones que se establecen entre las actividades fundamentales que hemos analizado. Para ubicar una actividad dentro de la estructura de la organización, la regla básica es que debe existir la menor cantidad posible de relaciones, pero, al mismo tiempo, las relaciones tienen que permitir el fácil acceso y el aporte efectivo de las actividades en un lugar central de la unidad.

Las relaciones ya fueron abordadas por los autores clásicos en términos normativos y prescriptivos, teniendo en cuenta los intereses de la organización para alcanzar la máxima eficiencia. La forma más simple de estructurar una organización es la de tipo lineal, que se caracteriza por establecer una relación directa y única de autoridad y responsabilidad entre el superior y los subordinados, dando lugar a la estructura piramidal, que tiene una única línea de autoridad. La comunicación es formal y las decisiones están centralizadas en la alta dirección. Las *relaciones de línea* contribuyen en forma directa a los objetivos de la organización.

Dichas relaciones son de fácil comprensión; cada uno sabe sus responsabilidades, y es relativamente fácil implementarlas cuando se trata de una organización pequeña y estable; los inconvenientes surgen cuando la organización crece, ya que puede volverse demasiado rígida; al estar centralizadas las decisiones, puede convertirse en una organización autocrática.

Las relaciones de línea son las que se dan, por ejemplo, entre el gerente general, el gerente de comercialización, el jefe de ventas y los vendedores.

Las *relaciones de staff o asesoramiento* contribuyen en forma indirecta al logro de los principales objetivos de la organización; las decisiones se descentralizan en un mismo nivel hacia los expertos que actúan para asesorar, aconsejar, planificar y controlar. Favorecen las innovaciones y la rápida adaptación de la organización a los cambios, permiten una mayor especialización, pero si no están bien definidas las responsabilidades, pueden generar conflictos entre los expertos y las personas de línea y hasta la pérdida de la unidad de mando.

Las relaciones de línea-*staff* se dan cuando en la organización se combinan las relaciones de línea con las de *staff*. Las relaciones de línea son las que se manifiestan entre el superior y el subordinado, mientras las de *staff* son relaciones auxiliares de consejo o asesoría y se vinculan con las de línea. Los órganos de línea generalmente están orientados hacia el exterior de la organización, mientras que los de *staff* se orientan al interior de la organización.

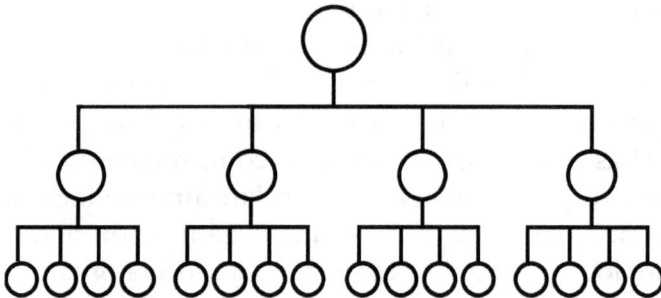

Estructura jerárquica

Fuente: Mintzberg, 1990, 204.

Los miembros del *staff* tienen la autoridad que les otorgan sus conocimientos; la autoridad y responsabilidad por la ejecución son de competencia de las relaciones de línea.

Las relaciones de línea-*staff* permiten contar con conocimientos especializados que facilitan la innovación, al mismo tiempo que se mantiene la unidad de mando; los expertos prestan asesoramiento, pero sus recomendaciones no necesariamente son aceptadas, ya que la línea será la que decida lo que es más conveniente; esto no impide que línea y *staff* actúen en forma cooperativa.

En estas relaciones resulta muy difícil mantener el equilibrio, y, generalmente, surgen conflictos de competencia entre profesionales que asesoran y quienes deciden y ejecutan.

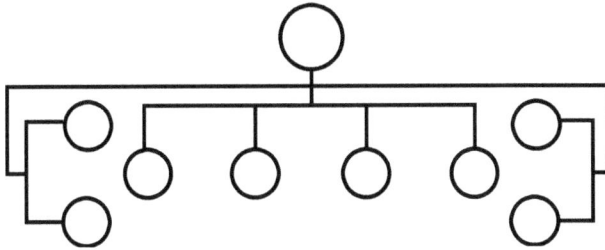

Estructura de línea y de staff

Fuente: Mintzberg, 1990, 204.

En los últimos años, se han desarrollado diferentes mecanismos para estimular las *relaciones laterales* entre los individuos; Mintzberg menciona los puestos de enlace, los grupos de trabajo, los comités permanentes, los directivos integradores y las estructuras matriciales; algunos de estos dispositivos se incorporan a la estructura formal de la organización.

Los *puestos de enlace* surgen cuando se necesita un contacto importante para coordinar el trabajo de dos unidades; puede establecerse un cargo de enlace para encauzar directamente la comunicación sin tener que recurrir a las vías verticales. Este puesto carece de autoridad formal, pero como se ocupa de resolver situaciones complejas mediante la comunicación informal, se convierte en un puesto con mucho poder informal (Mintzberg, 1990, 197).

Un *grupo de trabajo* es un conjunto no muy numeroso de personas –con diferentes antecedentes, habilidades y conocimientos– que se reclutan en distintas áreas de la organización y que colaboran en una tarea específica y definida, que puede ser un proyecto de investigación, o el diseño arquitectónico de un nuevo edificio (Drucker, 2000, 380).

Estos grupos pueden tener un líder permanente que dura el tiempo que demanda la realización de la tarea, pero la responsabilidad del desempeño le corresponde al equipo en conjunto y la autoridad en la toma de decisiones se deriva de la tarea y se centra en ella; cada individuo aporta su habilidad y sus conocimientos particulares.

Para que los grupos sean efectivos sus objetivos tienen que ser claros y todos los miembros deben estar comunicados con el sistema total para conocer y entender la misión y las estrategias de la organización. Todos y cada uno de los participantes deben ser capaces de percibir y comprender la tarea global y su tarea particular, y tener, además, conciencia de la relación entre ambas.

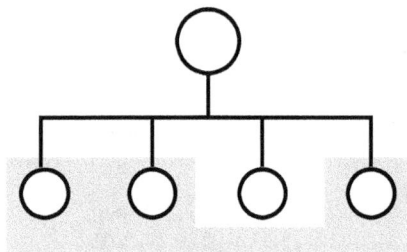

Estructura de sobreposición de enlaces (grupo de trabajo)

Fuente: Mintzberg, 1990, 204.

Los *comités permanentes* se constituyen cuando los grupos de trabajo son formalmente establecidos, tienen un carácter más estable y se reúnen con regularidad para discutir temas de interés (Mintzberg, 1990, 199).

Drucker considera un síntoma de mala organización el hecho de que el número de reuniones sea excesivo y estas convoquen a una cantidad importante de personas; una de las razones puede ser el elevado costo que representan. El abuso de reuniones indica que los puestos no han sido definidos claramente, no fueron estructurados con amplitud suficiente, y sus funcionarios no son realmente responsables; que los análisis de las decisiones y las relaciones no fueron prácticas o no se aplicaron. La norma es minimizar la necesidad de que la gente se reúna para realizar algo (Drucker, 2000, 373).

Los *directivos integradores* son las personas que ocupan puestos de enlace con autoridad formal cuando la coordinación que proporcionan los otros mecanismos de enlace es insuficiente. El poder del directivo integrador siempre comprende algunos aspectos de los procesos de decisión que corresponden a diferentes departamentos, pero nunca se extiende a la autoridad formal sobre el personal de cada departamento. Se diferencian tres etapas en la extensión del poder de decisión del directivo integrador: la primera, cuando se le otorga el poder necesario para aprobar las decisiones tomadas; la segunda, cuando participa en el proceso de decisión antes de que concluya; y la tercera, cuando se le otorga algún grado de control sobre el proceso de decisión (Mintzberg, 1990, 201).

Sobre este tema, Drucker advierte que uno de los síntomas de organización defectuosa es basarse en coordinadores, ayudantes y otras personas cuya tarea consiste en no tener una tarea. Esto indica que las actividades y los cargos han sido diseñados de un modo muy estrecho, o que las actividades y los cargos, en lugar de diseñarse en relación con su lugar en el proceso o con su contribución, han sido diseñados en función de una persona a quien debe asignarse un puesto (Drucker, 2000, 373).

Muchas veces, la agrupación funcional no es suficiente para contener todas las interdependencias, porque plantea problemas de flujo de trabajo, y la basada en el mercado obstaculiza el contacto entre especialistas, y así hay organizaciones que necesitan, con el mismo grado de importancia, dos o más bases de agrupación; en esos casos, se puede recurrir a la *estructura matricial* como mecanismo de enlace, ya que permite combinar las dos bases de agrupación y establecer una estructura de autoridad doble que sacrifica el principio de la unidad de mando, como se observa en la siguiente figura (Mintzberg, 1990, 204).

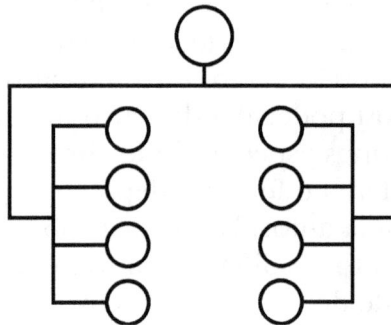

Estructura matricial

Fuente: Mintzberg, 1990, 204.

La estructura matricial es aconsejable para las organizaciones adultas, que están dispuestas a resolver conflictos mediante la negociación informal entre iguales, en lugar de recurrir a la autoridad formal, al poder formal de la supervisión directa y de la línea sobre el *staff*.

Hay dos tipos de estructuras matriciales: "Una permanente, en la que las interdependencias permanecen más o menos estables y, en consecuencia, también lo hacen las unidades y personas implicadas, y otra variable, orientada hacia el trabajo de proyectos, en la que las interdependencias, las unidades de mercado y las personas cambian de situación con frecuencia".

El mayor o menor grado en que varía el trabajo en la organización influye en el mayor o menor uso de dispositivos de enlace (Mintzberg, 1990, 262). Pero, para lograr que se cumpla con la estrategia, es fundamental que los gerentes tengan en cuenta la cultura de la organización, es decir los valores, normas, creencias y presunciones compartidas por sus miembros. La rapidez de respuesta, el sentido de urgencia, el trabajo en equipo, la obediencia a la demanda del cliente, la comprensión, la iniciativa y la flexibilidad son parte de la ventaja competitiva de la organización.

2.2. Los elementos para el diseño

La buena administración tiene como propósito alcanzar la productividad de todos los recursos, y la estructura de la organización le tiene que facilitar al hombre realizar el trabajo y realizarse personalmente, porque el hombre es el principal recurso con el que cuenta.

Para que el trabajo sea productivo, es necesario estructurarlo de acuerdo con su propia lógica, y luego lograr que sea apropiado para seres humanos. Los administradores tienen que comprender que la lógica de las personas es diferente de la lógica del trabajo que tienen que realizar (Drucker, 2000, 30).

Por ejemplo "hacer una silla", en todos los tiempos es "hacer una silla", pero esta tarea varía a lo largo de la historia. En la antigüedad se trataba de un trabajo artesanal. Con la aparición de las máquinas, esta labor se ha ido especializando hasta llegar al trabajo automatizado, y surgieron otras tareas, como la del especialista en diseño.

En las organizaciones, se pueden desarrollar al mismo tiempo tres proyectos diferentes: uno permanente que permite recuperar los costos fijos, con características más estables que den lugar a una mayor formalización; un segundo proyecto emergente, para hacer frente a las situaciones coyunturales del contexto, con características más flexibles y transitorias; y, por último, un proyecto de innovación con un carácter de largo plazo. Para concretar estos proyectos, se realizan tres clases distintas de trabajo: el trabajo operativo, el innovador y el de alta dirección, a los cuales hay que estructurar bajo la misma administración aunque sean diversos.

Con una perspectiva actual, cada organización cuenta para el diseño de su estructura con distintos parámetros técnicos que utilizará en la medida de sus necesidades y según se analizan a continuación.

División del trabajo

Adam Smith, en su libro *La riqueza de las naciones*, publicado en 1776, es el primero que hace mención a la división del trabajo como base del aumento de la productividad. Posteriormente, Frederick Taylor, al considerar la importancia de observar y estudiar el trabajo en forma sistemática, propone la división del trabajo como base de la especialización y del aumento de la productividad.

También es uno de los principios planteados por Henri Fayol en 1916, y tiene por finalidad producir más y mejor con el mismo esfuerzo. La división del trabajo permite reducir el número de objetos sobre los cuales deben aplicarse la atención y el esfuerzo, se reconoce que es el mejor medio de obtener el máximo provecho de los individuos y de las colectividades, se aplica a todo tipo de tareas y trae como consecuencia la *especialización* de las funciones y la separación de los poderes: están quienes deciden y quienes ejecutan (Fayol, 1991, 24).

A través del tiempo, este principio ha merecido numerosas críticas, que resaltan sus ventajas o sus desventajas.

Herbert Simon, en *El comportamiento administrativo,* un análisis crítico de los criterios administrativos, sostiene que la sencillez del principio de especialización es engañosa, pues oculta ambigüedades fundamentales; la especialización, afirma el autor, no es una condición de la administración eficiente sino una característica de todo esfuerzo de grupo. Y agrega que el verdadero problema administrativo no es la especialización, sino el especializar de una manera determinada y siguiendo determinadas líneas (Simon, 1964, 22).

Agrega que para lograr la identificación de los trabajadores con la organización es fundamental la manera en que se realiza la división del trabajo, que será satisfactoria "en la medida en que: 1) las actividades implicadas en la realización de la función sean independientes de las demás actividades de la organización; 2) no existan los efectos indirectos de la actividad, que no pueden medirse de acuerdo con el objetivo funcional, y 3) sea posible establecer líneas de comunicación que lleven, a la unidad responsable de la realización de la función, el conocimiento necesario para su ejecución acertada" (Simon, 1964, 204).

Mintzberg, en *La estructuración de las organizaciones* (1984, 99), cuando se refiere a los tres parámetros para el diseño del puesto, diferencia la especialización horizontal, que está referida al proceso de "hacer", y la especialización vertical, que se vincula al proceso de "decidir", en los términos de Simon.

El puesto de trabajo puede ser más o menos especializado o ampliado en sentido horizontal, según la cantidad de tareas que contenga el acto de trabajar. La mayor especialización aumenta la repetición del trabajo, facilitando, en consecuencia, su normalización y permitiendo que los resultados se produzcan con mayor uniformidad y eficiencia; además, promueve el aprendizaje del trabajador y su adaptación a la tarea.

Mintzberg no sólo toma en cuenta la cantidad de tarea, sino también la calidad del trabajo, y así tenemos, por ejemplo, un trabajador que carga con materia prima una máquina, tarea no calificada que se repite en forma periódica. En este caso estamos ante una tarea especializada en sentido horizontal, pero la tarea de un médico pediatra en un hospital también es especializada horizontalmente.

Las nuevas corrientes de pensamiento surgidas en la década de los '90 se refieren a este tema de la siguiente manera.

Coriat, en *Made in France*, sostiene que las empresas en búsqueda de la mayor eficiencia de la organización tendrán que aprender a romper con Fayol y hacer evolucionar radicalmente las antiguas divisiones y operaciones funcionales entre servicios y departamentos, para imponer líneas de comunicación eficientes en organigramas aligerados y simplificados. Esta transformación será posible si se renueva el modo de seleccionar y promocionar al personal jerárquico, de manera que los directivos sean capaces de modificar su estilo de dirección y aprendan a cooperar dentro de la propia firma (Coriat, 1993, 162).

Lo que las compañías tienen que hacer es organizarse en torno al proceso. El trabajo que Adam Smith y sus seguidores habían separado, hoy se vuelve a juntar y se llama "equipos de proceso". El equipo de proceso es una unidad que se reúne naturalmente para completar un trabajo. Estos equipos son de muchas clases, y el que conviene en cada caso depende de la naturaleza del trabajo que hay que hacer (Hammer y Champy, 1994, 70).

Formas de agrupamiento

A continuación del proceso de análisis del trabajo, es necesario un proceso de síntesis. En esta etapa, se aumenta la eficiencia administrativa, agrupando los puestos en unidades homogéneas y coordinadas entre sí.

La literatura administrativa presenta una serie de criterios alternativos como base del agrupamiento. Así March y Simon (1969, 31) proponen dos categorías que llaman departamentalización *por proceso* y *por propósito*; Mintzberg, por su parte, denomina a estas bases *funcional* y *por mercado* respectivamente, incluyendo en esta última el agrupamiento por producto, tipo de cliente, localización y tiempo.

Por ejemplo, en una panadería se pueden tener los siguientes productos: pan, facturas y tortas, cada uno de los cuales necesita de un proceso de elaboración determinado: mezclar los ingredientes, amasarlos, moldearlos, hornearlos. En la organización, podemos agrupar a las personas que mezclan en un mismo sector porque comparten la mezcladora. Sería agrupamiento por función. O bien, si la economía de escala lo justifica porque se trata de una gran panificadora, podemos agrupar según lo que fabrican, o sea, agrupamiento por producto o propósito.

El agrupamiento en la panificadora puede hacerse de acuerdo con el tiempo, es decir los turnos rotativos de mañana, tarde o noche que cumplen los empleados. También se puede tener en cuenta la zona geográfica, es decir en qué mercado se realizan las ventas: local, del interior del país, o del exterior. Otro agrupamiento puede relacionarse con el tipo de cliente; en este caso, pueden ser minoristas o mayoristas. Adoptar el agrupamiento funcional no impide aplicar luego el agrupamiento de mercado en otro nivel, y lo mismo a la inversa.

El *agrupamiento funcional* favorece la especialización del trabajador, mientras que el *agrupamiento por mercado* responde mejor a las necesidades actuales de respuesta rápida a las demandas de consumo; es necesario tener en cuenta, además, que cuanto más diversificados son los mercados, mayor es la tendencia al agrupamiento sobre esa base.

Mintzberg (1984, 150-157) propone cuatro criterios fundamentales que utilizan las organizaciones para seleccionar las bases de agrupamiento de los puestos de trabajo en unidades interdependientes.

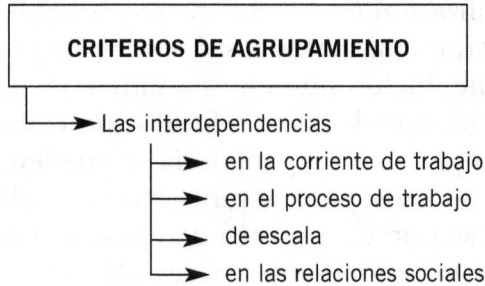

```
┌─────────────────────────────────────────┐
│                                           │
│      CRITERIOS DE AGRUPAMIENTO            │
│                                           │
└─────────────────────────────────────────┘
        └────► Las interdependencias
                    ├──► en la corriente de trabajo
                    ├──► en el proceso de trabajo
                    ├──► de escala
                    └──► en las relaciones sociales
```

Las *interdependencias en la corriente de trabajo* responden a las relaciones naturales entre determinadas tareas. Cuando la agrupación se realiza con base en el mercado, los participantes de una unidad tienen un sentido de integridad territorial, controlan un proceso de la organización claramente definido; la mayoría de los problemas que surgen en el trabajo pueden solucionarse fácilmente mediante el ajuste mutuo entre los trabajadores, y la mayoría de los conflictos que se plantean los puede resolver dentro de la unidad un único directivo encargado de la corriente de trabajo (Mintzberg, 1984, 150).

Las *interdependencias de procesos o funciones* están relacionadas con los procesos que se utilizan en la corriente de trabajo; se reúnen especialistas parecidos que aprenden los unos de los otros, ganando en habilidad en su trabajo especializado. Este tipo de interdependencia estimula el agrupamiento funcional (Mintzberg, 1984, 155).

Las *interdependencias de escala* se relacionan con las economías de escala; se tienen en cuenta cuando es necesario formar grupos a fin de alcanzar el tamaño requerido para funcionar con eficiencia (Mintzberg, 1984, 155).

Las *interdependencias sociales* no tienen que ver con el trabajo a realizar, sino con las relaciones sociales circundantes.

Todo diseño de una superestructura acaba siendo un compromiso entre los factores objetivos de las interdependencias de corriente de trabajo, procesos y escala, y de los factores subjetivos de personalidad y de necesidad social (Mintzberg, 1984, 157).

La elección de las bases de agrupamiento se ve afectada por el mayor o el menor grado en que varía el trabajo en la organización, y la posibilidad de agrupar en unidades depende de la mayor o menor velocidad que tiene una organización para reaccionar ante su entorno.

Ámbito de control

El tamaño de las unidades ha sido tema de discusión ya desde los autores clásicos, para quienes estaba en estrecha relación con el número de subordinados a controlar por un jefe (se consideraba que el ideal estaba entre cinco y siete empleados).

Actualmente, el tamaño tiene relación con diversos factores: la habilidad y la experiencia de los directivos para integrar y controlar, tanto como de los subordinados para efectuar sus tareas; la naturaleza del trabajo a realizar; la dispersión geográfica de los supervisores y los subordinados; la calidad y la cantidad de interacción que el supervisor tiene que mantener con los niveles superiores de la organización.

El control es menor cuanto mejor es la selección del personal que ingresa, si se trata de personal profesional, o bien, si cuando ingresan son capacitados de manera adecuada. En algunas organizaciones, como las de seguridad, además de la capacitación se requiere un alto grado de adoctrinamiento para mejorar el desempeño y disminuir el control.

En otro trabajo (Gilli, 1995, 131), se ha hecho notar que el tamaño de la unidad aumenta, entre otros factores, por la normalización y similitud de las tareas desempeñadas, por la necesidad de reducir distorsiones en el flujo de información ascendente y por las necesidades de autonomía y realización personal de los empleados; por lo contrario, el tamaño disminuye cuando existe necesidad de estricta supervisión directa, de adaptación mutua en complejas tareas interdependientes, de acceso frecuente al directivo para consultas y de cumplir –por parte del directivo– con obligaciones ajenas a la supervisión.

Las empresas con amplios ámbitos de control suelen tener pocos niveles jerárquicos (la división vertical es menos compleja) y forma aplanada, mientras que aquellas con ámbitos de control reducidos poseen más niveles jerárquicos (son más complejas en la dimensión horizontal).

Autoridad

La *autoridad* es el segundo principio de administración que plantea Fayol, y lo define como el derecho de mandar y el poder de hacerse obedecer. "En un jefe distingue la autoridad legal inherente a la función y la autoridad personal formada de inteligencia, de saber, de experiencia, de valor moral, de aptitud de mando, de servicios prestados. Para un buen jefe la autoridad personal es el complemento indispensable de la autoridad legal" (Fayol, 1991, 25).

El mismo autor agrega que "no se concibe la autoridad sin la responsabilidad, es decir, sin una sanción –recompensa o penalidad– que acompaña al ejercicio del poder. La responsabilidad es un corolario de la autoridad, su consecuencia natural, su contrapeso indispensable. En cualquier lugar donde se ejerza la autoridad nace una responsabilidad".

La autoridad se considera una relación que asegura el comportamiento coordinado dentro de un grupo, subordinando las decisiones del individuo a las decisiones comunicadas de otros. El ejercicio de la autoridad en un grupo hace posible separar los procesos de decisión, de su ejecución; lo que Simon llama "la especialización vertical de la toma de decisiones". De esta manera, el miembro de una organización somete su comportamiento al control de la parte de la organización que toma las decisiones (Simon, 1964, 129).

Max Weber hace un interesante aporte cuando introduce una nueva dimensión en el estudio de las organizaciones al emplear la palabra *poder* para referirse a la capacidad de inducir a la aceptación de las órdenes; *legitimación*, para definir la aceptación del ejercicio del poder, porque está de acuerdo con los valores que sostienen los subordinados, y *autoridad*, para indicar la combinación de ambas; es decir que para Weber la autoridad es el poder legitimado (Etzioni, 1965, 92).

En *El poder en la organización*, Mintzberg sostiene que el poder se puede ejercer entre las decisiones y las acciones; lo que interesa es controlar las acciones. La autoridad es un subconjunto del poder, es el poder formal que se desprende del hecho de tener un cargo en la organización, es la capacidad de conseguir que se hagan determinadas cosas por el puesto que se ocupa (Mintzberg 1992, 6).

Como consecuencia directa de la asignación de autoridad, surge el concepto de *jerarquía*, que ordena los distintos niveles: desde la autoridad superior hasta los niveles inferiores de supervisión.

El noveno principio que propone Fayol es: "La jerarquía que está constituida por la serie de jefes que va desde la autoridad superior a los agentes inferiores. La vía jerárquica es el camino que siguen, pasando por todos los grados de la jerarquía, las comunicaciones que parten de la autoridad superior o las que le son dirigidas. Este camino está impuesto a la vez por la necesidad de una transmisión segura y por la unidad de mando" (Fayol, 1991, 38).

Por su parte, Mintzberg afirma que la jerarquía en la organización surge cuando un supervisor de primera línea se pone al frente de un grupo de operarios para formar una unidad fundamental de organización; otro directivo asume el mando de dichas unidades formando una unidad de orden superior, y así sucesivamente hasta que todas las unidades restantes quedan al mando de un único directivo en la cumbre estratégica: el director general (Mintzberg, 1984, 53).

Drucker señala en *La gerencia* que la multiplicación del número de niveles administrativos es síntoma de organización defectuosa. La regla básica es estructurar el número mínimo de niveles administrativos, de manera que la cadena de autoridad sea lo más corta posible.

En las organizaciones tradicionales, la jerarquía está asociada al principio de *unidad de mando*, por el cual todo subordinado tiene un solo jefe; así, se pretende asegurar que las órdenes superiores recorran un camino seguro aun cuando no siempre sea el más rápido ni el más directo.

Simon sostiene que, antes de hablar de unidad de mando, es necesaria una comprensión clara de lo que se entiende por "autoridad": "Puede afirmarse –escribe– que un subordinado acepta la autoridad siempre que consienta que su comportamiento sea guiado por una decisión tomada por otra persona, con independencia de su propio juicio acerca de los méritos de dicha decisión. En cierto sentido, este principio, como el principio de especialización, no puede ser violado; porque es físicamente imposible que un hombre obedezca dos órdenes contradictorias" (Simon, 1964, 23).

Agrega que no hay inconvenientes en que una persona reciba indicaciones de un ejecutivo respecto del programa y, a su vez, indicaciones de la autoridad del departamento de contabilidad sobre las registraciones. El problema surge cuando las órdenes a cumplir son contradictorias entre sí.

A partir del principio de autoridad y de sus corolarios, jerarquía y unidad de mando, Fayol considera como un hecho natural la *centralización* de las decisiones. Dice que en todo organismo, animal o social, las sensaciones convergen hacia el cerebro o la dirección de donde surgen las órdenes que ponen en movimiento todas sus partes. El grado de centralización debe variar según las circunstancias.

"Si el valor del jefe, sus fuerzas, su inteligencia, su experiencia y la rapidez de sus concepciones le permiten extender mucho su acción personal, podrá llevar muy lejos la centralización y reducir a sus empleados al papel de simples agentes de ejecución. Si, por el contrario, conservando el privilegio de dar las directivas generales, prefiere recurrir más a la experiencia, al criterio o a los consejos de sus colaboradores, puede efectuar una amplia descentralización" (Fayol, 1991, 37).

Mintzberg señala que cuando todo el poder de decisión se concentra en un único punto de la organización, calificamos a la estructura de *centralizada*; y cuando, por el contrario, el poder queda dividido entre numerosos individuos, la calificamos de *descentralizada* (Mintzberg, 1984, 218).

Si bien el medio más preciso para coordinar la toma de decisiones en la organización es la centralización, existen razones para descentralizar. Una de ellas es que una sola persona no tiene capacidad para tomar todas las decisiones cuando la organización comienza a crecer, porque no cuenta con toda la información necesaria ni con la capacidad indispensable para su puesta en práctica.

Otra de las razones es que la descentralización permite a la organización reaccionar con mayor rapidez ante las condiciones adversas, y, por último, constituye un estímulo de motivación en las personas creativas e inteligentes, que requieren libertad de acción (Mintzberg, 1984, 220).

2.3. Los factores de contingencia

Las organizaciones son construcciones sociales, intencionales y con propósitos determinados. Para alcanzar metas y objetivos específicos, se necesita diseñarlas tomando en cuenta las condiciones propias de cada organización y del contexto que tienen que enfrentar.

Joan Woodward introduce la noción de teoría de la contingencia; a partir de los estudios que inicia en Inglaterra durante la década de los '50, caracteriza a las organizaciones como sistemas abiertos. Otros autores que pueden mencionarse son Stinchcombe, Burns y Stalker, Paul Lawrence y Jay Lorsch, Perrow, Pradip Khandwalla, Galbraith y Kimberly.

Como prototípico del enfoque contingente debe mencionarse el aporte de Henry Mintzberg a la teoría sobre la estructura organizativa. Convencido del agotamiento de la visión clásica y neoclásica, el autor busca una visión integradora: las configuraciones no son colecciones de partes componentes que puedan ser agregadas o eliminadas a voluntad; deben tener coherencia interna y, además, la forma resultante debe ser consistente con la situación de la organización.

Como factores contingentes, Mintzberg menciona: el *ambiente*, la *tecnología*, el *poder*, la *edad* y el *tamaño* de la organización. Sobre cada uno de ellos tratan las siguientes secciones.

Ambiente

En administración no hay uniformidad en cuanto a la terminología, y según quién es el autor, recibe el nombre de contexto, ambiente, medio o entorno. Schoderbek y otros, en su libro *Sistemas administrativos*, consideran al ambiente de un sistema como todo lo que es externo a él, aquello que no puede controlar y que al mismo tiempo ejerce una influencia considerable y significativa en su propio comportamiento (Schoderbek, 1984, 21).

La organización se desarrolla en un medio determinado con el cual mantiene una relación dinámica y mutua permanente de mayor o menor grado, según sea su naturaleza. Cuando se consideran los diferentes factores del entorno, hay que tener en cuenta los aspectos locales, regionales y también internacionales del sector, porque los sucesos de nivel mundial actualmente las afectan.

Porter, en *La ventaja competitiva de las naciones*, sostiene que el entorno próximo a una empresa conforma su éxito competitivo en el transcurso del tiempo, que es la razón por la que algunas organizaciones prosperan y otras fracasan; y agrega que parte del entorno de una compañía es su ubicación geográfica, con todo lo que esto implica, en términos de historia, costos y demanda, pero que incluye más elementos, teniendo en cuenta que son sistemas complejos y evolutivos, como los lugares en que recibieron formación los directivos, los trabajadores y los clientes (Porter, 1990, 57).

El entorno presenta tanto oportunidades como amenazas. Las oportunidades se encuentran en los mercados, recursos y otras condiciones externas que la organización puede explotar para crecer y prosperar. Las amenazas son factores que pueden poner en peligro el crecimiento y la eficacia de la organización, incluso su supervivencia.

El ambiente determina la incertidumbre y las restricciones de las organizaciones; la complejidad y el cambio contribuyen a la incertidumbre, y la hostilidad y diversidad constituyen restricciones. Mintzberg propone el análisis de cuatro variables que caracterizan el ambiente; las restricciones son consecuencia de la munificencia del entorno.

CARACTERÍSTICAS DEL AMBIENTE

Simple ←————→ Complejo
Estable ←————→ Dinámico
Munificente ←————→ Hostil
Integrado ←————→ Diversificado

El ambiente puede ser *simple* o *complejo*: es simple cuando el producto o servicio no requiere un trabajo y atención calificados. Es complejo cuando las exigencias son mayores y, en consecuencia, hacen falta conocimientos sofisticados acerca del producto o servicio, acerca de los clientes u otros factores; en este caso, el trabajo tiende a ser profesional. La complejidad del entorno afecta, además, la comprensión del trabajo a realizar en la organización.

El ambiente puede variar entre *estable* y *dinámico*. Es estable cuando los cambios son predecibles; por ejemplo, en el caso de un diario o una revista, los cambios existen en forma continua y se convierten en una constante, de manera que su entorno se torna estable. La estabilidad del entorno contribuye a tener mayor conocimiento previo respecto del trabajo que se va a realizar.

Es dinámico cuando los cambios no se pueden predecir, como ocurre con la tecnología, la biotecnología y la industria de la computación. Las condiciones cambiantes del entorno requieren mayor adecuación de las estructuras que las condiciones estables.

Cuando el ambiente tiene capacidad de mantener y apoyar a la organización, nos referimos a la munificencia del entorno. La *munificencia* puede aplicarse a la política gubernativa, a la disponibilidad de apoyo financiero, al acceso a canales de distribución estratégicos, a la presencia de recursos humanos capacitados y de recursos físicos críticos. La estabilidad y la munificencia del entorno contribuyen a tener mayor conocimiento previo respecto del trabajo que se va a realizar en la organización.

El ambiente es *hostil* cuando la situación no favorece a la organización, porque se ve afectado por la competencia, por las relaciones que mantiene la organización con los sindicatos, el gobierno y otros grupos externos, o por la disponibilidad de recursos con que cuenta. La hostilidad del entorno afecta de manera considerable la mayor o menor velocidad que requiere una organización para reaccionar.

El mercado al cual se orientan los productos y servicios puede ser *integrado* o *diversificado*. Es integrado cuando el producto o servicio es único, o la zona geográfica en que se comercializa es una sola; es diversificado cuando la empresa atiende a una amplia gama de clientes con productos o servicios diferentes, o los distribuye en zonas geográficas diversas. La diversidad afecta el grado en que varía el trabajo que se va a realizar en la organización.

Las estructuras de las organizaciones son más burocráticas cuando el ambiente es más simple, estable y/o munificente; y más orgánicas, cuando este es complejo, dinámico y/u hostil. Los nuevos enfoques ecológicos sostienen que las organizaciones pueden trabajar en equipo para controlar la incertidumbre del entorno y prever sus amenazas.

A continuación se analizan algunos factores del ambiente que pueden afectar en forma directa o indirecta a las organizaciones.

El *marco físico*: la naturaleza condiciona al ser humano pero no en forma absoluta. Se puede luchar contra el marco geográfico, el clima, el relieve, el acceso o no al agua; son factores que influyen, pero no determinan a la organización. En el entorno, se encuentran los recursos físicos para que la organización pueda operar y funcionar; el costo y la disponibilidad de los recursos físicos pueden constituir un factor crítico para la empresa, y si las materias primas están concentradas en pocos proveedores, esta circunstancia les otorga una ventaja significativa en la negociación.

El *marco social*: las normas sociales son los parámetros que moldean la conducta, las actitudes y los valores de los miembros de una organización. Dichas normas se derivan de las leyes, las costumbres, las creencias y las prácticas habituales, y hay que tenerlas en cuenta en el momento de tomar decisiones sobre los comportamientos, cuando se diseñan los puestos.

La administración tiene que lograr que los valores, las aspiraciones y las tradiciones de los individuos, la comunidad y la sociedad sirvan a un propósito productivo común; si no consigue movilizar la herencia cultural específica de un país y un pueblo, es improbable que se promueva el desarrollo social y económico (Drucker, 2000, 24).

El *marco político*: el proceso económico actual trae como consecuencia la caída de las fronteras nacionales en lo económico, en lo político y en lo cultural; surgen ideas críticas al progreso y la "modernización". No se puede confundir al hombre con un dato, el hombre es el sujeto de la acción política; marca la distancia que existe entre la solidaridad de la democracia y el individualismo egoísta del mercado.

Las políticas que adoptan los gobiernos ejercen un papel importante de estímulo o deterioro de determinados sectores empresariales. Ya sea estableciendo como eliminando barreras mediante sus políticas interiores y exteriores, o a través de conductas que regulan o bien suprimen regulaciones, los gobiernos tienen que acompañar, impulsar y anticipar las estrategias industriales.

El *marco económico*: con la globalización de la economía, el norte se extiende hacia el sur; continentes enteros como Asia o América del Sur están uniéndose a los países desarrollados.

Para Philip Kotler, "globalización" significa dos cosas: desde el punto de vista de la demanda, sugiere un aumento de los estilos de vida globales y expectativas más altas en torno a la calidad, el servicio y el valor. Desde el punto de vista de la oferta, significa que serán más las empresas que habrán de competir en cada mercado, siempre que se produzca la liberalización; en consecuencia, las compañías deberán achicarse y orientarse más hacia el mercado y no depender del proteccionismo.

Una empresa debe comprender lo que sucede en su propio país, que es lo más importante para determinar su capacidad, o incapacidad, de crear y mantener una ventaja competitiva en términos internacionales (Porter, 1990, 23).

Podemos sostener que la capacidad de las empresas para lograr mayor productividad no sólo radica en formular una estrategia empresarial adecuada a su contexto; para lograr las metas propuestas necesitará también de una adecuada estructura que responda a los intereses y variables locales, en primer lugar, y a los nacionales; y sólo cuando haya logrado la competitividad en esos espacios podrá aspirar a la competitividad internacional.

Tecnología

El *factor tecnológico* comprende tanto los conocimientos y las habilidades, como el sistema técnico y las capacidades que se utilizan en una organización. La tecnología en una organización se incorpora mediante la materia prima, las máquinas y el conocimiento que traen los recursos humanos, así como a través del conocimiento que se va generando en su interior con el desarrollo continuo de sus actividades.

Henry Mintzberg analiza por un lado el sistema técnico y por otro, el conocimiento necesario para hacer uso de él. Divide los sistemas técnicos en *reguladores* y *sofisticados*. Los reguladores son los que afectan el trabajo de los operarios, controlando su tarea, y pueden variar desde muy reguladores, donde los operarios carecen prácticamente de libertad de acción, hasta aquellos que la permiten en mayor medida, como pueden ser una perforadora o un bisturí, si bien siempre hay algún mínimo grado de regulación.

Son sofisticados los más complejos técnicamente; hay sistemas sofisticados que se pueden operar de manera sencilla pero, en general, requieren de conocimientos especializados, particularmente en lo que hace al mantenimiento.

Mintzberg sostiene que cuando el sistema técnico es muy regulador, el trabajo operativo es más formalizado y, por lo tanto, la estructura del núcleo operativo, más burocrática; mientras que, cuando el sistema técnico es sofisticado, afecta al *staff* de apoyo, porque requiere de profesionales, originando una descentralización horizontal selectiva y un mayor uso de dispositivos de enlace para coordinar el trabajo (Mintzberg, 1984, 301). Cuando el sistema técnico es sofisticado, afecta la facilidad con la que se puede comprender o no el trabajo en la organización (Mintzberg, 1984, 260).

Willam Davidow y Michael Malone resumen el creciente consenso en la importancia de la tecnología de la siguiente manera: las computadoras pueden reunir información en forma más segura y efectiva que las personas. Pueden producir sumarios y transmitir la información a las personas que tienen que tomar las decisiones a velocidades impresionantes. Lo más interesante es que, con frecuencia, esta información es tan buena y los análisis tan precisos, que ya no se requieren decisiones ejecutivas. Un empleado bien entrenado, que actúa directamente en una situación concreta, puede hoy en día tomar una decisión más rápido y en forma más adecuada que un directivo que se halle a miles de kilómetros de distancia (Rifkin, 1996, 135).

La expansión de la electrónica y la informática acelera el desarrollo de pequeñas y medianas empresas muy especializadas que coexistirán con firmas de grandes estructuras muy flexibles relacionadas con sus prestatarios por medio de una diversidad de lazos. Los sistemas de información y de comunicación en las empresas se manifiestan como un conjunto de conocimientos y saberes, de programas y de soportes técnicos que, integrados en redes, transforman los procesos productivos y las formas de distribución tradicionales.

Coriat, en su libro *Made in France*, sostiene que estamos en la era de la automatización flexible, donde se recuperan la experiencia y el saber adquiridos en fases precedentes (automatización de la gestión operativa, gestión y conducción a distancia de operaciones y procedimientos), utilizando las posibilidades abiertas por el uso industrial de la microelectrónica y de la microinformática y dando nacimiento a la generación de las tecnologías denominadas "programables" o flexibles; la herramienta privilegiada del período es el robot programable.

Agrega el mismo autor que el punto importante es que esta nueva generación de tecnologías permite enfrentar, con costos y plazos reducidos, las exigencias de diferenciación y de diversificación que caracterizan a los mercados actuales. En términos económicos, estas nuevas tecnologías permiten combinar los beneficios de las economías de escala típicas de la automatización rígida en su primera forma con las de las economías de variedad, para hacer frente a las exigencias de diferenciación (Coriat, 1993, 166).

Las organizaciones han comenzado a introducir cambios en la estructura, para acomodarse al impacto de las nuevas tecnologías basadas en el uso de la computadora; empiezan a achatar las tradicionales pirámides y transfieren cada vez más responsabilidades en la toma de decisiones a las redes y a los equipos (Rifkin, 1996, 131). Las organizaciones deben tener una estructura que permita aprovechar de la mejor manera posible el sistema técnico y desarrollar el conocimiento en la organización.

La tecnología es relevante, porque la organización tiene que incorporar las innovaciones que aparecen en el entorno para ser competitivas, ya sea mejorando los procesos productivos, los canales de distribución, los productos o la forma de presentación existentes, o bien incorporando nuevas tecnologías que mejoren las relaciones de los empleados para realizar su trabajo en actividades de grupo.

Si los cambios tecnológicos son continuos, como es el caso de las computadoras, se requieren organizaciones más orgánicas, flexibles y preparadas para el cambio; el personal tiene que estar altamente capacitado tanto para detectar la oportunidad de cambio como para implementarla en la organización de manera efectiva. Si por su naturaleza la organización no está expuesta a grandes cambios tecnológicos, puede ser más burocrática.

Poder

El poder, definido como la capacidad (potencial o actual) de imponer a los demás la propia voluntad, es la aptitud que tiene una persona para influir de la manera deseada en la conducta de otro. Mintzberg, en el libro *El poder en la organización*, define al poder como "la capacidad de afectar (causar efecto en) el comportamiento de las organizaciones" (1992, 5). El autor muestra los distintos factores de poder interno y externo en el siguiente gráfico:

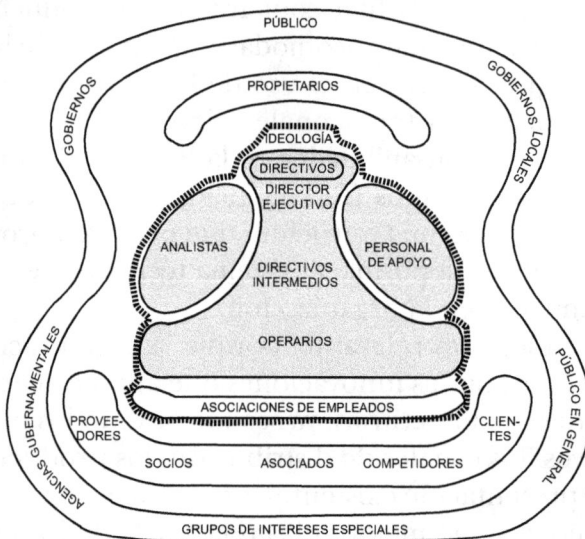

Fuente: Mintzberg, 1992, 32.

Entre los que tienen *poder externo* menciona a los accionistas, que son quienes poseen el título oficial de propiedad de la organización; los proveedores, quienes proporcionan los insumos a la organización; los clientes, que compran sus productos o servicios, así como sus competidores; las asociaciones de empleados, que pueden ser los sindicatos y las asociaciones profesionales; el público en general, constituido por grupos que representan intereses especiales o generales del público en un sentido amplio; y, por último, los directores de la organización (Mintzberg, 1992, 31).

Con respecto a los sindicatos, Drucker sostiene que son órganos muy especiales de restricción del poder político de la administración, que constituyen una oposición que nunca puede acceder al gobierno. Agrega que en el futuro esta función opositora será cada vez más necesaria, porque el poder requiere restricción, ya no tanto de los patrones ni de los capitalistas, sino de parte de la clase media educada de trabajadores basados en el conocimiento (Drucker, 1984, 120).

Los factores de *poder interno* están representados por los altos directivos, quienes ocupan la cumbre estratégica; los operarios que producen los bienes y servicios de la empresa en el núcleo operativo; los directivos de línea media; los analistas de la tecnoestructura, el personal de *staff* y la ideología de la organización, como el conjunto de creencias compartidas por los agentes internos, que la distinguen de otras organizaciones (Mintzberg, 1992, 31).

Los gerentes de la línea media actualmente son profesionales que proveen el conocimiento; el poder lo tiene el centro, el gestor que encuentra un denominador común y consigue combinar las distintas lógicas existentes en la empresa en forma de un código común a todos. "El contador especializado en impuestos no tiene mando, no puede impartir órdenes, y a menudo no tiene más subordinados que su secretaria, pero de hecho ejerce un poder de veto incluso sobre las decisiones de la alta dirección. Su opinión acerca de las consecuencias de un curso de acción a menudo determina lo que una empresa puede hacer y cómo debe hacerlo" (Drucker, 2000, 307).

En relación con el poder, en el libro *La estructuración de las organizaciones* Mintzberg sostiene que cuanto mayor es el control externo de la organización, ya sea de los accionistas, la casa matriz o el gobierno, más centralizada y formalizada resulta su estructura. El autor propone dos medios para controlar desde el exterior de manera efectiva: centralizar la estructura para hacer responsable de sus acciones al director general, o bien formalizar la estructura para imponer sobre la cumbre estratégica niveles de exigencia claramente definidos (Mintzberg, 1984, 330).

Con respecto al ámbito interno. Mintzberg sostiene que las necesidades de poder de los miembros suelen generar estructuras excesivamente centralizadas. Y, por último, los factores de poder parecen alcanzar a todos los niveles de la estructura, pero únicamente en forma selectiva.

Edad y tamaño

Stinchcombe (1965), y luego otros autores, mediante la observación, descubrieron que la fecha de fundación y la edad ejercen influencia en la estructura de la organización, y Kimberly (1976) hizo un estudio sobre la relación entre el tamaño y la estructura de las organizaciones (Mintzberg, 1984, 266).

Drucker sostiene que para determinar si una empresa es grande o pequeña, es necesario considerar una serie de factores: cantidad de empleados, monto de ventas, valor agregado (donde sea posible), complejidad y diversidad de la gama de productos, número de mercados en los que interviene, complejidad de la tecnología. Además hay que tomar en cuenta la estructura del sector del mercado al que pertenece la organización, así como diferentes factores, aunque cada uno de ellos no es decisivo en sí mismo.

La única expresión válida del tamaño es la administración y su estructura. Una *empresa pequeña* es una entidad que requiere nada más que un hombre dedicado al trabajo de alta dirección y conducción de las tareas operativas. Conoce a sus colaboradores, las tareas asignadas, sus antecedentes, sus tareas anteriores, y la eficacia con que se desempeñaron en ellas, lo que pueden hacer, sus limitaciones y, en general, cuál será probablemente la próxima tarea que deberá realizar; todo esto significa que el grupo fundamental es reducido, de no más de doce o quince miembros, que es el número más elevado de individuos a quienes una persona puede conocer realmente, y con los que puede estar familiarizado.

En una *empresa mediana*, el director general ya no puede por sí mismo identificar y conocer realmente a todos los integrantes fundamentales de la organización, sino que necesita reunir un grupo de tres o cuatro personas que considera más importantes para que respondan a sus preguntas colectivamente y no en forma individual; el número de empleados puede elevarse a cuarenta o cincuenta.

Cuando el pequeño grupo de directivos no puede decidir sin previa consulta con otros o sin informarse en diagramas o registros sobre quiénes son los individuos fundamentales, dónde están, de dónde provienen, qué hacen y adónde irán probablemente, se trata de una *gran empresa* (Drucker, 2000, 440).

Por su parte, Mintzberg informa que el tamaño de la organización, según Woodward, puede medirse en función del número de empleados, de la cantidad de ventas, de la envergadura del presupuesto, de la inversión de capital y de otros factores. Kimberly (1976) considera que el tamaño equivale por regla general al número de empleados, y este es el criterio que adopta Mintzberg (1984, 269).

Podemos apreciar que si bien tanto Drucker como Mintzberg consideran que el tamaño está determinado por diferentes elementos, ambos coinciden en tener en cuenta el criterio de la cantidad de empleados.

La ley de PyMEs 24.467, promulgada en la Argentina en marzo de 1995, establece que para ser considerada pequeña o mediana, el plantel de la empresa no puede ser superior a 40 trabajadores y su facturación anual debe ser inferior a la cantidad que para cada actividad fije la Comisión Especial de Seguimiento.

Este criterio de la cantidad de empleados debería ser investigado, ya que su incidencia en el tamaño de una organización ha cambiado con la disminución de personal que implica la incorporación de nuevas tecnologías.

En el diseño estructural es importante tener en cuenta la etapa de vida en la que se encuentra la organización; no es lo mismo una que recién se inicia, una que ya tiene alguna trayectoria, o una antigua que está siendo sometida a una reestructuración; en cada caso, los factores situacionales las afectarán de maneras diferentes.

Mintzberg señala que los factores de la edad y del tamaño, si bien influyen en todos los niveles de la organización, parecen ser más pronunciados en la parte intermedia de la estructura, donde crean cambios en el mecanismo de coordinación de supervisión directa. El sistema técnico del núcleo operativo tiene su mayor impacto en él, pero ejerce influencia en otras partes de la organización, en forma selectiva (Mintzberg, 1984, 339).

2.4. El diseño efectivo

Las características del contexto actual demandan estructuras diferentes a las utilizadas hasta ahora. Las estructuras funcionales diseñadas por Fayol en 1920 eran útiles para las empresas manufactureras cuando elaboraban un solo producto y en organizaciones pequeñas; las diseñadas por

Sloan en 1920, para empresas complejas, manufactureras, donde se descentralizan las decisiones por productos o mercados, para dar origen al modelo divisional. Estos modelos resultan insuficientes para ajustarse a la realidad de cada contexto y organización.

Simon sostiene que "en el trazado de las organizaciones administrativas, como en su manera de operar, el criterio conductor ha de ser el de la eficiencia por encima de todo. Un enfoque válido exige que sean identificados todos los criterios diagnósticos de importancia; que cada situación administrativa se analice en relación con toda la serie posible de criterios, que se efectúe una investigación para determinar la importancia relativa de los distintos criterios, cuando, como ocurre con frecuencia, son mutuamente incompatibles" (Simon, 1964, 36).

Para Drucker, la estructura adecuada es aquella que permite liberar y movilizar las energías humanas y el mejor aprovechamiento de la tecnología; no existe un único diseño universal, sino que cada organización tiene que diseñar su estructura de acuerdo con las actividades fundamentales para que se puedan concretar la misión y las estrategias de la empresa; es decir, la estructura se subordina a la estrategia (Drucker, 2000, 353).

En las estructuras clásicas se atribuía a las organizaciones un solo eje, el de la autoridad formal en sentido descendente, y la subordinación de abajo arriba; pero cualquier organización más compleja es un sistema multiaxial, es decir, tiene una serie de ejes: la autoridad de decisión, la información, la lógica de la tarea y la dinámica de los conocimientos. Los cargos o puestos individuales deben diseñarse y distribuirse en relación con una serie de parámetros, como tareas y asignaciones, responsabilidad de la decisión, información y relaciones (Drucker, 2000, 358).

Agrega este autor que el diseño y la estructura de la organización requieren reflexión, análisis y un enfoque sistemático; que la estructura tiene que partir de los elementos que la constituyen, que se derivan de las actividades fundamentales para lograr los resultados deseados; hay que analizar las actividades fundamentales según su aporte para poder agruparlas, y por último analizar las decisiones y las relaciones (Drucker, 2000, 360 y 371). Su metodología se resume en el siguiente esquema:

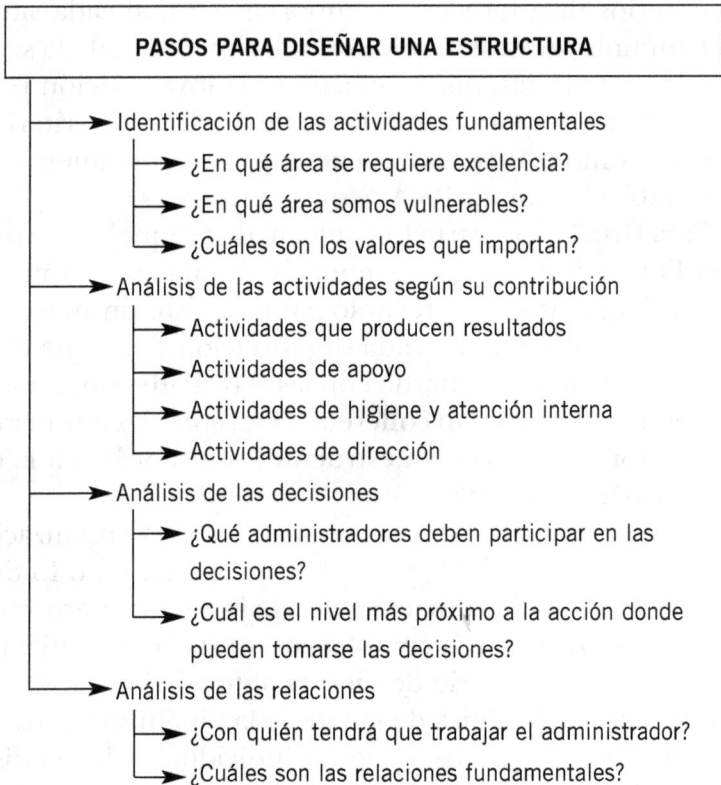

PASOS PARA DISEÑAR UNA ESTRUCTURA

- Identificación de las actividades fundamentales
  - ¿En qué área se requiere excelencia?
  - ¿En qué área somos vulnerables?
  - ¿Cuáles son los valores que importan?
- Análisis de las actividades según su contribución
  - Actividades que producen resultados
  - Actividades de apoyo
  - Actividades de higiene y atención interna
  - Actividades de dirección
- Análisis de las decisiones
  - ¿Qué administradores deben participar en las decisiones?
  - ¿Cuál es el nivel más próximo a la acción donde pueden tomarse las decisiones?
- Análisis de las relaciones
  - ¿Con quién tendrá que trabajar el administrador?
  - ¿Cuáles son las relaciones fundamentales?

Mintzberg, en su libro *La estructuración de las organizaciones*, propone para el diseño nueve parámetros y los agrupa de la siguiente manera:

```
┌─────────────────────────────────────────────────┐
│      PARÁMETROS DE DISEÑO SEGÚN MINTZBERG         │
└─────────────────────────────────────────────────┘
    │
    ├──► Parámetros para el diseño del puesto
    │         ├──► Especialización
    │         ├──► Formalización del comportamiento
    │         └──► Preparación y adoctrinamiento
    ├──► Parámetros para el diseño de la superestructura
    │         ├──► Agrupación de unidades
    │         └──► Tamaño de la unidad
    ├──► Parámetros para el diseño de vínculos laterales
    │         ├──► Sistemas de planificación y control
    │         └──► Dispositivos de enlace
    └──► Parámetros para el diseño del sistema de decisión
              ├──► Descentralización vertical
              └──► Descentralización horizontal
```

A continuación, Mintzberg analiza los factores de contingencia –como la edad y el tamaño, el sistema técnico, el entorno y el poder– y agrega que la estructuración efectiva requiere que los parámetros (variables dependientes) se ajusten de manera adecuada a los factores de contingencia (variables independientes); y, por último, se necesita que los parámetros tengan consistencia interna entre ellos. También incluye variables intermedias que se encuentran entre las independientes y las dependientes. El autor menciona: comprensión, predicción y diversidad del trabajo, y velocidad de respuesta.

La *comprensión del trabajo* está referida a la facilidad con la cual se puede entender el trabajo de la organización; la *predicción del trabajo* corresponde a los conocimientos previos de que dispone la organización respecto del trabajo que se va a realizar; la *diversidad* describe el grado en que varía el trabajo que debe realizar la organización, y la *velocidad de respuesta* describe la rapidez con la cual la

97

organización tiene que reaccionar ante su entorno. Hemos analizado en el desarrollo del capítulo de qué manera afecta a estas variables el entorno y de qué modo influyen en la estructura.

Durante el siglo XX, se desarrolló la empresa moderna con características de burocracia, con una cadena de mando que se extendía desde los niveles superiores a los inferiores. Se puso énfasis en la creciente división del trabajo y en la normalización de los productos; se necesitaba un fuerte control para lograr que los planes se ejecutaran.

Después de la Segunda Guerra Mundial, en Japón apareció la producción racionalizada, caracterizada por utilizar menor esfuerzo humano en las fábricas y dejar de lado las formas jerárquicas sustituyéndolas con los equipos multidisciplinarios, que trabajan conjuntamente en la producción, investigación y desarrollo, comparten la experiencia de cada uno de los participantes en el proceso de mejoras continuas y ajustan en forma permanente los procesos de producción y el producto final; los japoneses sostienen que esto permite reducir los costos estructurales al mínimo.

Si bien no existe un único diseño que sea el mejor para todas las organizaciones, hay diseños apropiados para organizaciones concretas de acuerdo con sus circunstancias y los entornos a los que pertenecen. Todas las estructuras deberían tener ciertas características para ser eficaces, como contar con operaciones eficientes, fomentar la innovación, ser flexibles y tener capacidad para adaptarse, facilitar el rendimiento y el desarrollo de los participantes y auspiciar tanto las posibilidades de coordinar y de comunicar, como de formular, implantar y lograr estrategias.

La mejor estructura no garantizará los resultados ni el rendimiento, pero una estructura equivocada es una garantía de fracaso. La pequeña empresa necesita una estructura adecuada tanto como la grande, y a veces es más importante porque es más difícil obtenerla (Drucker, 2000, 353).

2.5. Organigramas y descripciones de cargos

Una vez que se ha diseñado la estructura, es necesario comunicar a cada individuo lo que tiene que hacer: cuál será su área de autoridad; cuáles sus responsabilidades. Todo esto quedará formalizado en los *manuales de organización* que guiarán a las personas en su trabajo. Fayol plantea que la disciplina consiste, en esencia, en la obediencia, la asiduidad, la actividad, la presencia y los signos exteriores de respeto realizados conforme a las convenciones establecidas entre la empresa y sus agentes (Fayol, 1991, 26).

Max Weber se preocupaba mucho por la distribución del poder entre los niveles de la organización en la estructura burocrática, y esto representa el elemento "formal" de su obra. El problema central de la organización para Weber es cómo controlar a los participantes de manera que se eleven al máximo la efectividad y la eficiencia, y se reduzca al mínimo la insatisfacción que produce esta misma necesidad de control.

Simon sostiene que la organización formal tiene por función impedir el desarrollo de políticas diferentes de las que predominan en un determinado momento dentro de la organización, y además elimina la duplicación y superposición de tareas en distintas partes de esta. La organización formal asigna las zonas de actividad y las relaciones de autoridad, establece los procedimientos y las líneas de comunicación. En los manuales, se indica quién puede dar empleo y quién puede despedir a quién; quién dará órdenes y a quién; quién es el responsable de determinados trabajos y qué firma deberá llevar una determinada decisión (Simon, 1964, 142).

Para el diseño del puesto, Mintzberg considera la formalización del comportamiento como segundo parámetro a tener en cuenta; de esta manera, la organización limita la libertad de acción. El autor establece tres modos diferentes de formalizar el comportamiento: por la corriente de trabajo, por la descripción del puesto y por reglas generales;

99

cualquiera sea el modo que se aplica, las consecuencias sobre el individuo que realiza el trabajo son las mismas, pues se ejerce un control de su comportamiento.

Se formaliza para reducir la variabilidad del comportamiento con las finalidades de: coordinar distintas tareas con precisión, obtener consistencia mecánica para una producción eficiente y asegurar a clientes y empleados la imparcialidad de los procedimientos (Mintzberg, 1984, 114).

En el manual de organización, se encuentran el organigrama y las descripciones de los puestos de trabajo. El *organigrama* es la representación gráfica total o parcial de la organización, que muestra las líneas de autoridad formal que relacionan los distintos agrupamientos. Se pueden visualizar en ellos las divisiones horizontal y vertical de la organización. La norma IRAM 34.504 regula la manera de diseñar estos organigramas.

Los organigramas representan la estructura mediante los entegramas, que simbolizan las distintas posiciones o cargos, y las líneas, que representan las relaciones de autoridad y dependencia. En la forma piramidal más característica, los cargos de mayor jerarquía se ubican en la parte superior, y a partir de allí se representan los niveles siguientes en orden jerárquico decreciente.

Este diagrama es de utilidad en la organización para tener una visión general de la distribución de los departamentos o puestos de trabajo, de acuerdo con la relación jerárquica, para informar a quienes se incorporan a la organización sobre el lugar que ocuparán en la escala, y, en muchas oportunidades, son solicitados por los entes externos como parte de la información a presentar, por ejemplo, en bancos o en licitaciones. En los capítulos 3 y 4 veremos ejemplos de organigramas al referirnos a los distintos tipos de configuraciones.

La formalización del puesto se realiza mediante la *descripción del puesto*; al individuo se le indica cuál es su misión en concordancia con la misión de la organización, cuáles son las relaciones de autoridad, según aparecen en el organigrama; cuáles son las tareas a realizar, sus responsabilidades y la información que tiene que brindar a los efectos de que se pueda ejercer el control sobre su tarea, y cuáles son los requisitos para ocupar el puesto.

En la medida que las especificaciones del párrafo anterior son más explícitas y detalladas se trata de una organización más burocrática. Cuando las especificaciones son más generales, estamos dando lugar a una organización más orgánica.

En la organización pueden coexistir cargos formalizados de manera estrecha –por ejemplo, para los proyectos más estables y permanentes– y otros más ampliados, cuando se trata de organizaciones basadas en el conocimiento y que responden a proyectos innovadores y emergentes.

La formalización en la organización no reduce de ninguna manera el grado de incertidumbre, y si la formalización no es flexible ni se adapta a las circunstancias, se corre el riesgo de fracasar. Cuando la tarea a realizar es más incierta, los directivos tienen que recurrir en mayor medida a reglas generales y políticas y/o utilizar métodos alternativos de integración del comportamiento para hacer frente a situaciones imprevistas.

2.6. Referencias seleccionadas

Mintzberg, Henry: *La estructuración de las organizaciones.* Ariel, Barcelona, 1984, caps. 4-16.

Drucker, Peter: *La gerencia. Tareas, responsabilidades y prácticas.* El Ateneo, Buenos Aires, 2000, caps. 41-43.

Fayol, Henri: *Administración industrial y general.* El Ateneo. Buenos Aires, 1991.

Woodward, Joan: *Industrial organization: theory and practice.* Londres, 1965, Oxford University Press.

2.7. Temas de discusión

1. ¿Qué aporta la diferenciación de actividades al conocimiento de la estructura y su diseño?
2. ¿Cuál es el propósito de las relaciones jerárquicas y cuál es el de las relaciones laterales? ¿Los propósitos son opuestos o complementarios?
3. ¿Qué relaciones pueden establecerse entre el concepto de división del trabajo por especialización y el de descentralización de autoridad?
4. Seleccione una organización de su medio que sea bien conocida y describa los elementos contingentes que tomaría en consideración para diseñar su estructura.
5. ¿Cuándo puede afirmarse que el diseño de una organización es efectivo?

CAPÍTULO 3

CONFIGURACIONES TÍPICAS

OBJETIVOS DE APRENDIZAJE

- Mostrar cómo ha evolucionado la forma organizativa a través del tiempo y según las circunstancias que debieron afrontar las empresas.

- Ver los aspectos clave que diferencian a una configuración de otra y permiten definir una tipología de estructuras.

- Analizar las principales características de las configuraciones simple, funcional y divisional como configuraciones típicas.

- Comparar las fortalezas y debilidades de las estructuras tradicionales.

3.1. La transformación de la organización

La mayoría de los estudiosos de la administración acordaría que la gran transformación empresaria tuvo lugar entre 1890 y 1910 como consecuencia de la segunda revolución industrial, promotora de un cambio que excedía los enfoques existentes.

"El efecto acumulativo de todo ello estableció el escenario para una transformación monumental de lo que Adam Smith había llamado la mano invisible de los mecanismos de mercado. Lo que Alfred Chandler bautiza como la mano invisible de la gerencia" (Hickman y Silva, 1992, 25).

Sin duda, fue la *mano invisible de la gerencia* la que estableció el diseño basado en la especialización del trabajo y dio lugar a la estructura funcional. Pero, ¿cómo se fue modificando a través del siglo? ¿Fue un proceso de evolución del diseño, o las nuevas formas organizativas reemplazaron a las anteriores cuando estas entraron en crisis? Los dos enfoques se desarrollarán a continuación.

Evolución de la forma estructural

Hickman y Silva (1992, 307) nos dicen que las formas de organización se han desarrollado desde estructuras simples y pequeñas a principios de la década de 1900, hasta las grandes y complejas de hoy. Este proceso de evolución se corresponde con distintas etapas del pensamiento administrativo, según se muestra en el cuadro de la página siguiente.

Las organizaciones *funcionales* (1890-1925) coincidieron con un período de avances tecnológicos que permitieron la fabricación de bienes en grandes volúmenes, para lo cual adoptaban una distribución funcional basada en el máximo aprovechamiento de la especialización e integrada horizontalmente. Esta nueva estructura organizacional permitió a muchas empresas obtener la dimensión y la eficiencia

Formas organizativas		
	1980	
	1910	Organizaciones funcionales
Estructura	**1930**	
Productividad	**1950**	Organizaciones descentralizadas
Sistemas		
Estrategias	**1970**	Organizaciones matrices
Cultura		
Innovación	**1990**	Organizaciones de neocontingencia
Management de complejidad	**2010**	Redes dinámicas en un medio de cambio constante
Épocas de management		

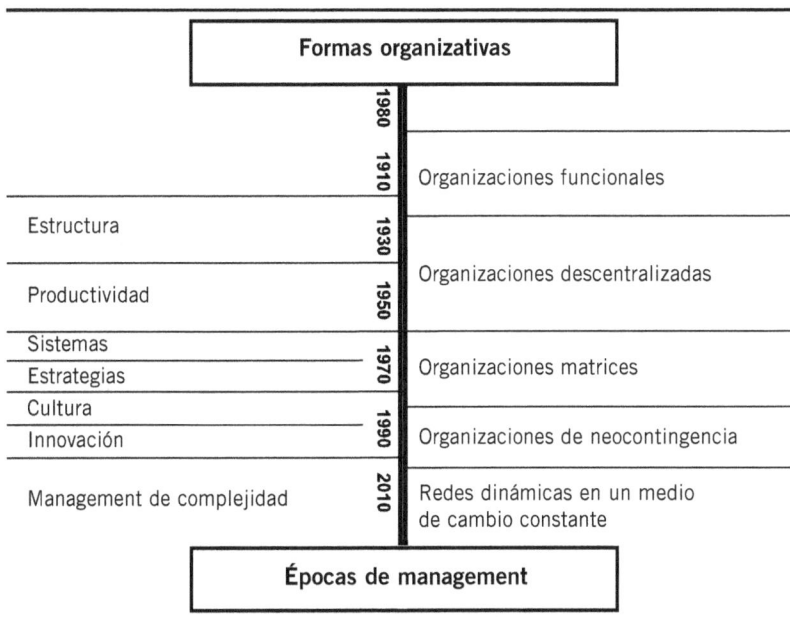

necesarias para proveer de productos y servicios al creciente mercado de los Estados Unidos durante las primeras décadas del siglo XX.

Cuando las corporaciones de muchos sectores de la economía habían crecido tanto que sus componentes funcionales sólo podían lograr un crecimiento adicional diversificando sus productos, y la incorporación de nuevos productos no pudo ser soportada por los tradicionales departamentos funcionales, la forma evolucionó hacia divisiones por producto con su propio conjunto de departamentos, como ventas, compras y finanzas. Había nacido la organización *descentralizada* (1925-1960).

Dado que tanto las características centralizadas de la organización funcional como la autonomía decisoria de las descentralizadas ofrecían ventajas y desventajas, aparece la solución de la organización *matriz* (1960-1980) como una manera de equilibrar la necesidad de una gerencia funcional centralizada con la de una gerencia de producto descentralizada. La matriz, sin duda, no resultó una panacea, pero representó un paso importante para afrontar la complejidad.

Como demostraron los dinosaurios, el tamaño, por sí solo, puede convertirse en un peligro. Las empresas con organizaciones cada vez más grandes y complejas comenzaron a preocuparse por la adecuación de la forma organizativa a las distintas estrategias y culturas; como resultado, se desarrollaron estructuras *contingentes* (1980-fin década de 1990). El enfoque contingente condujo a un aumento de la flexibilidad de las estructuras para adaptarlas a los nuevos conceptos en materia de estrategia y estilos de conducción, y a la mayor complejidad y competitividad del contexto.

Como última etapa de esta evolución, Hickman y Silva presentan a las *redes dinámicas* como la forma estructural del fin del siglo XX y la primera década del XXI. El enfoque neocontingente impulsará una variedad sin precedentes de formas innovadoras, la mayoría de ellas diseñadas con flexibilidad para responder al cambio rápido; serán formas totalmente nuevas y combinaciones de las formas anteriores para adaptarse al ecosistema corporativo.

Crecimiento y crisis

Larry E. Greiner, en su artículo de 1974 "Evolución y revolución conforme crecen la organizaciones", que se ha convertido en una referencia bibliográfica clásica sobre el tema de la estructura organizativa, sostiene que las organizaciones en crecimiento, tomando los parámetros de edad y tamaño, pasan por cinco etapas de desarrollo. Cada una de ellas incluye un lapso de crecimiento relativamente calmo y que culmina en una crisis que constituye el punto de inflexión a partir del cual surge otra etapa estructural. Este autor afirma que no entender los problemas del desarrollo organizativo puede llevar a que la estructura quede congelada y resulte inapropiada frente a las oportunidades y amenazas del medio.

El gráfico siguiente muestra las etapas de crecimiento y los puntos de crisis.

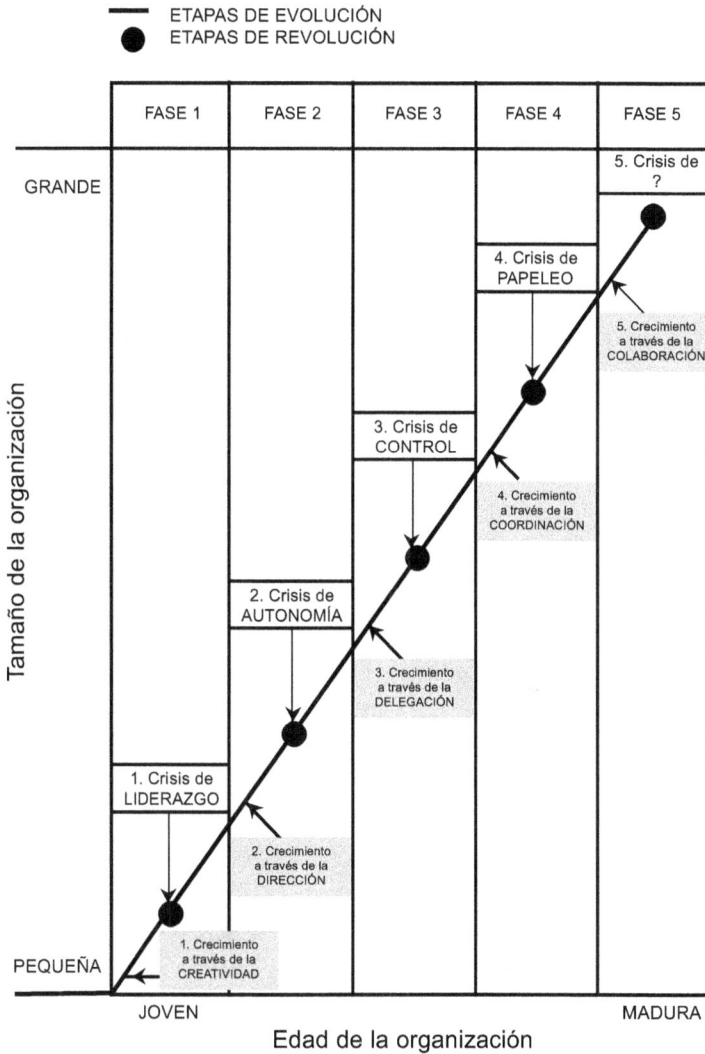

La primera etapa, de *crecimiento a través de la creatividad,* coincide con el nacimiento de la empresa, cuando el énfasis y el esfuerzo están centrados en la creación tanto del producto como del mercado. Esta etapa está caracterizada por una estructura no definida, con asignación de funciones y comunicaciones no formalizadas y con una conducción centralizada de tipo paternalista; las actividades creativas relacionadas con producir y vender son desarrolladas por el empresario y resultan entonces esenciales; pero cuando la empresa crece, se requieren otros conocimientos y si no se asumen las responsabilidades administrativas, se produce lo que Greiner llama la *crisis de liderazgo.*

La superación de la crisis requiere que la empresa ingrese en la etapa de crecimiento *a través de una dirección,* que ejerza un agrupamiento funcional de las actividades, establezca niveles jerárquicos, comunicaciones más formales y centralización decisoria en una gerencia profesional. La nueva forma organizativa, orientada a la eficiencia, acompañará armónicamente el crecimiento hasta que la conducción centralizada sea sobrepasada por la cantidad y diversidad de las decisiones que deben ser tomadas; allí se producirá la *crisis de autonomía* y la solución tendrá que ver con una mayor descentralización.

La siguiente etapa será la de crecimiento *a través de la delegación,* que se concreta en una estructura descentralizada con los siguientes rasgos: mayor responsabilidad de los gerentes de productos o mercados, establecimiento de centros de resultados y altos ejecutivos de la oficina principal limitados a administrar por excepción, basándose en informes periódicos. Esta forma resulta útil para alcanzar la expansión a través de la motivación de los gerentes medios, pero cuando estos manejan sus operaciones sin coordinar planes, recursos y tecnología con el resto de la organización, se produce la *crisis de control.*

Cuando se inicia la revolución de la alta gerencia por recuperar el control sobre toda la organización, se inicia también la fase de crecimiento *a través de la coordinación*, definida por el uso de sistemas formales para lograr mayor coordinación, por ejemplo: las unidades descentralizadas se agrupan según los productos, y se establecen procedimientos de planeamiento y control a cargo de supervisores administrativos ubicados en la oficina matriz. Pero, gradualmente, puede instalarse cierta desconfianza entre la administración central y la línea, y la proliferación de informes comienza a exceder su utilidad; se crea entonces una *crisis de papeleo*.

La organización se ha vuelto demasiado grande y compleja para ser manejada por programas formales y sistemas rígidos; se ha iniciado la revolución que llevará a la fase 5, de crecimiento *a través de la colaboración*. Esta etapa subraya una mayor espontaneidad a través de equipos de trabajo y de control social, en lugar del control formal; el nuevo modelo está construido alrededor de un enfoque matricial donde los equipos integran a personal de distintas áreas funcionales y los expertos de la administración central se reducen en número y se combinan en equipos interdisciplinarios, para asesorar a las unidades de campo.

Greiner argumenta que la crisis de la fase 5 se puede resolver con nuevas estructuras, tal vez duales: una estructura *habitual*, para realizar el trabajo diario, y una estructura *reflexiva*, para estimular la opinión y el enriquecimiento personal.

Podemos concluir que las propuestas analizadas, tanto la de *evolución*, como la más elaborada de *crecimiento y crisis*, representan un enfoque contingente que relaciona la forma de la organización con ciertas condiciones internas y externas en un momento determinado de su historia. Por lo tanto, la configuración estructural no es una creación tecnocrática de laboratorio, sino una respuesta apropiada a la particular realidad de cada organización.

3.2. Lógica y especificaciones del diseño

La propuestas de evolución o de crecimiento y la crisis de la forma organizativa muestran distintos tipos de estructuras que, según cada enfoque, se han dado de acuerdo con la época o como resultado de una crisis de la estructura vigente. Pero las descripciones de cada uno de esos tipos y sus circunstancias resultan insuficientes para su comprensión sistemática y relativa.

Como hemos visto en el capítulo anterior, la propuesta de Mintzberg en materia de diseño efectivo apunta que los elementos –grado de especialización, forma de agrupamiento, alcance del control y autoridad decisoria– deben ser seleccionados de modo tal que armonicen entre sí y con la situación de la organización, como edad y tamaño, sistema técnico, tipo de ambiente, etc. Según cómo se seleccionen dichos elementos resultarán diferentes diseños. Pero el mismo autor sostiene que en la práctica sólo es posible un número limitado de combinaciones de elementos estructurales y situacionales que den como resultado un diseño efectivo. Estas formas limitadas explican la mayoría de las tendencias en materia de estructura y deben satisfacer la mayoría de las necesidades organizativas; para Mintzberg (1993, 386) las formas básicas son: la empresarial, la máquina, la profesional, la diversificada, la innovadora y la misionaria.

Sobre este aspecto, Drucker (2000, 375) explica que cada uno de los tipos de estructura fue desarrollado empíricamente, para satisfacer necesidades específicas. Por consiguiente, la primera impresión es que todas representan soluciones prácticas más que diseños, pero en realidad cada estructura expresa una lógica de diseño diferente: las estructuras son formas y como tales tienen que satisfacer ciertos requerimientos mínimos.

Esos requerimientos mínimos, que Drucker denomina *especificaciones*, son: la claridad, la economía, la dirección de la visión, la comprensión de la tarea propia y la del conjunto, la decisión, la estabilidad y la adaptabilidad, y la perpetuación y autorrenovación. Las especificaciones formales nos permitirán realizar un análisis comparativo de los distintos tipos estructurales, en el que utilizaremos cinco de las especificaciones que consideramos clave.

- *Dirección de la visión:* la estructura debe orientar la visión de las distintas unidades y de los individuos en general hacia el rendimiento de toda la empresa más que hacia al trabajo de un área determinada. La estructura no debe inducir a los gerentes a concentrar la atención en actividades o en productos conocidos, pero de escaso rendimiento, sino desalentar la permanencia de productos poco rentables, así como el perfeccionismo de ciertas actividades especializadas. En resumen, debe promover el trabajo orientado a los resultados más que el especializado como un fin autónomo.

- *Comprensión de la tarea:* cada individuo, y sobre todo cada administrador, necesita saber cuál es su tarea. La tarea *propia* sólo es comprensible si admite definición, y en tal sentido, la mayor comprensión se relaciona con la especialización; pero, al mismo tiempo, la forma organizativa debe posibilitar a todos la compresión de la tarea *común*, con el fin de que sepan de qué modo su tarea contribuye a la del conjunto, y a su vez, qué implica la tarea común para su propia tarea.

- *Economía:* este requisito se relaciona directamente con la simplicidad de la estructura, ya que cuanto más simple sea la forma organizativa menor esfuerzo se requerirá para coordinar y controlar el desempeño de la gente. La estructura debe fomentar la motivación y el autocontrol del personal, reduciendo lo más posible las tareas orientadas a mantener el funcionamiento, es decir, aquellas destinadas a organizar, coordinar, comunicar internamente o resolver problemas del personal.

– *Estabilidad y adaptabilidad:* aun en situaciones de turbulencia, la estructura debe proporcionar una cierta seguridad al individuo respecto de su lugar y de su tarea, pero la estabilidad no significa rigidez; una estructura totalmente rígida no es estable; sólo si se adapta a nuevas situaciones y exigencias la organización podrá sobrevivir.

– *Autorrenovación:* la forma organizativa debe preparar y probar a cada individuo para acceder a los cargos superiores; en tal sentido, no deben existir tantos niveles administrativos que no permitan a alguien que se incorpora joven llegar normalmente a los niveles superiores. La estructura debe favorecer el desarrollo de cada persona y promover nuevas ideas.

A modo de conclusión, Drucker (2000, 378) dice que cualquier tipo de estructura –*funcional, descentralizada federal o simulada, por equipo o de sistemas*– puede analizarse según el cumplimiento de las especificaciones, pero advierte que si bien no existe ninguno de esos tipos que las satisfaga totalmente, deberán cumplirse en cierto grado si se pretende impulsar el desempeño en forma efectiva.

En el desarrollo de las formas tradicionales –*simple, funcional* y *divisional*, según nuestra denominación–, que realizaremos a continuación, y en el de las formas innovadoras –*profesional, matricial* y *de redes*–, que trataremos en el Capítulo 4, utilizaremos como parámetros de nuestro análisis los *elementos estructurales y contingentes* de Mintzberg –vistos en el Capítulo 2–, así como las *especificaciones formales* de Drucker.

3.3. La estructura simple

La estructura simple o *empresarial*, como la ha denominado más recientemente Mintzberg, es la forma espontánea que el emprendedor da a su negocio en la etapa fundacional, y que mantiene mientras el tamaño y la situación de la empresa se lo permitan. Podríamos decir que se trata de una protoestructura que temporalmente pudo darse en la organización de una empresa antes de la revolución industrial o ser utilizada por un emprendedor de nuestros días, como por ejemplo Bill Gates en los comienzos de Microsoft o Steve Jobs en los comienzos de Apple; podemos concluir que la mayoría de las organizaciones pasa por la forma simple en sus comienzos, aun cuando en el caso de algunas que son pequeñas, se mantiene esta estructura más allá de ese período.

Esta forma organizacional coincide con lo que Greiner denomina "crecimiento a través de la creatividad", cuando el esfuerzo está centrado en la creación tanto del producto como del mercado y las actividades creativas relacionadas con producir y vender son desarrolladas por el empresario y resultan esenciales para que la empresa progrese. Es fácil advertir la estructura de *caparazón* que menciona Drucker, donde el empresario actúa como centro, pero cuando la empresa crece, el caparazón que antes la protegía se convierte en una limitación para el crecimiento.

Características estructurales

La estructura simple se distingue por no ser elaborada, por eso Mintzberg (1989, 133) la llama *no estructura*. La asignación de funciones y las relaciones son informales y se hace un uso mínimo del planeamiento y de la capacitación. Es una organización con poca especialización; la diferenciación de unidades, si existe, se hace sobre una base funcional débil.

Las decisiones importantes competen al empresario, que concentra el poder, lo que generalmente deriva en un estilo de conducción personalista que favorece más la lealtad que el desempeño efectivo. El empresario-gerente tiende a tener un amplio alcance de control, ya que de hecho todos los empleados le reportan directamente. En el mejor de los casos, cuando la empresa aumenta de tamaño, delega ciertas atribuciones en jefes o encargados, pero no existe un verdadero desarrollo de mandos medios.

La coordinación de las actividades se limita a la supervisión directa, ya que no hay planeamiento ni otros procedimientos formales, y el control de las actividades proviene principalmente de los clientes, que actúan como única realimentación de información. Los manuales y procedimientos no constituyen aspectos importantes para el empresario, quien en general considera lo administrativo como un gasto innecesario y, en consecuencia, no dispone de la información indispensable para la toma de decisiones y el control.

Como ejemplo de este tipo de estructura podríamos dar el caso de un negocio minorista dedicado a la comercialización de artículos eléctricos. La empresa fue constituida hace tres años bajo la forma de una sociedad de hecho, por un matrimonio cuyos miembros se desempeñan respectivamente como gerente y como responsable de administración; con ellos colaboran desde la fundación dos empleados, uno a cargo del depósito y otro, del salón de ventas. Más recientemente se han incorporado dos empleados para asistir al encargado de ventas. El organigrama de esta típica estructura simple es el que se muestra en la figura de la página siguiente.

Condiciones para la estructura simple

Si analizamos las condiciones que deben darse para la existencia de esta forma estructural, es decir, qué factores contingentes serán congruentes con las características que

115

```
                    ┌─────────────┐
                    │  Gerencia   │
                    └─────────────┘
        ┌───────────────────┼───────────────────┐
  ┌───────────┐      ┌───────────┐      ┌─────────────────┐
  │  Depósito │      │   Ventas  │      │  Administración │
  └───────────┘      └───────────┘      └─────────────────┘
                          │
                  ┌───────┤   ┌───────────┐
                  │       └───│  Vendedor │
                  │           └───────────┘
                  │           ┌───────────┐
                  ├───────────│  Vendedor │
                  │           └───────────┘
                  │           ┌───────────┐
                  └───────────│  Vendedor │
                              └───────────┘
```

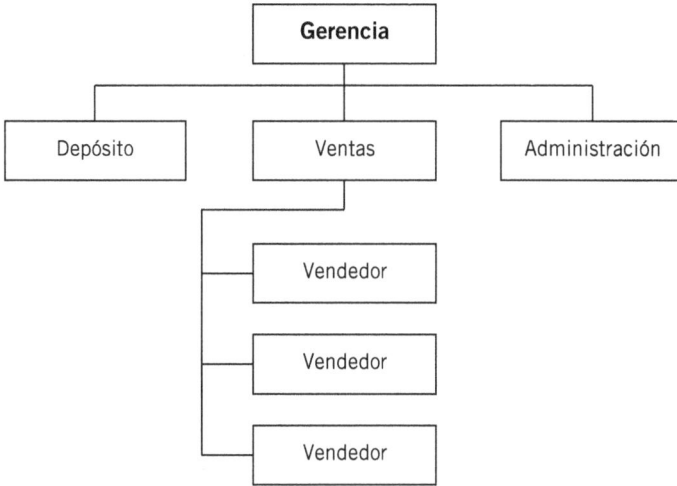

hemos descrito, veremos, en primer lugar, que es la forma
habitual de las empresas jóvenes y de un tamaño reducido.
El mero transcurso del tiempo hace que la organización se
vuelva más formalizada por la acumulación de experiencia,
y esto hará que pierda organicidad; asimismo, el crecimiento de tamaño requerirá de una mayor precisión en la asignación de funciones, una mayor delegación y el desarrollo
de mandos medios más profesionalizados.

El ambiente tiende a ser simple, ya que requiere ser
comprendido por una sola persona: el empresario, quien
tiene el conocimiento del negocio y, por lo tanto, mantiene el control de las decisiones. Por la misma razón, dicho
ambiente es dinámico; se trata de una actividad nueva y con
poca posibilidad de predecir la evolución futura; esa es la
razón por la cual se requiere una forma orgánica, poco formalizada y pequeña, que le permita ser agresiva e innovadora y buscar nichos donde las empresas grandes no se
arriesgan.

El empresario, como dijimos, tiene los conocimientos
técnicos necesarios acerca del producto y del mercado, y

estos, salvo el caso de servicios profesionales, en general no son demasiado sofisticados. El sistema técnico, como apunta Mintzberg (1989, 135), es, a la vez, no sofisticado y no regulador; sobre este último aspecto es fácil advertir que, en general, la pequeña empresa no cuenta con sistemas de producción en masa o por proceso que requieren una gran inversión en equipamiento, soporte de un *staff* especializado y normalización de las tareas.

Por último, veremos que otro factor que alienta la forma simple es el caso clásico de la organización dirigida por el empresario, que conlleva la necesidad de concentrar el poder e impide tanto la delegación en mandos medios o en profesionales especializados, como el control externo. El empresario tiende a ser autocrático, a veces también carismático, y mantiene a la empresa como una *gestalt* cerrada.

Fortalezas y debilidades

En la estructura simple podemos destacar las siguientes ventajas.

- La visión de la organización coincide con la del empresario, quien elige el negocio, concentra las actividades creativas relacionadas con producir y vender y tiene siempre presente la ganancia que desea obtener.

- El limitado tamaño permite que el empleado comprenda el negocio y, por lo tanto, la tarea común, lo cual favorece la adaptación mutua.

- Es económica ya que, por su tamaño y organicidad, no requiere desarrollar un componente administrativo, ni contar con mandos medios ni con soportes técnicos especializado.

Dentro de los problemas que puede presentar, podemos mencionar los que siguen.

117

- El empresario muchas veces cree que no es necesario ni conveniente transmitir su visión al personal, mientras que exige largas jornadas de trabajo y ofrece salarios modestos.

- La asignación informal y poco definida de tareas, así como la baja especialización del personal, no favorecen la eficiencia y la economicidad cuando la empresa crece.

- La centralización decisoria y el estilo de conducción que le es propio no promueven la formación de líderes ni, consecuentemente, la autorrenovación.

Es fácil advertir que la centralización decisoria, la conducción personalista, el escaso desarrollo de la línea media y del componente administrativo, llevan a lo que Greiner denomina "crisis de liderazgo o dirección". Producida la crisis, habrá llegado el momento de profesionalizar la gerencia, el empresario deberá hacerse a un lado –aun cuando no le resulte fácil– y buscar un gerente profesional que pueda lograr la operación efectiva de la organización.

3.4. La estructura funcional

La forma funcional puede pensarse como una máquina diseñada para producir una variedad limitada de productos o servicios, en gran volumen y a bajo costo. Para ello, necesita departamentos altamente especializados y que requieren una planificación común para coordinar su contribución a un objetivo central. Esta forma permitió a muchas firmas obtener la dimensión y la eficiencia necesarias para proveer productos y servicios a mercados en crecimiento.

Si bien apareció a fines del siglo XIX y tuvo su apogeo durante las dos primeras décadas del siglo XX, su vigencia se extiende hasta nuestros días. La forma funcional es definida por Fayol en su obra *Administración industrial y general*, de 1916, cuando diferencia las actividades de una empresa en técnicas, comerciales, financieras, contables y administrativas. En la práctica, uno de los primeros ejemplos fue la estructura aplicada por Andrew Carnagie a la producción de acero y un ejemplo actual lo constituye Wal-Mart Inc., uno de los más importantes minoristas estadounidenses.

El desarrollo de la forma funcional coincide con la etapa que Greiner denomina "crecimiento a través de la dirección". Aquellas compañías que sobreviven a la etapa fundacional y enfrentan el desafío de mayores ventas y la necesidad de una operación efectiva mediante la incorporación de un gerente profesional, generalmente afrontan después un período de crecimiento a partir de una mayor especialización de las funciones comerciales y productivas y el desarrollo de funciones específicas como contabilidad, finanzas o administración de personal.

La estructura funcional acompañará adecuadamente el crecimiento de tamaño de la empresa, siempre que se centre en un solo producto o en una cantidad limitada de líneas de producto de grandes volúmenes a bajos costos. Para mantener esa condición, los recursos y las habilidades especializadas deben ser operados de una manera predecible y a plena capacidad; las compañías de los comienzos del siglo XX, frecuentemente integradas hacia adelante, crearon nuevos canales de distribución y ventas para asegurar el flujo constante y eficiente de sus productos.

Características estructurales

De acuerdo con Mintzberg (1989, 139), una oficina postal estatal, una acería, una línea aérea o una empresa automotriz tienen una cantidad de características estructurales comunes, sobre todo, su trabajo operativo que, en su mayor parte, es bastante simple y repetitivo como consecuencia de procesos de trabajo altamente estandarizados. Esta condición posibilita la división del trabajo sobre la base de la especialización, así como el diseño de los puestos de trabajo.

Las operaciones simples y repetitivas que se realizan en el núcleo operativo requieren un mínimo de destreza y de capacitación –impartida internamente–, ya que los procedimientos de trabajo están muy racionalizados. La especialización permite reducir al mínimo las actividades sobre las cuales el empleado debe aplicar su atención y su esfuerzo, y tiende, en consecuencia, al desarrollo de una mayor habilidad para la ejecución del trabajo; pero esta limitada definición de los puestos afecta la condición emocional del trabajador.

Las unidades típicas definidas de acuerdo con el criterio de agrupamiento funcional son las de producción, comercialización y administración, aunque esto varía en otro tipo de empresas. Así, en una empresa de aviación o en un banco, la función productiva se transforma en operaciones. Pero estas funciones básicas, en la medida en que el tamaño de la organización aumenta, requieren una estructura administrativa más elaborada que incluya funciones como personal, finanzas, sistemas, legales, etc.

La división funcional trae como consecuencia la necesidad de un mayor número de niveles jerárquicos que coordinen los distintos sectores y puestos especializados; es decir, la estructura se amplía en sentido vertical. Por otra parte, la estandarización de los procesos de trabajo pasa a ser el mecanismo de coordinación por excelencia y, al permitir a los jefes y gerentes supervisar un mayor número de subordinados, aumenta el tamaño de los sectores y departamentos.

El énfasis en la estandarización, que se extiende más allá del nivel operativo, es lo que lleva a Mintzberg a denominar *burocracia mecánica* a la estructura funcional. En efecto, las reglas y las regulaciones impregnan toda la organización, la comunicación se formaliza y la decisión sigue la cadena de autoridad formal. Esta tendencia a la formalización del comportamiento se refleja en que, a diferencia de la estructura simple, difícilmente los jefes trabajan junto con los operarios, y en una fuerte división entre línea y *staff* (quienes hacen el trabajo y los analistas que lo planifican y diseñan los procedimientos).

La planificación centralizada y la normalización de los procedimientos pretenden volver predecible el comportamiento, pero, dada la complejidad resultante de la especialización vertical y horizontal, se requieren otros mecanismos de enlace para asegurar la coordinación. Los puestos integradores, los equipos de trabajo y los comités son frecuentes en este tipo de estructura.

En general, la estructura funcional opera de acuerdo con los principios clásicos de autoridad formal y unidad de mando y según los preceptos del modelo weberiano. Esto lleva a una necesidad de control para eliminar toda incertidumbre y para que la máquina funcione con regularidad más allá de los conflictos que genera la división de niveles y del trabajo. Todo esto conduce a una concentración de poder en la alta gerencia, quien transfiere cierto poder informal a los analistas, en virtud de su rol de normalizadores del trabajo de los demás.

Un ejemplo clásico de organización funcional lo proporciona el modelo conocido como ACME; la sigla corresponde a la *Association of Consulting Management Engineers,* que en 1957 publicó los resultados de una investigación realizada entre importantes empresas industriales. La propuesta comprende siete áreas; cuatro *básicas*: Investigación y Desarrollo, Producción, Comercialización y Finanzas, y Control; y tres de *servicios*: Administración de Personal, Relaciones Externas, y Secretaría y Legales. Cada área a su vez se divide en funciones y subfunciones, lo que da como resultado un completo catálogo.

Un ejemplo más cercano a nuestra realidad es el de una sociedad anónima local, creada en 1965 y dedicada a la fabricación de mangueras y acoplamientos que comercializa junto con herramientas de uso industrial. Es líder en la venta de varios rubros, tiene una dotación de 350 personas y posee sucursales de ventas en cinco capitales provinciales (ver el organigrama que se presenta a continuación).

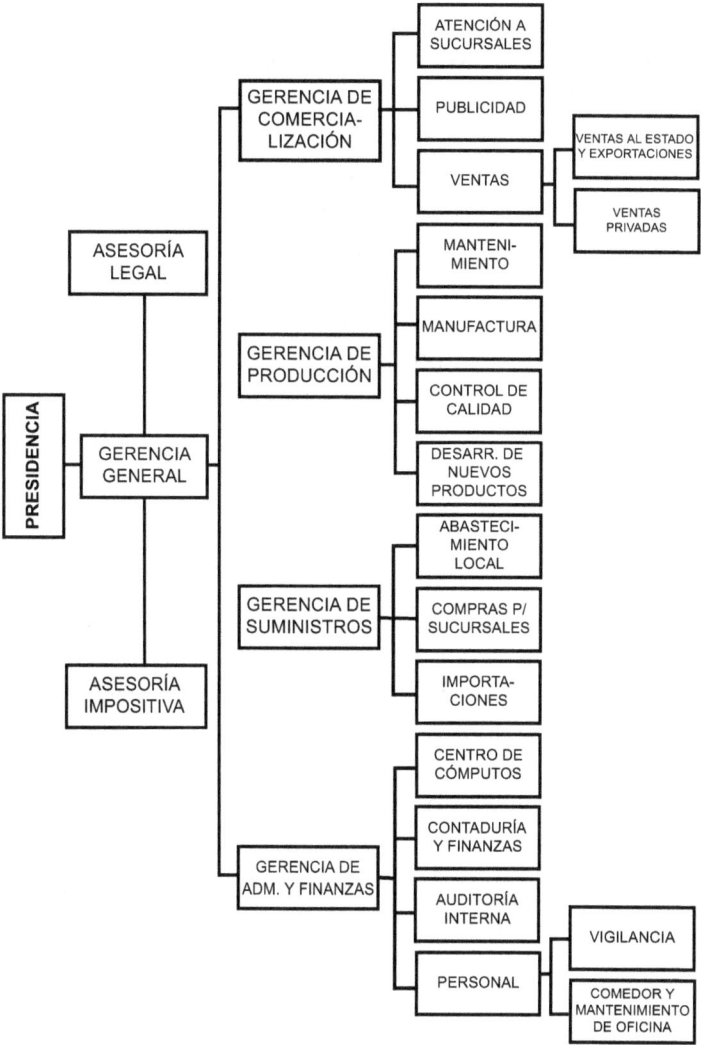

Condiciones para la estructura funcional

Las organizaciones que adoptan la forma funcional son por lo general maduras, lo suficientemente grandes como para tener un volumen de trabajo operativo que justifique la estandarización de los procesos de trabajo y, también, lo suficientemente antiguas como para que esos procedimientos y el conjunto de normas que las regulan se hayan formalizado; lo cual supone que han pasado por las etapas de creatividad y crecimiento, y las condiciones del contexto les permiten buscar especialización y estabilidad a través de la estructura.

Esto nos lleva a considerar qué condiciones deben darse en el ambiente de la organización para que este diseño, tendiente a la estandarización de los procesos, sea efectivo. La forma funcional resulta apta en un ambiente simple, es decir, cuando las características del producto no requieren conocimientos especializados, lo que permite su producción masiva y en serie para atender a un mercado generalmente integrado. Por otra parte, esas mismas características la hacen poco adaptable a un ambiente dinámico con cambios inesperados en la demanda del cliente o en la acción de los competidores.

Las empresas de producción en masa son, tal vez, las formas funcionales más características, cuyo trabajo se ordena en una cadena a la que ingresan las materias primas que serán procesadas por un sistema técnico, casi siempre regulador, ya que permite la rutinización y formalización del trabajo para asegurar un *output* de productos terminados. Pero la estructura funcional no está restringida a organizaciones grandes o industriales: también algunos pequeños fabricantes o muchas empresas de servicios la adoptan, porque su trabajo operativo es simple y repetitivo.

Otra condición que señala Mintzberg (1989, 148) como frecuente en la forma funcional es la existencia de control externo, que facilita dos de sus características típicas: la centralización y la formalización. Con frecuencia, el control externo es más pronunciado en los organismos públicos, no sólo porque su trabajo está altamente formalizado, sino también porque deben dar cuenta de su gestión y del uso de los recursos asignados por presupuesto.

Fortalezas y debilidades

Los siguientes son algunos de los aspectos más destacables de esta forma organizativa:

- logra mayor especialización y productividad, porque al estar reunidas las personas en grupos de habilidades afines, pueden aprender unas de otras; por eso, la dirección de la visión se centra en la tarea;

- es muy económica para la producción de bienes y servicios estándares y en grandes volúmenes, como consecuencia directa de su grado de especialización;

- proporciona a los gerentes un mayor grado de control sobre las actividades a su cargo, al supervisar tareas afines a su especialidad y al centralizar las decisiones.

Las desventajas de esta forma organizativa son las que siguen:

- la concentración de la visión en el trabajo y la especialización funcional pueden dificultar la comprensión de la tarea conjunta, y tanto en el nivel operativo como en la línea media pueden no relacionar la tarea propia con el producto o servicio final de la empresa;

- es una estructura poco adaptable a los cambios del ambiente, por eso, cuando la empresa comienza a crecer y diversificarse, surgen problemas de control y coordinación de las actividades, con el consiguiente aumento de los costos burocráticos;

- a medida que prolifera la diversidad de mercados o de productos, aparece la dificultad de medir la contribución a la rentabilidad general de una región o de un producto.

Por lo expuesto, es fácil advertir que la estructura funcional resulta efectiva cuando se dan ciertas condiciones de estabilidad y de mercados o productos únicos, que permiten el máximo aprovechamiento de la especialización y la convierten en una eficiente máquina productiva. Cuando la empresa crece y se diversifica, la línea media se encuentra restringida por una jerarquía centralizada y difícil de manejar, entonces se produce lo que Greiner denomina la *crisis de autonomía.*

3.5. La forma divisional

Los mercados de bienes y servicios diferenciados crecieron rápidamente a partir de la Primera Guerra Mundial, y en materia de estructura comezó a aplicarse con éxito una nueva forma de organización descentralizada. Entre las primeras estructuras *descentralizadas* o *divisionalizadas* estuvo la diseñada por Alfred Sloan para General Motors; el modelo se difundió rápidamente como la forma estructural de las corporaciones norteamericanas de mayor envergadura, como Du Pont y General Electric.

El diseño de Sloan atendió a los requerimientos de la fábrica automotriz, que lanzó diferentes modelos de automóviles para distintos mercados, diferenciados en primer término por el precio. Creó, así, las divisiones Chevrolet, Pontiac, Buick, Oldsmobile y Cadillac, para atender a cada cliente según su nivel de ingresos; estas divisiones de producto operaban casi como empresas autónomas que elaboraban y vendían a sus respectivos mercados, mientras que la conducción de la corporación hacía las

125

veces del inversionista y tomó a su cargo el desarrollo y la reorientación de los negocios.

La estructura divisional posee importantes innovaciones con respecto a la estructura funcional, que le permiten atender en forma simultánea el crecimiento y la diversificación. En primer término, cada línea de producto o cada mercado establece su propia *división* o *unidad de negocio* autosuficiente, con todas las funciones de apoyo, mientras que en la sede de la dirección corporativa se crea un *staff* para controlar las actividades y las finanzas de cada una de las divisiones.

Cada unidad de negocios tiene, además de las funciones centrales de producción y comercialización, un conjunto completo de servicios de apoyo, tales como contabilidad, personal o compras. Por lo tanto, cada división adopta una estructura funcional, y la corporación divisional resulta ser, más que una forma integrada, una reunión de formas funcionales, cada una con el propósito de servir a un mercado particular y operada como un centro de resultados.

Características estructurales

De la breve descripción anterior surge que el parámetro de diseño característico es el *agrupamiento por mercado*, denominación que incluye diversos tipos de productos, de clientes o de localizaciones geográficas. Cuando se crean unidades de acuerdo con este criterio de agrupamiento, se les debe conceder el control sobre las funciones operativas necesarias para atender a su mercado específico, lo que minimiza la interdependencia entre unidades y permite a la dirección corporativa un ámbito de control más amplio.

Estos mercados específicos pueden estar definidos por diferentes líneas de productos. Un ejemplo sería el de un grupo económico nacional que abarca la producción de artículos electrodomésticos, de automóviles y de material ferroviario. La diferenciación de mercados podría estar dada por el tipo de cliente, como cuando una empresa produce para el mercado interno y para exportación; en este caso, la diferencia no estaría en el producto, sino en la estructura de comercialización y distribución. Otro caso, más típico de las corporaciones transnacionales, lo constituyen las sedes similares en distintos países o regiones.

La conformación de las distintas divisiones las habilita para la toma de sus propias decisiones, de allí la denominación de forma descentralizada. Pero la descentralización es sumamente limitada en cuanto al alcance: no va más allá de la delegación de los directivos de la casa central a unos pocos gerentes que están al mando de las divisiones; se trata de una descentralización de tipo limitado, ya que los gerentes asumen la mayor parte del poder y no lo transfieren al resto de la división.

En teoría, nada impediría al gerente de una división obtener una mayor descentralización de poder dentro de ella; si bien las divisiones podrían tener distintas distribuciones del poder interno, con frecuencia se estructuran funcionalmente. Este hecho, junto con el control externo que ejerce la sede central, favorece la centralización interna.

En general, la sede central concede una autonomía casi completa a las divisiones para tomar sus propias decisiones, pero controla su desempeño a través de los resultados. Este control se realiza *a posteriori*, sobre la base de términos cuantitativos concretos, como volumen de ventas y rentabilidad, que surgen de los informes periódicos de cada unidad de negocio.

El agrupamiento por mercados, al permitir la autonomía de las divisiones, constituye a los directivos de la línea media en la parte fundamental de la estructura y privilegia en la coordinación los resultados por sobre la normalización de los procesos de trabajo, porque ello interferiría con la autonomía. De allí que la sede central no impone formalización ni planificación de actividades a las divisiones.

Es importante precisar qué atribuciones quedan a cargo de la sede central. En primer lugar tenemos la definición de la estrategia general de la empresa: la sede central dirige un portafolio estratégico, creando, comprando, vendiendo o cerrando divisiones, atendiendo a su rentabilidad y a la combinación deseable de productos/mercados definida como estrategia. Además, la sede central asigna los recursos financieros comunes y diseña el sistema de control de rendimiento según el cual tendrán que informar las divisiones.

Como vimos, la parte fundamental de la forma divisional la constituye la línea media, y el éxito de este tipo de estructura depende de la competencia de los gerentes de división. La sede central los nombra y los reemplaza y tiene la responsabilidad de seleccionarlos tomando en cuenta las habilidades necesarias para la gestión que se les encomienda.

La ubicación de los servicios de apoyo y de tecnoestructura es un tema a definir en el diseño de la forma divisional. Estos pueden mantenerse reunidos en la sede central (aquellos que son comunes) o distribuidos en la divisiones (aquellos que apoyen a divisiones únicas, que deben estar situados en lugares físicos convenientes o que son fáciles de duplicar).

Lo antedicho puede verificarse claramente en el organigrama de un importante banco privado nacional estructurado en tres divisiones que comparten las funciones de Administración, Planeamiento, Recursos Humanos y Sistemas, que se mantienen centralizadas (ver figura en página siguiente).

Condiciones para la forma divisional

Si consideramos el ambiente solamente en sus dimensiones más amplias de estabilidad y complejidad, encontraremos que el de la estructura divisional no se diferencia del de la

```
                         ┌─────────────────┐
                         │   Directorio    │
                         └────────┬────────┘
                                  │           ┌ Asesoría legal
                                  ├───────────┤ Auditoría
                                  │           └ Relaciones públicas
  ┌──────────────┐                │                ┌──────────────────┐
  │   Sistemas   ├──┐             │           ┌────┤  Administración   │
  └──────────────┘  │             │           │    └──────────────────┘
  ┌──────────────┐  │             │           │    ┌──────────────────┐
  │ Planeamiento ├──┘             │           └────┤ Recursos humanos  │
  └──────────────┘                │                └──────────────────┘
            ┌─────────────────────┴─────────────────────┐
  ┌──────────────────┐   ┌──────────────────┐   ┌──────────────────┐
  │ División minorista│   │ División mayorista│   │ División finanzas │
  └──────────────────┘   └──────────────────┘   └──────────────────┘
```

forma funcional. En efecto, para que la forma divisional sea idónea, su entorno no debe ser muy complejo ni dinámico; por esto, debemos incorporar al análisis otra dimensión, que es la *diversidad del mercado*.

En efecto, como hemos visto, la forma divisional es la reacción estructural propia de una organización funcional integrada y que debe enfrentar la diversificación de sus líneas de producto o sus servicios. Para la creación de unidades autónomas, es necesario que existan mercados o productos diferentes; esta condición es primordial para la aplicación de este modelo estructural, pero no suficiente, ya que además se deberá considerar si cada división puede alcanzar la dimensión necesaria como para funcionar eficientemente.

Si bien la estrategia de diversificación parece ser la causa de la adopción de la forma divisional, Drucker (2000, 394) afirma que responde a un problema de tamaño: el deterioro que se inicia en las estructuras funcionales cuando superan el tamaño en que son eficaces y se convierten en una entidad inmanejable, engorrosa y que, por sus dimensiones, no rinde.

Al igual que el tamaño, la edad está relacionada con la forma divisional; en una corporación madura, la expansión de los mercados tradicionales tiene un límite y esto lleva al desarrollo de nuevos productos o mercados. En otros casos, con el transcurso del tiempo aparecen nuevos competidores que obligan a la dirección a buscar nuevas oportunidades de negocios.

Si nos atenemos a la propuesta de Greiner, la forma divisional aparece como una tercera fase del desarrollo estructural, y como tal es la más común entre las corporaciones grandes y maduras. No obstante, no necesariamente tiene que sustituir a otras configuraciones en una fase avanzada de su desarrollo; pueden existir organizaciones que ya se fundan con dicha estructura, por ejemplo, cuando un fondo de inversión adquiere distintas empresas para agruparlas bajo una dirección central, o cuando empresas independientes se alían para lograr economías de escala o para compartir recursos o servicios comunes.

Otro elemento a considerar para determinar la factibilidad de esta configuración es la característica de su *sistema técnico*; según Mintzberg (1984, 444), la división sólo es posible cuando el sistema técnico de la organización puede ser eficientemente separado, formando segmentos, uno para cada división.

Por último, analizaremos como factor contingente el *poder*. Como vimos en el punto anterior, la descentralización decisoria constituye una de las características de la forma divisional y resulta de las aspiraciones de poder de la línea media. Aun en las empresas funcionales, equivalen a una presión hacia la división. Este mismo fenómeno se da en otros tipos de instituciones, como sindicatos, universidades y, particularmente, en los gobiernos; a medida que estos crecen, se ven obligados, por razones de control y por demandas de poder local, a recurrir a la descentralización.

Fortalezas y debilidades

Si consideramos las consecuencias económicas y administrativas de la creación de divisiones, podemos señalar como principales cualidades, las siguientes.

- Fomenta la asignación eficiente del capital al conducir a una diversificación estratégica que reduce los riesgos de la concentración en un solo producto o mercado y, además, le confiere la capacidad de reacción estratégica al ubicar la decisión más cerca de los problemas.

- Concentra la visión y los esfuerzos directamente en el desempeño y en los resultados; reduce los peligros de la concentración al no permitir que líneas poco rentables se mantengan a expensas de las más rentables ocultas en la imposibilidad de asignación de los gastos generales.

- Sitúa las decisiones en el nivel óptimo; el gerente de la división y su grupo de trabajo comparten una visión y una percepción de los problemas, y las comunicaciones son directas, por lo que requieren menos esfuerzo y costo de coordinación.

- Prepara y desarrolla futuros líderes; el gerente de una división afronta la mayoría de los problemas que se plantean al directivo de una empresa independiente, ya que tiene que reflexionar acerca de los mercados, los procesos, el manejo financiero y, fundamentalmente, formar un equipo y asumir la responsabilidad del planeamiento.

Para completar nuestro análisis, deben advertirse aquellos puntos que hacen vulnerable a la configuración; destacamos los siguientes.

- Es difícil decidir cuánta autoridad y control asignar a las divisiones y cuánta autoridad mantener en la dirección corporativa. Ya Sloan advertía que cuando la dirección general retenía demasiado poder, las divisiones operativas carecían de la suficiente autonomía para desarrollar sus estrategias de negocio.

– Al centrarse el control de las divisiones en el control sobre el rendimiento de la inversión, los gerentes de división pueden verse impulsados a maximizar las utilidades en el corto plazo o a distorsionar la información que elevan a la dirección corporativa.

– Si las metas de rendimiento sobre la inversión son demasiado elevadas, existe el peligro de que las divisiones reduzcan los gastos en investigación y desarrollo, lo cual mejorará el desempeño a corto plazo, pero reducirá la capacidad de las divisiones para innovar en productos o servicios.

– Debido a que cada división tiene sus propias funciones especializadas, como compras o investigación y desarrollo, las estructuras divisionales suelen perder los beneficios de la especialización propios de la forma funcional, pero la duplicación de los servicios especializados deja de ser un problema si los beneficios de tener estas funciones separadas superan los costos.

Las fortalezas de la estructura divisional pueden parecer neutralizadas por sus debilidades, pero estas últimas pueden solucionarse con una dirección profesional consciente del problema. La vigencia de este tipo de estructura evidencia su utilidad para manejar la corporación diversificada.

3.6. Análisis comparativo

Drucker (2000, 353) califica a las formas funcional y divisional que analizamos en este capítulo como *respuestas definitivas* del ayer. Al respecto acota que dos veces en la breve historia de la administración tuvimos una *respuesta final* a los problemas de la organización, la primera alrededor de 1910, cuando Henri Fayol definió lo que hasta hoy son las funciones de una empresa manufacturera. Una generación más tarde, Alfred P. Sloan daba el segundo paso al proponer la creación de divisiones como solución para la organización de una empresa manufacturera compleja e importante.

Para concluir el análisis de estas estructuras típicas, compararemos las principales características que presentan los agrupamientos por función y por mercado o divisional. Dicha comparación se sintetiza en el siguiente cuadro.

Estructura funcional	Estructura divisional
• Mira hacia el interior de la organización, la visión se centra en la tarea.	• Mira hacia el contexto, la visión se centra en los resultados.
• Convoca la atención de los empleados hacia los procesos.	• Convoca la atención de los empleados hacia los mercados.
• Alienta la especialización; la excesiva especialización hace disminuir la atención global sobre la producción.	• Tiene menor especialización, pero puede atender mejor productos y mercados diferentes.
• Fija la atención en la interdependencia de los procesos y en la economía de escala.	• Centra la atención en la interdependencia del flujo de trabajo, ya que este es controlado totalmente dentro de cada unidad.
• No puede medir fácilmente el desempeño de las áreas funcionales.	• Puede medir adecuadamente el desempeño gracias al agrupamiento por unidades de negocio.
• Requiere formalización para coordinarse, por su gran especialización y tareas no calificadas. Tiende a ser más burocrática.	• Requiere menos formalización porque coordina mediante la medición de resultados. Tiende a ser más orgánica.

Para concluir esta comparación, agreguemos que Mintzberg (1984, 478) enuncia que la forma divisional no tiene, en realidad, un entorno propio; en el mejor de los casos, acompaña a la estructura funcional en un contexto sencillo y estable, por lo que siempre se siente atraída a volver a constituir una forma organizativa integrada. Tal vez su justificación pueda hallarse en la interdependencia entre actividades que exigen distintos productos o mercados.

Sin duda, la vigencia de las formas funcional y divisional se debe a que, cuando se ajustan a las condiciones ideales, los modelos de Fayol y Sloan son insuperables para el diseñador. Pero cada vez más, la realidad institucional que debe organizarse y estructurarse difiere de dichas condiciones, como veremos en el próximo capítulo; más aún, los supuestos que subyacen a los trabajos de Fayol y Sloan no son aplicables a las necesidades y problemas fundamentales de la organización actual.

3.7. Referencias seleccionadas

Drucker, Peter: *La gerencia. Tareas, responsabilidades y prácticas.* El Ateneo, Buenos Aires, 2000, Caps. 44, 45 y 46.
Hickman, C. y Silva, M.: *Cómo organizar hoy empresas con futuro.* Granica, Buenos Aires, 1992, Cap. 10.
Mintzberg, Henry: *Diseño de organizaciones eficientes.* El Ateneo, Buenos Aires, 1990, Caps. 8, 9 y 11.

3.8. Temas de discusión

1. ¿Cuál de las propuestas que explican la aparición de nuevas formas de estructura –evolución o resultado de una crisis– resulta más apta? Fundamente la respuesta.

2. ¿Qué características estructurales marcan las diferencias básicas entre la forma simple y la funcional?

3. ¿Qué diferencias básicas pueden establecerse entre los elementos contingentes característicos de la estructura divisional?

4. Identifique una organización conocida de su medio que responda a la forma divisional y analice en qué medida cumple con las características y las condiciones descritas en el punto 3.5.

5. En su opinión, ¿cuáles son hoy las condiciones contextuales y los principales problemas que atentan contra la vigencia de las estructuras funcionales y divisionales?

CAPÍTULO 4

FORMAS INNOVADORAS

OBJETIVOS DE APRENDIZAJE

- Describir las nuevas condiciones que enfrentan las empresas en la actualidad.

- Advertir qué nuevas formas estructurales se requieren como consecuencia de los cambios en el contexto.

- Analizar las principales características de las estructuras matricial, de red, profesional, por equipos y misionaria, como formas innovadoras.

- Comparar las fortalezas y debilidades de estos tipos estructurales.

4.1. Nuevos requerimientos

Es indudable que el mundo actual presenta características muy diferentes del de hace un siglo. Describimos en el capítulo anterior la gran transformación empresarial ocurrida entre 1890 y 1910, consecuencia de la segunda revolución industrial, que diera origen a la estructura *funcional*, según el modelo propuesto por Fayol. Una década más tarde, Sloan daría el paso siguiente en materia de organización al proponer la forma *divisional* como solución para una empresa manufacturera compleja e importante.

Durante la *era industrial*, que se extendió hasta mediados de 1970, las empresas han tenido éxito sobre la base de las ventajas de la economía de escala. El inicio de la *era de la información*, en las últimas décadas del siglo XX, hizo que muchas presunciones acerca de la productividad se volvieran obsoletas y no se pudiera mantener una situación competitiva mediante la aplicación de las nuevas tecnologías sólo a los bienes físicos.

Según Kaplan y Norton (1997, 16), en la era de la información, las organizaciones están construidas sobre nuevas hipótesis: funciones cruzadas, vínculos con clientes y proveedores, segmentación de los clientes, escala global e innovación, entre otras.

La transformación de la competencia entre la era industrial y la era de la información implica, tanto para las empresas fabriles como para las de servicios, el desarrollo de nuevas capacidades para utilizar las nuevas tecnologías y atender diferentes mercados, en un contexto en el que predominan la complejidad y la diversidad.

Hoy se opera con procesos integrados, que cruzan las funciones tradicionales. Se tiende a interconectar todas las áreas y acciones de la empresa. Las actividades administrativas, productivas, de oficina, de planta, de diseño, de marketing, económicas y técnicas se conectan en un solo sistema interactivo.

Es necesario que exista un vínculo entre el cliente y el proveedor, que permita el aprovisionamiento y la producción en función de los pedidos de los clientes, que los conecte con los proveedores de materias primas. Se trata de lograr un único sistema capaz de disminuir costos y mejorar la calidad.

Hammer y Champy (1994) analizan tres fuerzas representativas de estos fuertes cambios, a las que denominan "las tres C": *clientes, competencia* y *cambio.* En cuanto a los clientes, son los que mandan en la actualidad; ellos dicen a los proveedores qué quieren, cuándo y cuánto están dispuestos a pagar por obtenerlo. Los mencionados autores hablan de *este cliente,* en lugar de *el cliente,* para marcar la necesidad del trato personalizado. El acceso a mayor información hace que los clientes sean más exigentes y pretendan ser tratados individualmente. Esto es válido tanto para los productos como para los servicios.

Siguiendo a los mismos autores, las características de la *competencia* también han cambiado. Se venden artículos similares en distintos mercados, con bases competitivas, como precio, calidad, servicio antes o después de la venta, totalmente diferentes. No existen fuertes barreras al acceso, lo que significa que empresas nuevas pueden entrar en cualquier mercado, con productos o servicios innovadores, y cambiar las reglas del juego.

En cuanto al *cambio,* se ha vuelto una característica general y permanente del ambiente y, además, se ha acelerado. Los tiempos de desarrollo de nuevos productos y servicios son menores, lo que hace necesario que las empresas se muevan con rapidez. La necesidad de creación de nuevos productos para llegar a mercados específicos es hoy muy intensa; las oportunidades escasean y el público requiere todo a gran velocidad.

El mundo de los negocios cambió y las viejas estructuras no se adecuan a las nuevas realidades. Hoy es necesario organizar el trabajo en torno de los procesos, con una visión de conjunto (Hammer y Champy, 1994, 18-29). Ya no se produce, entonces, en función de planes propios, sino que se ofrecen productos y servicios a la medida del cliente, después de haber detectado las necesidades de cada segmento del mercado.

Las fronteras nacionales han dejado de ser una limitación: se compite con cualquier país, y puede hacer falta tener clientes en todo el mundo para obtener resultados adecuados. Habrá que combinar las necesidades y gustos de los clientes locales con los de las operaciones globales. La innovación, tanto en lo tecnológico como en las técnicas de gestión, es una variable fundamental; habrá que inventar, generar productos y servicios diferentes, ofrecer ventajas competitivas, gerenciar con creatividad y prospectiva.

Para Philip Kotler, *globalización* significa dos cosas: desde el punto de vista de la demanda, sugiere una multiplicación de los estilos de vida y expectativas más altas acerca de la calidad, el servicio y el valor. Desde el punto de vista de la oferta, significa que serán más las empresas que habrán de competir en el mercado, siempre que se produzca la liberación; en consecuencia, las compañías deberán achicarse y orientarse más hacia el mercado y no depender del proteccionismo.

Las empresas inteligentes pondrán énfasis en los productos y nichos del mercado, tercerizarán las ofertas que puedan producirse mejor en otra parte y formarán alianzas más allá de las fronteras nacionales (Kotler, 1996, 11).

La relación entre la tecnología y las formas organizativas es indiscutible. El proceso de trabajo, que con las nuevas tecnologías es más automatizado, se organiza de manera distinta de las tradicionales. Las relaciones de cooperación entre los trabajadores pasaron de ser horizontales (entre personas

141

con igual calificación) a producirse en grupos conformados por diferentes especialidades. La integración de las funciones y procesos de la organización implica la integración de las personas. Es por eso que el factor humano es clave. El conocimiento, por su parte, se ha convertido en una variable fundamental: invertir en la capacitación de los empleados y utilizar este conocimiento es uno de los requisitos para el éxito empresario en la era de la información.

Las nuevas tecnologías introducen importantes modificaciones en los puestos de trabajo, haciendo incluso desaparecer algunos. En la tarea individual, la complejidad aumenta y cambian la cantidad y tipos de conocimientos necesarios para realizarla. De ahí la tendencia a definir los cargos en forma polivalente. El papel humano en el trabajo ha cambiado y seguirá haciéndolo. Las tareas con intervenciones en múltiples niveles se consideran hoy beneficiosas, ya que la hiperespecialización no favorece el compromiso y la responsabilidad. Se estimula el trabajo en equipo, bajo el supuesto de que los objetivos de la producción se alcanzan mejor de ese modo. La rotación de un puesto a otro permite la ampliación de ocupaciones y el enriquecimiento del margen de decisión y responsabilidad en el desempeño.

Decíamos, en el capítulo anterior, que las estructuras son formas, soluciones prácticas, respuestas apropiadas a la particular realidad de cada organización. Esta realidad está hoy fuertemente influida por el contexto, y, por ende, se imponen modelos nuevos y flexibles para adecuarse a él. Desarrollaremos a continuación algunas formas estructurales innovadoras que han surgido como respuesta a tales requerimientos.

4.2. La organización profesional

H. Mintzberg describe cinco configuraciones estructurales, entre las que se encuentra la organización profesional, también llamada *burocracia profesional*. Este modelo tiene algunas características similares a las analizadas para el equipo propuesto por Drucker, que desarrollaremos más adelante, en cuanto a la necesidad de contar con individuos altamente especializados, pero mantener, a su vez, control sobre su tarea.

La base de este tipo de estructuras es el trabajo del núcleo de operaciones, que requiere habilidades profesionales. Las tareas suelen ser estables, lo que da pie a la estandarización; pero, a la vez, son complejas, por lo que deben ser controladas directamente por los profesionales que las realizan.

Los profesionales tienen dos responsabilidades básicas:

a) elaborar un diagnóstico a partir de interpretar y categorizar la necesidad del cliente, lo que implica tener en cuenta las variables del contexto para determinar el programa a seguir; y

b) poner en práctica el programa elegido.

Como ejemplo, podemos citar al médico, quien, a partir de interrogar y revisar a su paciente, hace un diagnóstico y luego indica cierto tratamiento, en general predeterminado según la enfermedad detectada.

Este tipo de estructura puede encontrarse en universidades, hospitales, escuelas, estudios contables o jurídicos, agencias de asistencia social, etc. No puede decirse que sea una estructura de moda, sino que mantiene actualidad en los casos en que el contexto es complejo y solicita respuestas altamente profesionalizadas.

Mostramos, a continuación, el organigrama de un hospital clínico, en el que pueden observarse los Comités, a la derecha, que parten de los departamentos médicos; subiendo a través del Consejo de Médicos y Dentistas se llega directamente hasta el Consejo de Administración, prescindiendo de la jerarquía directiva. También pueden observarse la gran cantidad de servicios de apoyo en la organización, típicos de este modelo estructural.

143

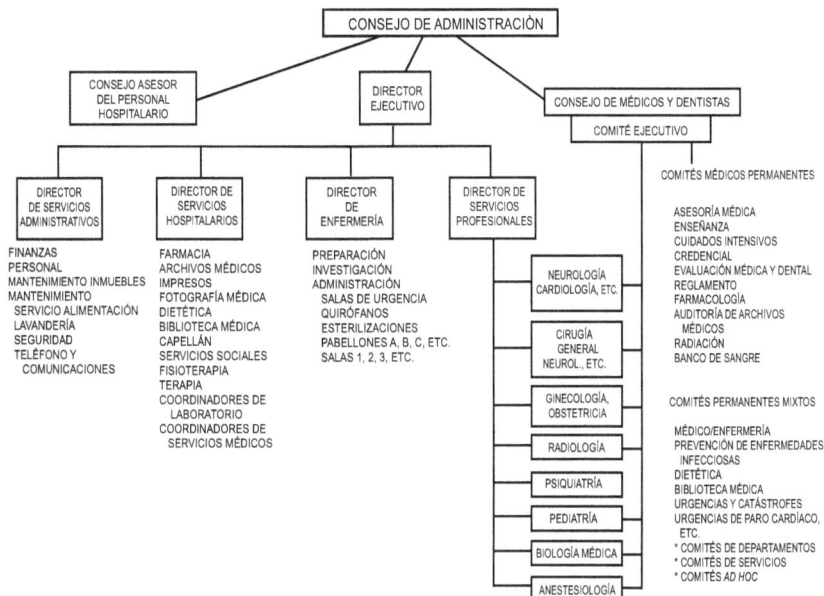

Fuente: Mintzberg 1984, 404-405.

Características estructurales

Según el análisis de Mintzberg, los principales parámetros de diseño que podemos identificar en esta configuración son la *capacitación* y el *adoctrinamiento*. La preparación inicial proviene de varios años de estudio en instituciones especializadas y, a medida que se generan nuevos conocimientos, el profesional debe actualizar su experiencia a través de publicaciones, asistencia a congresos y conferencias, y hasta aprobar cursos formales. Este punto cobra especial importancia en la actualidad, ante el constante desarrollo y cambio científico-tecnológico.

La organización profesional es altamente descentralizada, dado que el poder se encuentra en gran medida concentrado en la base de la estructura (núcleo de operaciones), en la que se hallan los profesionales. El control de su propio desempeño implica que el profesional trabaje con relativa independencia de sus colegas, en estrecho contacto con su clientela. Para ejemplificar este punto, podemos mencionar al maestro con sus alumnos, al médico frente a sus pacientes, quienes nunca aplicarán de igual forma sus conocimientos y habilidades, ya que existe un considerable grado de libertad al hacerlo (Mintzberg, 1984, 393-425).

Esta estructura es, sin embargo, esencialmente burocrática, ya que genera una importante cantidad de normas y modelos para la realización de las tareas. Estas reglas no surgen de la propia organización, sino que son creadas por las instituciones en las que los profesionales fueron formados. Como consecuencia, al aplicar las habilidades a situaciones predeterminadas, se produce un proceso de "encasillamiento". Podemos mencionar el caso de un profesor que, al preparar su clase, sigue ciertas reglas si tiene un grupo pequeño de alumnos, mientras que la elabora de otra forma (ya preestablecida) si tiene que dar una conferencia para un auditorio numeroso. En un sentido similar, el médico diagnostica a su paciente en función de una rutina habitual.

Este proceso puede generar al mismo tiempo un agrupamiento funcional de las tareas (a través de los especialistas reunidos según sus conocimientos) y un agrupamiento por mercado, ya que cada unidad trata con "clientes" diferentes (alumnos, pacientes, etc.).

Condiciones para la estructura profesional

La estructura profesional surge cuando un contexto complejo exige tareas a cargo de técnicos o especialistas, cuyas habilidades sólo pueden adquirirse en extensos programas de preparación formal. Pero, simultáneamente, el contexto tendrá que mantener ciertas condiciones de estabilidad para permitir que las habilidades aprendidas puedan llegar a normalizarse; de allí la calificación de "burocrática" que le otorga Mintzberg.

En cuanto al poder, prevalece el de tipo experto, ya que está determinado por las habilidades y conocimientos. Gran parte permanece en el nivel operativo de la estructura, en manos de los operarios profesionales. Sin embargo, se crea entre ellos una escala jerárquica, basada, justamente, en la experiencia y destreza profesionales. Es esta una configuración democrática, que, al proporcionar autonomía, permite el perfeccionamiento de las habilidades.

El sistema técnico en este tipo de organizaciones no es regulado, ya que los profesionales utilizan su conocimiento especializado y tienen un alto grado de libertad de acción en su trabajo; por el mismo motivo, tampoco es muy sofisticado ni automatizado, aun cuando los profesionales puedan utilizar tecnología como soporte de su tarea.

Esta estructura puede darse indistintamente en organizaciones jóvenes, diseñadas especialmente para atender nuevos requerimientos del mercado, como en otras de mayor edad que se han dedicado desde sus orígenes a servicios profesionales y que han podido contrarrestar la tendencia al control y los procedimientos formales a través de la autodisciplina y el trabajo en equipo.

Fortalezas y debilidades

Entre las principales ventajas de este diseño, podemos mencionar:

– produce una alta capacitación al permitir a los profesionales la aplicación intensiva de sus habilidades y el contacto con colegas de mayor experiencia;

– es democrática, porque difunde el poder en la base operativa, y satisface necesidades elementales de los profesionales: autonomía y colaboración directa.

Posee también una serie de debilidades:

- el proceso de encasillamiento característico de esta estructura es capaz de generar importantes conflictos, especialmente ante las distintas contingencias, que deberían ser resueltas con un enfoque interdisciplinario;

- dado que el único mecanismo de control es el de las normas profesionales, la libertad de acción permite que algunos desatiendan sus tareas o sean incompetentes para desempeñarlas;

- es poco flexible, adecuada para productos o servicios estandarizados, pero de difícil adaptación a la producción nueva. La innovación sólo es posible a través de la cooperación, que no es fácil de lograr en esta estructura;

- la normalización de habilidades es un mecanismo poco estricto, que no garantiza la coordinación entre los profesionales, ni entre estos y el *staff* de apoyo.

La estructura profesional resulta una forma singular que permite el contacto directo entre el sector operativo y el cliente; sin embargo, los cambios en el servicio se dan lentamente ya que dependen de los que se den en la profesión y en la enseñanza, así como de la propensión de los profesionales a actualizar las habilidades ya adquiridas.

4.3. Estructura matricial

Tanto las estructuras funcionales como las divisionales tienen sus limitaciones. En general, cuando una estructura funcional se vuelve más compleja, suele dificultarse la coordinación de la producción de bienes, como consecuencia de la alta especialización, y también la comprensión de la tarea de conjunto. En las formas divisionales, al desarrollarse varios productos simultáneamente, se produce el estancamiento de la capacidad tecnológica global. En las décadas de 1960 y 1970, ante la necesidad de adaptación a un ambiente cambiante, apareció la alternativa de la estructura matricial, que toma elementos de las otras dos, tratando de aprovechar sus ventajas y minimizar sus debilidades.

La forma matricial genera simultáneamente dos o más salidas mediante un modelo estable y otro cambiante. La lógica de la parte estable es muy similar a la de la estructura funcional, y la porción que responde a los cambios en el mercado enfatiza la autonomía operativa local, como ocurre en la estructura divisional.

Ejemplos de matrices pueden ser organizaciones grandes y adultas que no quieran dar preferencia a los proyectos en detrimento de la especialización, ni viceversa. Un caso típico de estructura matricial variable se encuentra en la NASA, en la que los directivos funcionales se sitúan al lado de los líderes de los grupos de trabajo, con quienes comparten el poder (Mintzberg, 1984, 207-208). Un ejemplo menos sofisticado es el de una agencia de publicidad, donde los especialistas necesitan una orientación hacia los proyectos, al mismo tiempo que esperan ser evaluados por su especialidad.

También se encuentran estructuras matriciales en la administración de algunas ciudades en las que los departamentos funcionales de Parques, Policía, Sanidad, etc., se coordinan con los administradores de determinados barrios, y unos y otros son conjuntamente responsables de la calidad de los servicios ofrecidos a la población, a pesar de tener una mirada en un caso hacia un servicio en particular, y en el otro hacia el servicio global. Las matrices se adaptan a firmas consultoras o empresas que realizan transacciones internacionales, en las que puede haber administradores de producto o de división y administradores nacionales para cada uno de los países con los que se realizan negocios.

Características estructurales

En esta estructura, cada empleado reporta a un administrador funcional o de línea, y, al mismo tiempo, a uno de proyecto o de producto. De esta forma, se rompe con el principio de *unidad de mando*, para buscar, en cambio, el aprovechamiento del enfoque funcional y de los expertos del *staff*, que pasan a ser la parte fundamental. Mintzberg, quien la denomina *adhocracia*, la considera una forma apta para la innovación.

Una de las claves para el adecuado funcionamiento de este tipo de estructura es, por lo tanto, la clara definición del papel, responsabilidad y autoridad de cada jefatura. Al responsable funcional le competen el cumplimiento de tareas en tiempo, de acuerdo con los costos asignados, la dirección y el control del trabajo, y el cumplimiento de las especificaciones de calidad. El responsable de proyecto, por su parte, se ocupa del diseño y definición técnica del proyecto a su cargo, de la programación y el presupuesto, y de la evaluación del cumplimiento e informe sobre el estado de avance (Ghiglione, Gilli, Gómez Fulao, 1993, 49).

En el siguiente organigrama, que representa la estructura multidimensional de Dow-Corning, se observa claramente la autoridad dual que tienen los empleados. En la combinación de columnas verticales y filas horizontales (que da su nombre de matriz a la estructura), se ve en la cadena lateral la descripción de un equipo de proyecto, encabezado por un administrador de proyecto o de grupo, quien es el experto en el área asignada de especialización. En dirección vertical, aparecen las funciones o divisiones, con sus correspondientes cadenas de mando.

149

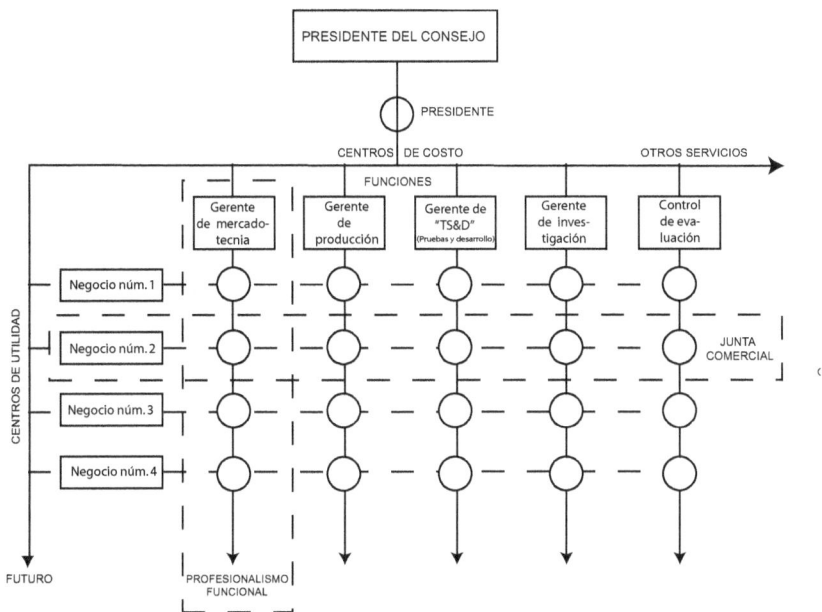

Fuente: Stoner y Freeman 1994, 334.

Originariamente, las organizaciones matriciales fueron desarrolladas en la industria aeroespacial, en empresas como la TRW, que buscó hacer un uso eficiente de los ingenieros y científicos especializados adaptándose a una amplia gama de demandas de nuevos productos y proyectos. El gobierno exigía que hubiera en la empresa un solo administrador que fuera responsable ante él por cada proyecto. De esta manera, se nombró un jefe que compartía la autoridad con los jefes de los otros departamentos técnicos o funcionales.

En este tipo de matriz, un aspecto clave es la asignación de los miembros estables de la empresa a los distintos grupos o proyectos, en forma temporal. Una vez concluido el proyecto, el personal regresa a su departamento de origen, ya sea para trabajar en productos estándares o a la espera de una nueva asignación. Se intenta mantener al personal clave, al mismo tiempo que se buscan nuevas oportunidades en el mercado.

En estos modelos, existe gran adaptación mutua, debido a la inclusión de las personas de varias áreas de especialización en los distintos proyectos; se requiere, a su vez, personal altamente capacitado y adoctrinado en las tareas, características sin las cuales no funcionarían adecuadamente las relaciones laterales.

En el diseño matricial, se emplean formas laterales de comunicación a fin de reducir el número de decisiones que deben remitirse a la jerarquía. La toma de decisiones se desplaza hacia abajo. Los responsables resuelven poniéndose en contacto y cooperando con todos los sectores afectados por la decisión. De este modo, se descentralizan decisiones sin crear divisiones autónomas.

Aunque la forma matricial es una síntesis de las tradicionales, representa un diseño complejo que atiende simultáneamente a dos o más proyectos o productos. Esto la convierte, cuando se logra una adecuada coordinación, en una estructura orgánica apta para atender la innovación y el cambio.

Podemos identificar dos tipos de estructuras matriciales: una *permanente* y otra *variable*. En la primera, las interdependencias se mantienen más o menos estables, y también lo hacen las unidades y personas participantes. La variable se orienta hacia los proyectos, por lo que las relaciones cambian con frecuencia (Mintzberg, 1984, 207).

Condiciones para la estructura matricial

En la estructura matricial, los directivos de línea son igual y conjuntamente responsables de las mismas decisiones, por lo que se ven obligados, mediante un delicado equilibrio de poderes, a reconciliar entre sí las diferencias que van surgiendo. Esta característica la vuelve aconsejable para organizaciones dispuestas a resolver conflictos mediante la negociación informal entre pares, en lugar de recurrir a la autoridad formal, o al poder de la línea sobre el *staff* (Mintzberg, 1984, 206).

En cuanto a la edad, es claro que este tipo de estructura es aplicable en organizaciones adultas y maduras, en las que sea posible el funcionamiento de un sistema de poder como el descrito. Su sistema técnico suele ser automatizado, siendo, por lo general, sofisticado, es decir, difícil de comprender, con necesidad de especialistas de *staff*. Son justamente estos especialistas los que tienden a comunicarse informalmente, creando una estructura flexible de poder.

El ambiente se caracteriza por su complejidad, ya que se necesitan conocimientos profesionales de diferentes especialidades para atender a producciones avanzadas, y por su dinamismo, dada la rapidez con que se producen los cambios en la competencia, la tecnología y las demandas de los clientes.

Fortalezas y debilidades

Las principales ventajas de esta estructura son:

- dirige su visión hacia las relaciones, lo que le permite atender simultáneamente diferentes productos o proyectos; facilita la concentración, coordinación y especialización relacionadas con un producto o servicio; posibilita asignar el apoyo logístico básico necesario y los servicios de *staff*, sin modificar permanentemente la estructura fundamental de la empresa;

- tiene una gran aptitud para enfrentar el cambio tecnológico, en aquellas empresas que desarrollan productos radicalmente nuevos en ambientes competitivos e inciertos; es sumamente efectiva para el desarrollo de nuevas actividades y para la coordinación de interdependencias múltiples;

- permite utilizar recursos comunes en proyectos diferenciados, asignar a cada proyecto el número de personas que necesita y evitar la duplicación de tareas, con lo que se logra una gran flexibilidad, que implica el ahorro de costos;

- la rotación por diferentes tareas favorece la autorrenovación de la estructura, al ayudar a los individuos a aprender y desarrollarse. El énfasis del desarrollo está puesto en los especialistas; los empleados tienden a ser altamente calificados y profesionales, y se desempeñan mejor en condiciones de autonomía.

Las desventajas que podemos citar son:

- no se adapta a organizaciones que requieren estabilidad o seguridad, porque ante la supresión del principio de unidad de mando se crean relaciones que implican habilidades personales altamente desarrolladas y una considerable tolerancia a la ambigüedad (Mintzberg, 1984, 209);

- se dificulta la comprensión de la tarea propia y en ocasiones la tarea común, dada la especialización de los miembros, combinada con el conocimiento acerca de los proyectos en los que ellos participan;

- según K. Knight, puede generar *conflictos* entre los individuos al existir objetivos y responsabilidades opuestos, disputas por el reconocimiento de mérito y pujas por el poder. Es muy difícil el logro de un *equilibrio de poder* entre directivos equivalentes;

- produce un alto nivel de *estrés*, no sólo a los directivos, sino también a los subordinados, a causa de la ambigüedad y del conflicto de roles;

- en general, se aumenta el *costo de la administración y las comunicaciones*, ya que es común que la gente deba

153

reunirse con frecuencia para comentar y hacer el trabajo, y se requieren más directivos que en una estructura tradicional (Knight, 1976, 111-130).

Dadas las ventajas y desventajas, la matriz sólo se utilizará cuando los beneficios en términos de flexibilidad e innovación superen los altos costos de administración. No existe motivo para utilizar una estructura más compleja que lo necesario.

4.4. Estructura de red

Ante las nuevas realidades de los mercados globalizados y regionalizados, las organizaciones han ido buscando nuevas formas estructurales e interorganizacionales. Las redes organizacionales parecen ser una adecuada respuesta frente a los altos costos provenientes del desarrollo de productos y la necesidad de penetrar en mercados mundiales.

Ya en 1984, M. J. Piore y C. F. Sabel, en su libro *La segunda división industrial*, pronosticaron fuertes cambios en la economía internacional, en la que la producción masiva se desplazaría al Tercer Mundo, mientras que los países desarrollados se dedicarían cada vez más a la "especialización flexible". En este esquema, las organizaciones tipo "sistema solar", con proveedores externos orbitando pequeñas casas centrales, serían las protagonistas.

Si bien no son totalmente nuevas, ya que compañías de construcción y fabricantes de vestimenta contratan trabajo en el exterior desde hace años, las estructuras de red se están ampliando, en parte por el desarrollo de los sistemas de información y comunicación, que hacen más fácil la coordinación entre proveedores y clientes en todo el mundo.

La estructura de red surge para hacer frente a la fuerte competencia internacional y el rápido cambio tecnológico, y consiste en la descentralización vertical, a partir de la delegación de la fabricación en otras compañías; las redes son en sí mismas empresas industriales sin producción, y pueden llegar a ser un modelo adaptable a la era posindustrial. Además de la búsqueda de fuentes extranjeras de productos terminados, aparecen otras formas de asociación, tales como *joint-ventures* y *alianzas temporarias transoceánicas*. Las empresas se repliegan hacia sus actividades esenciales, eliminan niveles jerárquicos y tercerizan un amplio rango de funciones.

Existen cada vez más ejemplos de organizaciones que adoptan la forma de redes. General Motors, Firestone, 3M y General Electric, entre otras, venden productos comprados a compañías extranjeras. Los fabricantes japoneses de computadoras compran paquetes accionarios minoritarios de empresas de tecnología de punta de Silicon Valley. Grandes industrias farmacéuticas norteamericanas y europeas acceden a investigaciones en genética, instrumentos médicos electrónicos y biotecnología, comprando intereses minoritarios en empresas nuevas o estableciendo sociedades con administradores de activos independientes de pequeño tamaño.

De lo anterior surge que las estructuras en red no sólo incluyen a las grandes empresas, sino también a las PyMEs, ya que algunas de las formas asociativas consisten en la diversificación de una gran empresa mediante el establecimiento de vínculos comerciales y de asistencia con una PyME, con una relación de colaboración entre colegas. Tal es el caso de Benetton, famosa textil italiana, que fabrica menos de un 20% de su producción en siete fábricas propias, mientras que el resto se produce en más de 350 PyMEs y talleres artesanales. También el modelo puede aplicarse a organizaciones no empresariales, tales como las redes interuniversitarias (nacionales e internacionales), de asociaciones defensoras de derechos humanos o de grupos ecologistas.

Características estructurales

La forma de red modifica el concepto de división del trabajo de la antigua corporación integrada. Esta estructura se concentra en las funciones que considera estratégicas y delega las demás en otras empresas, mediante la aplicación del concepto de tercerización. Crea una constelación en torno de la corporación, que centraliza las decisiones del negocio y descentraliza la ejecución; en lugar de utilizar planes y programas para coordinar unidades internas, se hacen contratos y acuerdos para unir a los componentes externos.

Surge así una de las principales características de las redes organizacionales: la colaboración concertada entre los distintos miembros y el establecimiento de relaciones más estrechas y durables entre ellos. El origen de estas relaciones se encuentra en la necesidad de enfrentarse a los cambios en los mercados, buscando constituir un sistema integrado proveedor-cliente, tal como describíamos al iniciar este capítulo.

Para facilitar la comunicación, las redes presentan un cierto "desdibujamiento" de las líneas jerárquicas, dado el supuesto de que los objetivos de producción pueden ser alcanzados con mayor facilidad si se estimula el trabajo en equipo. La red posibilita el desarrollo de la polivalencia del personal, una mayor flexibilidad y la existencia de autonomía e interdependencia de sus integrantes.

El cuadro de la página siguiente resume la estructura de una de las empresas más importantes en el área de comunicaciones, la AT&T. El gráfico permite observar una forma típica de "multinacionalización" consistente en la creación de capacidades productivas en el extranjero, a través de filiales directas, adquisiciones, u otros tipos de cooperación (comercial, financiera, tecnológica o industrial).

Fuente: Grupo Lisboa 1996, 49-50.

Podemos identificar tres tipos de redes. Algunas de ellas relacionan proveedores, productores y distribuidores con vínculos a largo plazo, lo que da origen a las *redes estables*. Otras son más *dinámicas,* unidas contractualmente para un proyecto determinado y luego disueltas. Por último, existen las *redes internas,* en las que se compra y se vende internamente como si se hiciera fuera de la empresa. Mencionaremos algunas características de cada una de ellas.

La *red estable* tiene su origen en la estructura y lógica de operación de la organización funcional. Está diseñada para un mercado predecible y, en lugar de ser una única empresa integrada en forma vertical, se trata de un grupo de firmas estrechamente relacionadas en un negocio particular, sostenido por arreglos contractuales, pero que mantienen la competencia entre ellas, ya que cada una sigue atendiendo a otras empresas fuera de la red.

Un ejemplo de red estable efectiva es la formada por Nike, el gigante del calzado. Fue fundada en 1964 para vender zapatillas para una firma japonesa en América, y

157

comenzó a desarrollar su propia línea de productos en 1972. Generó un negocio millonario a partir de trabajar (sin dominar) con un amplio grupo de proveedores de Corea, Taiwán, Tailandia y la República Popular China.

Las *redes dinámicas* aparecen en negocios como el de la moda, los juguetes, la industria editorial, la cinematografía o la biotecnología, que pueden requerir la importación de recursos. En tales circunstancias, la firma líder, que suele tener alguna habilidad nuclear, identifica y reúne activos de otras compañías, o simplemente hace pura intermediación. Este tipo de red es adecuado también en circunstancias en las que los ciclos de diseño y producción no son lo suficientemente largos como para sostener vínculos estables.

Un ejemplo de red dinámica liderada por un intermediario es Lewis Galoog Toys, en la que aproximadamente cien empleados dirigen toda la operación. Inventores independientes y compañías de entretenimiento conciben la mayoría de los productos de Galoog, mientras los especialistas externos realizan la mayor parte del diseño y la ingeniería.

Por último, las *redes internas* crean un mercado dentro de la misma empresa. Las unidades organizacionales compran y venden mercaderías y servicios entre ellas a precios establecidos en el mercado abierto. Su propósito es obtener ventajas competitivas por la utilización compartida de los activos, el desarrollo del intercambio gerencial y el aprovechamiento del *know-how* tecnológico.

Un buen ejemplo de red interna podría ser el de una empresa petrolera internacional, a la que le sería muy costoso mantener recursos para la explotación, extracción, refinamiento y distribución en todos los países en los que opera. Construyendo una red interna, podría funcionar como para que cada uno de sus módulos interactúe regularmente con firmas de afuera, negociando, comprando, vendiendo productos o materias primas a otras empresas, a precios internos y externos iguales.

Condiciones para la estructura de red

La globalización y los cambios tecnológicos, unidos a la desregulación y a las modificaciones demográficas de la fuerza laboral, han creado una nueva realidad competitiva. La gran corporación integrada, apta para ambientes simples y estables, debe eliminar la inercia económica; sólo puede permitirse sostener recursos flexibles y que se utilicen en forma completa.

Las formas de red permiten enfrentar las nuevas condiciones competitivas. En el caso de la red estable, se mantiene generalmente la alta especialización de la estructura funcional, pero la descentralización de la inversión en tecnología productiva otorga la flexibilidad necesaria para enfrentar los cambios del ambiente.

La red dinámica, por su parte, tiene similitudes con la forma divisional, pues puede proporcionar tanto especialización como atención adecuada de clientes o mercados puntuales. Opera mejor en situaciones competitivas donde hay muchos jugadores, cada uno de los cuales sufre las presiones del mercado y compite para ser confiable y líder en su especialidad.

Por último, en las redes internas, se trata de orientar hacia los resultados la visión de los departamentos funcionales, convirtiéndolos en unidades capaces de prestar servicios en condiciones de mercado. Podría establecerse una semejanza con la forma que Drucker (2000, 1.066) denomina "descentralización simulada", donde "se delimita una función, una etapa del proceso o un segmento, para tratarla como si fuera una empresa en sí misma, con responsabilidad por sus resultados operativos. Esta unidad maneja su propia información contable, absorbe gastos generales y factura su trabajo como si representara una realidad del mercado".

Por último, debe mencionarse como otro factor contingente que la forma de red generalmente es aplicable para corporaciones grandes y consolidadas. En lo referente al poder, este se mantiene centralizado en la corporación, pero requiere una delicada trama de lealtades mutuas para que la red funcione. Por último, desde el punto de vista tecnológico, la red no podrá operar efectivamente si no se dispone de medios de comunicación rápidos, precisos y de gran alcance.

Fortalezas y debilidades

Las principales ventajas de estas formas estructurales son:

- se concentran en las competencias estratégicas, tienen menor necesidad de capital y reducen los gastos generales al aprovechar mano de obra y tecnologías de terceros;
- generan mecanismos de cooperación, que se manifiestan a través de acuerdos interorganizacionales, alianzas o coaliciones estratégicas;
- desarrollan procesos de aprendizaje interorganizacional, como resultado de la adaptación mutua; en el plano de la innovación tecnológica, inducen procesos de "contagio" y fertilización cruzada;
- constituyen un recurso estratégico que puede estimular la capacidad competitiva del conjunto en economía de escala global, gracias a sus interconexiones e interdependencias.

Entre las desventajas, podemos citar:

- son vulnerables a la competencia de otras compañías integradas, de nuevas redes que necesiten emplear poco capital y, aún peor, de sus propios proveedores;
- requieren mecanismos de acreditación de la calidad de los suministros e inversiones en desarrollo de proveedores;

- pueden perder su capacidad de diseñar productos innovadores en el largo plazo, al carecer de habilidad para las manufacturas;

- necesitan desarrollar mecanismos que vinculen las actividades de la corporación con las desarrolladas con recursos externos, para mantener el funcionamiento de la red;

- no pueden subsidiar líneas de productos no rentables.

Podemos decir que las organizaciones en red buscan incorporar la eficiencia de la especialización de la forma funcional, la eficacia de la autonomía operativa de la forma divisional y la capacidad para utilizar recursos comunes de una organización matricial.

4.5. Otras formas innovadoras

La organización de equipo

Como alternativa estructural para empresas que exceden el modelo funcional por su tamaño, complejidad y alcance innovador, y que no están en condiciones de descentralizarse, surgió el concepto de *equipo*. Peter Drucker define el equipo como un conjunto de personas –más o menos reducido– con diferentes antecedentes, habilidades y conocimientos, reclutadas en distintas áreas de la organización, que colaboran en una tarea específica y definida. No hay superiores ni subordinados; solamente veteranos y *juniors* (Drucker, 2000, 388).

En los equipos, las tareas suelen ser especializadas, complejas y altamente interdependientes. Surgen para alentar el contacto entre los individuos y pueden ser incorporados a la estructura formal como dispositivos de enlace. Existen distintas denominaciones con las que se identifican los equipos: *fuerzas de tareas, equipos de proyecto, grupos de trabajo.*

En un hospital, puede darse un ejemplo de equipo en un grupo en el que todos están comprometidos directamente en la atención del paciente y asumen esa responsabilidad. Cada líder de equipo utiliza los recursos de la organización de acuerdo con las necesidades que se intentan satisfacer.

Un equipo precisa un líder, que puede ser permanente o cambiar según el caso. No funciona democráticamente, si por ello se entiende someter las decisiones a votación. Existe la autoridad, pero deriva de la tarea y se centra en ella.

La primera labor del líder de equipo es dar claridad a la estructura, tanto en cuanto a los objetivos como al papel de cada uno de los integrantes, incluyéndose. Se logra así una de las características distintivas de este modelo estructural, que consiste en la comprensión de la tarea común.

Suele basarse en el conocimiento y la destreza (similar a la burocracia profesional, concepto que hemos desarrollado) de distintos especialistas integrados. Se organiza en torno a dos ejes: uno funcional, basado en las personas y sus conocimientos, y el otro formado por el equipo mismo, que implica la administración y responsabilidad por la tarea. Cada individuo hace su aporte, pero es responsable por los resultados del conjunto y no sólo por su propio desempeño.

Por las características descritas, este diseño posee flexibilidad y favorece la comprensión de la tarea común, por lo que resulta apto para el desarrollo de proyectos innovadores y para organizar las tareas de dirección.

Entre los principales problemas que presenta encontramos que carece de claridad, a menos que el líder del equipo la genere, y que tiene poca estabilidad. El tamaño también es una limitación, ya que sólo si hay pocos miembros funciona en forma correcta. Al crecer más allá de, aproximadamente, quince personas, pierde sus cualidades y se acentúan los problemas de comunicación.

La estructura misionaria

La estructura misionaria o misionera fue propuesta por H. Mintzberg como una forma "más allá de las cinco" planteadas (simple, burocrática mecánica, burocrática profesional, divisional y adhocracia). La base de este diseño es la socialización y la ideología.

La ideología es un sistema de creencias propio de la organización, que la hace única y diferente de cualquier otra. Este concepto puede relacionarse con el de *cultura organizacional* planteado por Deal y Kennedy: "El conjunto de filosofía, valores, creencias, ideologías, actitudes, motivaciones y deseos que tienen un significado común para los miembros de la organización y que la distinguen de las otras" (Deal y Kennedy, 1985).

La organización misionaria se construye alrededor de una misión inspiradora y aglutinadora y un conjunto de normas y creencias. Podemos mencionar como ejemplo de esta configuración las organizaciones sin fines de lucro en general, las ONG (organizaciones no gubernamentales), los grupos defensores de la ecología o de los derechos de las minorías, y las organizaciones de voluntarios con fuertes sistemas de creencias, como los *kibbutzim* israelíes, movimientos religiosos y partidos políticos.

En estas estructuras, prácticamente no existe especialización; encontramos una mínima diferenciación jerárquica, con gran descentralización. Tienen poca formalización y un alto grado de adoctrinamiento. Tampoco existe burocratización: una vez que sus miembros son socializados y adoctrinados, desempeñan su trabajo libremente, sin ningún control convencional.

En general, no son organizaciones jóvenes, porque lleva un largo tiempo lograr la comunión ideológica. Suelen ser pequeñas, y su ambiente y sistema técnico son muy simples, libres de toda necesidad de expertos.

Como fortaleza de esta estructura podemos mencionar que la misión se centra en los objetivos, lo cual favorece la comprensión de la tarea común.

Como desventajas, encontramos que la tarea individual no siempre resulta clara, dada la falta de formalización en los procesos, de especialización en el trabajo y de supervisión jerárquica, lo que a su vez dificulta el control de los desempeños y de los resultados.

La organización horizontal

Esta nueva denominación estructural surge con el movimiento de reingeniería. El concepto de proceso de negocio entra en pugna con la hierática pirámide vertical. La nueva forma, que pretende reemplazar a la tradicional, está emergiendo, pero la puja entre vertical y horizontal se vincula a otras tensiones, como la que existe entre centralización y descentralización o entre estabilidad y flexibilidad.

Claramente, las numerosas camadas de jefes y gerentes que se han ido acumulando en el curso de varias décadas se han vuelto innecesarias por el uso de la tecnología y la difusión de los equipos de trabajo y del *empowerment*. La tecnología, particularmente la de telecomunicaciones, incrementa el alcance del control gerencial, los equipos introducen flexibilidad adicional y el *empowerment* puede eliminar la necesidad de niveles y funcionarios utilizados en la organización vertical.

Las nuevas formas tienen en común: la eliminación de niveles en la jerarquía, la transformación de las grandes unidades en unidades pequeñas, el énfasis puesto en la colaboración y la comunicación transfuncional, el creciente grado de tercerización, la estrecha relación con proveedores, el requisito de mayores habilidades y educación del personal y, sobre todo, el diseño focalizado en los clientes.

Keen y Knapp (1996, 117) enumeran siete elementos clave de la organización horizontal.

– Agrupamiento de las unidades en torno a los procesos del negocio, en lugar de hacerlo en torno a las funciones.

– Eliminación de niveles de supervisión y de tareas redundantes, que reduce la fragmentación del trabajo.

– Uso de los equipos de trabajo sólo cuando resulten aplicables, recordando que los equipos no son, en todos los casos, la forma más efectiva y eficiente de operación.

– Determinación del desempeño y del servicio a partir de los clientes.

– Diferenciación entre el rendimiento del equipo y el desempeño individual.

– Maximización de los contactos con proveedores y clientes, mediante la construcción de relaciones basadas en la confianza y la comunicación más que en los contratos.

– Información y entrenamiento para todos los empleados.

El concepto de proceso de negocio como secuencia de actividades que agregan valor para el cliente es fácilmente asociable con la visión de Porter de la empresa como cadena de valor, en la que identifica nueve actividades que denomina estratégicas y que distingue en dos tipos: las *primarias*, que comprenden logística de entrada, operaciones, logística de salida, ventas y servicios (las que se identifican con los procesos que agregan valor para el cliente) y, por otra parte, las de *apoyo*, tales como infraestructura, recursos humanos, desarrollo tecnológico y abastecimiento.

No es necesario profundizar en el pensamiento de Porter para advertir que el valor total para el cliente depende del valor que agrega cada una de las actividades que denomina estratégicas. Lo importante será identificarlas y saber que en torno a ellas se organizan los procesos del negocio que resultan clave para la competitividad de la empresa.

4.6. La organización del futuro

Describíamos, al comienzo de este capítulo, fuertes cambios que se han producido en el mundo en los últimos años, en todos los ámbitos y disciplinas. Es indudable que las organizaciones también se ven y verán afectadas, y que serán necesarias importantes modificaciones en los modelos de gestión y dirección empresaria.

Las organizaciones son cada vez más "virtuales". Ya no son lugares tangibles, visibles, obvios como lo eran antes; para realizar las tareas ya no es necesario reunir a todo el mundo en el mismo lugar y al mismo tiempo. Si la información es la materia prima del trabajo, el espacio común no hace falta, porque mucha gente realiza su trabajo en el tren, el avión, con el cliente, en su casa, etc. (Handy, 1998, 494).

Los cambios afectan, también, a la tarea propiamente dicha. Tampoco es necesario contar con una gran planta estable de personal. Se contratan servicios externos, se crean condiciones de trabajo flexibles. El mismo Handy plantea que una de las fórmulas vigentes es $1/2$ x 2 x 3, lo que significa que en el futuro se empleará a la mitad de la gente, se le pagará (y trabajará) el doble y producirá el triple.

En este mismo sentido, las estructuras de las que nos hemos ocupado en este capítulo muestran, en parte, estos cambios en términos de flexibilidad e innovación. Las organizaciones serán menos previsibles y menos cuantificables.

Tom Peters describe la estructura de Mc Kinsey & Company, en la que no aparecen descripciones de tareas, organigramas, objetivos anuales ni esquemas de evaluación de desempeño, como un ejemplo de diseño flexible (Peters, 1996, 196-204). La base del funcionamiento es el equipo de proyecto, que actúa como una red sin jerarquías, en permanente búsqueda del consenso.

Por cierto, no todas las empresas adoptarán una forma totalmente desacoplada, pero encontramos cada vez más ejemplos de organizaciones que con una base muy pequeña contratan el alquiler, la compra u otros recursos fuera de ellas, con el objeto de abaratar costos y mejorar sus resultados.

Señalamos algunas de las características salientes.

- *Trabajo basado en el conocimiento:* las nuevas tecnologías tienden a eliminar la brecha entre trabajo manual y trabajo intelectual. Se calcula que en no más de diez años, el 95% de las tareas normales de la sociedad requerirán un mínimo de educación de diez a doce años, con un promedio de ocho horas diarias de estudio. Aun tareas sencillas como barrer las calles, se realizarán con vehículos equipados con minicomputadoras que, en el caso del ejemplo, informarán acerca de la existencia de árboles, caños rotos u otras anomalías, que permitirán detectar problemas en las ciudades y anticiparse a ellos (Argumedo, 1996, 105-106).
  Los sistemas automatizados demandan una capacitación específica. Esto implica que, incluso para manejar un panel de control en una fábrica, un operario deberá poseer una fuerte formación de base.

- *Irrupción de la tecnología:* los adelantos producidos en los últimos años han modificado los procesos organizativos; aparecen nuevos conceptos de productividad que privilegian la calidad y el servicio. El desarrollo tecnológico rompe con la regla relativa a la necesidad de tener existencias de reserva para atender a una demanda inesperada. Este poder *destructivo* de la tecnología quiebra las normas anteriores y se transforma en una fuerte ventaja competitiva (Hammer y Champy, 1995, 97).

La tecnología permite un trabajo más automatizado, reduce el tiempo y la utilización de mano de obra. Se han introducido robots industriales, sistemas expertos y computadoras de quinta generación dotadas de mecanismos de inteligencia artificial, con aplicaciones a distintas áreas, como el diagnóstico médico, la investigación petrolera o la reparación de las propias computadoras. La incorporación de estas nuevas tecnologías impacta directamente sobre la estructura organizacional. Las empresas deberán admitir estas nuevas tecnologías para no quedar fuera de sus mercados de actuación.

– *Existencia de equipos de proyecto:* un equipo que lleva adelante un proceso, según Hammer y Champy, une, por ejemplo, a quienes manejan el pedido, el nuevo producto, los reclamos. Es decir, es una unidad que junta naturalmente a quienes completan un trabajo, o sea, un proceso. Cuando todo un proceso se convierte en el trabajo de un equipo, la administración de ese proceso se convierte también en parte del oficio del grupo. En este sentido, transferir las decisiones relativas al trabajo a las mismas personas que lo hacen significa que los procesos de delegación y las funciones tradicionales del gerente han cambiado (Hammer y Champy, 1995, 74-76).

Como consecuencia, las estructuras tienden a ser planas, ya que el trabajo es realizado por equipos de parejo nivel jerárquico, que operan con autonomía y poseen el apoyo de unos pocos gerentes, implican formas de trabajo no rutinarias, en las que pueden tomarse decisiones rápidas, con diferentes aportes y visiones frente a los problemas.

– *La era de la información:* la información es una variable fundamental, ya que vivimos en un mundo organizado en torno de ella. En el área de las telecomunicaciones, el desarrollo de redes abre el camino a nuevas intermediaciones, al hacer posible la compra de variados productos y servicios en distintos lugares. El desarrollo de la informática y la computación modifica los sistemas administrativos, los procesos de comercialización y de dirección. Las empresas deberán incorporar estas nuevas tecnologías para no quedar fuera de sus mercados.

  Las empresas de la era de la información tendrán éxito si reemplazan la producción en masa y la prestación de servicios estándar por la entrega flexible y la apertura de productos innovadores dirigidos hacia segmentos de clientes seleccionados.

– *La reorganización permanente:* se producirá un constante proceso de reorganización, en función de los mercados de actuación y de los valores compartidos hacia el interior de la empresa, ya que la interrelación entre el contexto y la empresa es cada vez mayor. Las estructuras deberán ser flexibles, para adaptarse a los cambios en la demanda, los proveedores, la competencia. En este sentido, la estructura matricial resulta un modelo sumamente efectivo para el desarrollo de nuevas actividades y para la coordinación de interdependencias múltiples. Por su parte, la estructura en red, a través del conjunto de interconexiones e interdependencias, genera una forma capaz de estimular la capacidad competitiva de la empresa.

Los factores competitivos de los negocios también se han modificado, pasando de roles claramente diferenciados a la flexibilidad; de la especialización y división del trabajo a la integración, y del control de las actividades a la innovación. El mundo en su totalidad ha cambiado y seguirá cambiando, por eso las organizaciones deben adaptarse, incorporando las nuevas tecnologías y recreando modelos estructurales y de gestión más flexibles y dinámicos.

4.7. Referencias seleccionadas

Hammer, M., y Champy, J.: *Reingeniería*. Norma, Bogotá, 1994, Caps. 1 y 4.

Mintzberg, Henry: *La estructuración de las organizaciones*. Ariel, Barcelona, 1984, Caps. 19 y 21.

Mintzberg, Henry, y Quinn, J.: *El proceso estratégico*. Prentice-Hall, México, 1993, Cap. 7.

4.8. Temas de discusión

1. ¿Cuál es el factor situacional que tiene mayor influencia en el diseño de formas innovadoras?
2. ¿Puede establecerse alguna relación entre la estructura matricial y alguna de las formas de redes?
3. Señale cuál es, a su criterio, la principal diferencia entre la forma profesional propuesta por Mintzberg y la estructura por equipos de Drucker.
4. Identifique una organización conocida en su medio y que responda a las características de la estructura misionaria.
5. ¿Cuál de las formas innovadoras cumple en mayor medida con las características de la organización del futuro?

CAPÍTULO 5

DISEÑO DE SISTEMAS ADMINISTRATIVOS

OBJETIVOS DE APRENDIZAJE

- Establecer la relación que existe entre objetivos, operaciones e información.

- Identificar los elementos componentes y los propósitos del diseño de sistemas administrativos.

- Analizar los distintos criterios a tener en cuenta en la tarea de diseño.

- Apreciar la importancia de incorporar puntos de control interno al diseño.

- Utilizar los distintos tipos de diagramas y los manuales como herramientas para la formalización de sistemas administrativos.

5.1. Elementos y características de un sistema administrativo

Como vimos en el capítulo anterior, el diseño supone una acción destinada a transformar situaciones existentes de acuerdo con ciertos objetivos. Según Simon (1969, 87), el diseño "constituye la esencia de toda organización profesional y se ocupa de cómo debieran ser las cosas".

El autor considera que para comprender los sistemas complejos, como las organizaciones, se necesita una descripción de estado y una descripción de proceso. La primera plantea el problema a resolver en términos de la solución buscada. Las descripciones de proceso se relacionan con fórmulas, ecuaciones o procedimientos que permiten lograr el estado meta a partir de un estado inicial.

Esta concepción de diseño es aplicable al caso de los sistemas administrativos. El estado deseado tiene que ver con determinados objetivos a lograr y ciertas definiciones estratégicas que se concretarán a través de un proceso o procesos realizados no en forma espontánea, sino de acuerdo con las especificaciones establecidas de manera deliberada por un especialista.

Los sistemas administrativos están estrechamente relacionados con los procesos, ya que pueden ser interpretados como programas para prescribir tareas. Según Lardent (1976), son una red de procedimientos relacionados de acuerdo con un esquema integrador en función de ciertos fines.

Podríamos definirlos como *el conjunto integrado de los procedimientos necesarios para concretar en actividades los objetivos de una empresa y además generar información para el control de los resultados alcanzados* (Gilli, 1998, 30). Encontramos en esta definición ciertos nombres que resultan clave para su cabal comprensión: *conjunto integrado, procedimientos* e *información para el control.*

173

Conjunto integrado indica que no se trata de un sistema aislado, sino que, para que se cumplan los objetivos de una empresa, se requiere el abastecimiento de materias primas, la trasformación de los insumos en productos o servicios, y operaciones de ventas y distribución, así como el pago de los insumos y del personal y la cobranza de las ventas efectuadas. (Estos procedimientos serán tratados en detalle en el Capítulo 6, "Sistemas operativos".)

Por *procedimiento* entendemos una secuencia de pasos necesarios para la concreción de una operación; así, por ejemplo, la operación de venta comienza con la atención del cliente, al que el vendedor informa sobre las especificaciones del producto, precios y condiciones de pago; de existir conformidad, emitirá la nota de venta. Continúa con la verificación del límite de crédito del cliente en el área de Finanzas y, aprobada la operación, procede la entrega del producto a cargo del sector de Distribución y la emisión de la factura y su registro en el área Contable.

La *información* es la materia prima de la administración. Por eso, para atender al cliente, el vendedor necesita, primero, información acerca de la existencia del producto y de sus precios; después, del límite de crédito asignado y el saldo de la cuenta del cliente para que la operación sea aprobada. Cuando se entregue la mercadería, los datos del cliente y de lo entregado constarán en el remito a ser conformado; también la información sobre los precios vigentes servirá de base para la facturación, y con los datos obtenidos en la factura se efectuará el registro contable de la operación.

Por último, la información acerca de todas las ventas de un período determinado permite verificar si se han cumplido y, asimismo, analizar su evolución por tipo de producto, segmento del mercado o región; si agregamos otra información, como por ejemplo, sueldos de vendedores, comisiones pagadas, gastos de publicidad y promoción, dispondremos de elementos adicionales para evaluar el desempeño del área comercial. En el Capítulo 7, "Sistemas de planeamiento y control", veremos el proceso de la información para la contabilidad y para el control de gestión.

Para cumplir sus fines, una empresa necesita un mercado, productos o servicios y capital; pero para que sus funciones comerciales, productivas y financieras puedan llevarse a cabo precisa, además, sistemas administrativos que permitan:

1. realizar las tareas dentro de los términos previstos, a un mínimo costo y con un margen aceptable de confiabilidad;
2. disponer de una estructura de datos que posibilite la toma de decisiones efectivas inherentes a las tareas;
3. asegurar, mediante el control del resultado de las operaciones, el cumplimiento de los objetivos fijados.

Los responsables del diseño de sistemas administrativos disponen de distintas metodologías, según veremos en el Capítulo 8, pero la mayoría de ellas responde a una lógica uniforme. El proceso deberá iniciarse con un *análisis de afuera hacia adentro* para determinar de qué manera la empresa satisface los requisitos de los clientes y del entorno.

Una segunda etapa de la metodología –de análisis– incluirá el examen del flujo de tareas, de los elementos del sistema técnico y de los procedimientos que rigen el trabajo en la organización formal y, a partir de allí, se podrá comparar su consistencia con los requisitos a satisfacer determinados en la etapa anterior.

Por último, se concretará el diseño: posiblemente lo más crítico de esta etapa sea establecer cuál es el nuevo flujo de tareas. Nadler y otros (1994, 177) proponen cinco principios fundamentales para el diseño de sistemas de alto rendimiento.

1. Aunque sea necesario identificar reglas y procesos laborales decisivos para el éxito general, las únicas normas que deben especificarse son las absolutamente esenciales.
2. Las variaciones o desviaciones del proceso ideal tienen que ser controladas en el punto de origen.
3. Cada miembro debería estar capacitado en más de una actividad para que el sistema laboral sea flexible y adaptable.
4. Los roles que son interdependientes tienen que desempeñarse dentro del mismo departamento.
5. Los sistemas de información deben ser diseñados básicamente dentro del mismo departamento.

Las etapas siguientes se refieren a la puesta en marcha del nuevo diseño, que requiere planificar la transición y atender todas las cuestiones atinentes a un proceso de cambio y a alguna forma de evaluación sobre el funcionamiento del nuevo sistema.

Por último, hay que considerar que un diseño nuevo e innovador puede tornarse rígido y disfuncional con el tiempo. Según Nadler y otros (1994, 192), "la clave está en crear ciertos mecanismos que aseguren la renovación, e incorporen la capacidad para reconfigurar el diseño laboral a medida que se modifican el ambiente, los requisitos de los clientes o las tecnologías. Una evaluación periódica puede servir como catalizador de la renovación".

Elementos constitutivos

Antes se definía "administrar" como *hacer que se hagan las cosas*, en referencia a la función del gerente tradicional que debía lograr que sus subordinados ejecutaran ciertas tareas, utilizando determinados recursos técnicos: máquinas, herramientas, procedimientos de trabajo, etc. Hoy, la función gerencial ha pasado de la administración del trabajo ajeno a la administración de información, y esta se ha hecho inseparable de la tarea e indispensable, como hemos visto, para la decisión y el control.

A partir de tal reflexión, podemos identificar los distintos elementos que constituyen los sistemas administrativos y que se muestran en la siguiente figura.

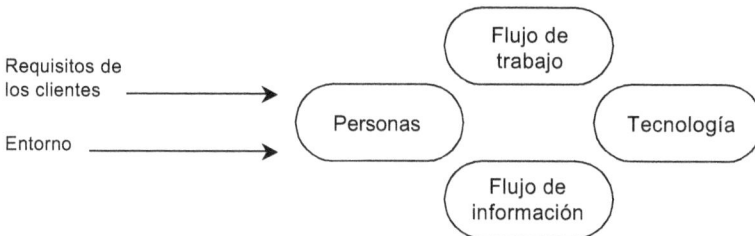

El *flujo del trabajo* es la base del sistema: lo que hay que hacer, es decir, las acciones físicas (recibir la materia prima, almacenarla, transformarla en productos, entregar estos a los clientes, realizar los cobros y los pagos, efectuar los registros contables) necesarias para ejecutar los programas de actividades y así asegurar la concreción de los objetivos y las estrategias de la empresa.

Como decíamos más arriba, el *flujo de información* sigue al de trabajo, ya que para que la ejecución de una operación se concrete, se requiere información y, a su vez, cada operación genera datos que capturados y sistematizados producirán información. La información constituye el elemento administrativo por excelencia; sin ella resultan imposibles la toma de decisiones, la coordinación entre niveles y áreas funcionales, y el control del flujo de trabajo y del desempeño conjunto de la organización.

Para que los flujos de trabajo e información sean posibles se requiere un elemento esencial: las *personas*, ubicadas en diferentes niveles y con distintas funciones. Así, por ejemplo, gerentes, jefes, empleados y especialistas intervendrán en cuestiones comerciales, productivas, financieras o contables y, además de la ejecución de esa tarea específica, dedicarán tiempo a capturar, procesar y transmitir información.

Además, superado el estadio histórico del trabajo manual, toda organización deberá contar con la *tecnología* para procesar las tareas y la información, es decir, un conjunto de instalaciones, maquinarias, herramientas, computadoras, medios de comunicación, etc.

A modo de conclusión diremos que los sistemas administrativos en la actualidad no son concebibles sin:

1. trabajos enriquecidos que permitan la autonomía individual, el aprendizaje y la motivación;
2. acceso a la información, ya que resulta crítico para el buen funcionamiento del sistema que todas las personas dispongan de ella;
3. personas capacitadas que sean coherentes con tareas más amplias y autónomas y que posibiliten reducir al mínimo los niveles jerárquicos;
4. tecnología apropiada; a medida que, una tras otra, las distintas áreas de la actividad humana caen bajo el influjo de la tecnología, en las empresas se invierte el planteo tradicional y el requerimiento tecnológico se desplaza de lo *hard* a lo *soft*.

5.2. Requisitos del diseño

De la definición vista en el punto anterior surge que un sistema administrativo debe atender en forma simultánea a la ejecución de actividades en función de objetivos y a asegurar el flujo de información para la toma de decisiones y el control de dichas actividades. Pero, para alcanzar plenamente ese propósito, el diseño de un sistema administrativo tiene que satisfacer una serie de requisitos como, por ejemplo, la efectividad, la eficiencia, la calidad o la creación de valor.

Esos criterios se han incorporado a las reglas de la "buena administración" según la evolución de la teoría. Así, la idea de productividad y sus asociadas, la efectividad y la eficiencia, fue impulsada por el pensamiento clásico; a partir de la década de los '50 se afianzó el concepto de calidad, primero en el management japonés y luego, en los años '80, en Occidente; por esta época aparecieron otros conceptos, como los de la excelencia y la creación de valor.

Antes de entrar en el análisis de cada uno de estos factores que pautan el diseño de los sistemas administrativos, hay que señalar que no están exentos de contradicciones; por ejemplo, entre la maximización de los logros empresarios y las necesidades individuales y sociales de los empleados, o las que pueden presentarse en la práctica al tener que atender simultáneamente distintos criterios.

Efectividad

Para algunos autores el término "efectividad" no se diferencia de "eficiencia"; otros, en cambio, consideran que el concepto de efectividad es suficientemente amplio como para incluir al de eficiencia. En nuestro desarrollo distinguiremos ambos términos, utilizando la definición que les da Peter Drucker (2000, 33), según la cual *efectividad* o *eficacia* es hacer las cosas que se deben hacer (enfoque del logro de objetivos), y *eficiencia* es hacer las cosas bien (enfoque del uso de recursos).

¿Qué significa para Drucker "hacer las cosas que se deben hacer"? Lo que una empresa tiene que hacer es fabricar un producto o prestar un servicio que la sociedad esté demandando. El objetivo de la organización, afirma el mismo autor, siempre está afuera, en los requerimientos y necesidades del cliente; de lo contrario, nadie pagará por el producto o servicio y la organización no podrá subsistir: la

179

efectividad es el fundamento del éxito; de la venta dependen los ingresos, y sin ellos, la empresa no podrá sobrevivir mucho tiempo.

Para lograr que se "hagan las cosas" los sistemas administrativos deben posibilitar la interrelación de los distintos sectores y de las diferentes operatorias de la empresa de manera que las tareas se realicen en tiempo y forma. La organización necesita abastecerse de los insumos que utilizará en su proceso de fabricación y deberá disponerlos en determinadas cantidades y en ciertos plazos; si hay que aumentar la existencia de materia prima en prevención de demoras en las compras, se incurrirá en gastos adicionales de almacenaje y se inmovilizará capital de trabajo.

En otro caso, para que la venta del producto o servicio se realice se requerirán previamente tareas de investigación de mercado y de publicidad o de promoción; de no concretarse esto en tiempo y forma, se podría comprometer el éxito de la venta y, si se efectuó correctamente la publicidad, pero lo que fallan son las operaciones de ventas, no se obtendrán los fondos para atender el pago de la publicidad, y así, sucesivamente.

También relacionamos a la efectividad con el logro de objetivos pero, para que los objetivos sirvan como referentes del desempeño deben operativizarse, es decir, traducirse en metas cuantificadas. La concreción de la meta depende de los recursos necesarios (tecnológicos, humanos y financieros) y asimismo, de la forma en que se realicen las actividades necesarias para alcanzar las metas; esto último debe ser considerado al diseñar los sistemas administrativos.

Eficiencia

Como vimos, para Drucker la eficiencia es "hacer bien las cosas", es decir que no es suficiente con hacer lo que corresponde en ciertos términos; además, hay que realizarlo correctamente, en el sentido de utilizar de la mejor manera posible los recursos aplicados a la producción o a la prestación de un servicio.

Para marcar de manera más clara la diferencia entre un sistema efectivo y uno eficiente, transcribo el siguiente ejemplo: "En un sector de Cuentas a Pagar la carga diaria de tarea es emitir 20 órdenes de pago y se asigna a dos empleados. El primero emite 10 órdenes en 4 horas, mientras que el segundo requiere toda la jornada (8 horas) para sus 10 órdenes. Los dos han cumplido con el objetivo asignado de emitir 10 órdenes (han sido efectivos), pero el primero ha sido el doble de productivo que el segundo y, por lo tanto, más eficiente" (Gilli, 1998, 32).

Una de las consecuencias de la eficiencia es la *productividad*, es decir, la cantidad producida por unidad de tiempo (a mayor eficiencia, mayor productividad). Pero el concepto de eficiencia es más amplio, ya que al considerar la ecuación costo-beneficio no sólo hay que tener en cuenta las horas-hombre o las horas-máquina, sino también otros costos directos, como las materias primas y los suministros, o indirectos, como los gastos de administración o financieros.

Una mayor eficiencia puede obtenerse disminuyendo las cantidades de *materia prima* que se consumen. Esto puede lograrse reduciendo el desperdicio o por medio de cambios en el sistema productivo; también es posible racionalizar los gastos que inciden indirectamente en el costo, como los referidos a tareas de apoyo (computación, personal, compras o contabilidad).

Otro factor que debe considerarse cuando hablamos de eficiencia de los sistemas administrativos es el costo de la información; es asombrosa la cantidad de documentos, reportes, registros, archivos, etc., que se generan y utilizan en una empresa. Un sistema administrativo será más eficiente cuando el diseño permita la ejecución de la tarea en menor tiempo por requerir menos pasos, contar con procedimientos más simples o usar medios electrónicos y, además, con menor costo de procesamiento electrónico, de personal, formularios y de espacio en archivos, entre otros.

La eficiencia puede obtenerse como una minimización del costo frente a una renta constante, o bien como un costo constante frente a mayores ingresos. En la práctica, la minimización de los costos y la maximización de los ingresos tienen que ser consideradas simultáneamente; en otras palabras, se trata de maximizar la diferencia entre ingresos y costos. Esto es sencillo, puesto que ambos factores son cuantificables en dinero.

Hasta fines de la década de los '60, la eficiencia como resultado de la maximización de la ecuación costo/beneficio constituía un criterio demostrable y sobre todo medible. Pero, a partir de la toma de conciencia de que los recursos naturales son finitos y de que existen además otros costos sociales, surgieron objeciones.

En el libro *Mintzberg y la dirección*, el autor sostiene que el problema reside en el uso que se hace del concepto de eficiencia y no en la definición del término. Dice que en la práctica, y muchas veces en la teoría, se asocia la eficiencia exclusivamente con los costos económicos, sin considerar los costos sociales, y así la eficiencia gana mala reputación (Mintzberg, 1991, 394).

Calidad

El concepto tradicional de calidad asociado a la inspección del producto al finalizar el proceso de fabricación fue modificado drásticamente por Edward Deming, quien propuso en 1959 la aplicación de métodos estadísticos al control y, además, que dichos métodos fueran enseñados a quienes iban a aplicarlos y analizar los resultados de la medición.

Su propuesta significa una revolución en el pensamiento sobre la base de un programa completo de calidad y productividad. Este se basó en catorce principios: ser constante en el propósito de mejorar los productos y los servicios; adoptar la nueva filosofía; no depender más de la inspección masiva; acabar con la práctica de adjudicar contratos de compra basándose exclusivamente en el precio; mejorar continuamente y por siempre el sistema de producción y de servicio; instituir la capacitación en el trabajo; instituir el liderazgo; desterrar el temor; derribar las barreras que haya entre áreas de *staff*; eliminar los slogans, las exhortaciones y las metas para la fuerza laboral; eliminar cuotas numéricas; promover el orgullo por un trabajo bien hecho; establecer un vigoroso programa de educación y de reentrenamiento; y tomar medidas para lograr la transformación (Walton, 1990, 38).

Edward Deming desarrolló su teoría en el Japón, junto con otros expertos como Joseph Juran, quien planteó la toma de decisiones sobre el trabajo mal hecho y el costo del reproceso. Otros importantes colaboradores fueron Kaoru Ishikawa, quien diseñó el diagrama para el control de la calidad, y Genichi Taguchi y Shigeo Shingo, que contribuyeron con sus aportes a la reconstrucción de posguerra. Dado el extraordinario éxito de la aplicación de las nuevas ideas en el Japón, se trasladan a Occidente en la década de los '80.

El concepto de calidad no es fácil de definir; genéricamente podríamos asociarlo a la apreciación de que una cosa es mejor que otra, pero en administración esta apreciación se realiza respecto de las especificaciones técnicas del producto o servicio, que, a su vez, se relacionan con aspectos como consistencia, duración y confiabilidad, entre otros.

El mejoramiento de la calidad o mejora continua supone un proceso destinado a elevar constantemente las especificaciones mediante la fijación de estándares cada vez más altos y extendidos a todas las áreas y a todas las actividades de la empresa, reconociendo que el vínculo que existe entre calidad y satisfacción del cliente excede el cumplimiento de las especificaciones del producto o de la prestación del servicio. Así surgió el concepto de calidad total, asociado a la excelencia empresaria como búsqueda de lo óptimo a través de una espiral ascendente para lograr la calidad absoluta.

Philip Crosby popularizó el enunciado de "cero defecto" como orientación para el control de calidad considerando que, cuando se establece un nivel aceptable de defectos, los empleados tienden a pensar que ese nivel es la norma; en coherencia con esta idea, surgió la metodología *six sigma*. La letra griega sigma se utiliza como símbolo del desvío estándar y cuantifica la dispersión de los defectos respecto de un valor medio; en consecuencia, cuanto menor sea sigma menor será el número de defectos; la meta seis (*six*) representa el máximo nivel de exigencia.

Esta metodología compromete a toda la organización en la aplicación de diversas herramientas y métodos para reducir a un mínimo los defectos; la meta es ayudar a la gente a que aspire a lograr productos y servicios libres de defectos. Si bien *six sigma* reconoce que hay lugar para defectos atinentes a los procesos mismos, aspira a un nivel de funcionamiento correcto del 99,9997%, es decir, con defectos prácticamente inexistentes.

Para alcanzar la calidad total, las empresas tienen que utilizar la educación, la experiencia y la creatividad de su personal; y favorecer condiciones para el autocontrol, la ampliación de la tarea (tanto horizontal como verticalmente) y el fomento del trabajo en equipo. Por su parte, el diseño de sistemas administrativos deberá considerar:

- procedimientos, formularios, archivos, etc., estandarizados y a prueba de errores;
- la medición estadística de los tiempos de proceso;
- el flujo continuo y la calidad de la información;
- el personal capacitado para realizar funciones múltiples;
- equipamiento apropiado para las operaciones y el tratamiento de la información.

Creación de valor

La aplicación de la técnica de mejoramiento de la calidad tiende a la obtención de un producto o servicio óptimo, pero los mecanismos y acciones internos de la empresa no son suficientes para apreciar si el propósito se ha logrado. Lo que en definitiva cuenta es la *percepción del cliente* sobre la calidad del producto o servicio.

Por eso, se ha acuñado el término *creación de valor* para indicar que lo importante es detectar primero las necesidades y deseos del cliente como base del diseño de productos y servicios; el mecanismo parece simple, pero ¿cuántas empresas son capaces de enfrentar un mercado en constante cambio? El consumidor toma sus decisiones de acuerdo con el valor de lo que recibe, incluyendo desde los atributos del producto hasta el servicio de posventa, en comparación con el precio que paga.

En consecuencia, crearemos valor aumentando el beneficio que percibe el cliente (mejor calidad, nuevos accesorios, compra por Internet, financiación, entrega más rápida, servicio de posventa, etc.) o disminuyendo el precio. Por lo tanto, podrían darse distintas situaciones: agregar un beneficio sin variar el precio o haciéndolo en una proporción menor al beneficio agregado; mantener el beneficio pero reducir el precio o, lo que sería la situación más deseable, aumentar el beneficio y, en forma simultánea, reducir el precio.

Establecido lo que es valioso para el cliente e incorporado al diseño y a las especificaciones del producto o servicio, luego vendrán la promoción de esas cualidades, el control que asegure la calidad y, por último, la certeza de que se está haciendo lo correcto.

Para Porter (1990), una de las fuentes de la ventaja competitiva es la forma en que las empresas organizan y llevan a cabo actividades discretas. Las empresas generan valor para sus clientes a través de una serie de actividades

185

como vender, diseñar nuevos productos o brindar servicios de posventa. Según este autor, la cadena de valor incluye las actividades que exigen coordinación; así, por ejemplo, las entregas a tiempo requieren que tanto Fabricación como Distribución y otras funciones de apoyo trabajen en forma sincronizada. La adecuada coordinación reduce costos, permite un mejor control y sustituye actividades innecesarias o ineficientes.

Esta visión se dirige a los procesos. Según Michael Hammer (1998) las organizaciones tienen que orientarse a los procesos porque crean mayor valor para el cliente, crecimiento y más trabajo. A los procesos hay que rediseñarlos cuidadosamente, medirlos con precisión, y hay que lograr que todos los que participan de ellos comprendan que deben hacer su trabajo pensando en el proceso total. El cliente es quien define el proceso, y la idea central de un proceso es unir las tareas o actividades individuales en torno al logro de mayor valor.

Por último, hay que recordar que la cadena de valor de una organización forma parte de un sistema mayor que incluye a los proveedores, que aportan los insumos, y a los distribuidores, que acercan el producto al consumidor final, como puede apreciarse en el siguiente gráfico.

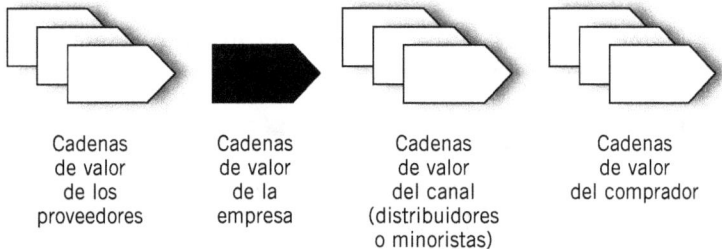

| Cadenas de valor de los proveedores | Cadenas de valor de la empresa | Cadenas de valor del canal (distribuidores o minoristas) | Cadenas de valor del comprador |

Fuente: Porter 1990, 75.

En un mercado global cada vez más competitivo, el empresario debe considerar los costos de la cadena económica completa y trabajar con los otros miembros para administrar los costos y maximizar la calidad y el servicio final: la creación de valor para el cliente depende de la cadena total.

Transparencia

Luego de los escándalos relacionados con casos de corrupción entre empresas y el Estado, con productos contaminados o con prácticas discriminatorias respecto del personal, el tema de la ética deja de ser una preocupación exclusiva de los filósofos y pasa a tener actualidad para la administración y para la opinión pública en general. Se crean cátedras de "Ética de los negocios" y el tema aparece en artículos y libros.

En tal sentido, es frecuente la incursión del periodismo y de empresarios en el tema, aun cuando lamentablemente el análisis suele ser superficial y, a veces, engañoso. Se confunde, por ejemplo, la responsabilidad social de la empresa con el patrocinio de actividades culturales o de carácter benéfico.

La ética empresaria no se ocupa sólo de la resolución de ciertos problemas puntuales, sino también de la manera de conducirse de conformidad con ciertos valores. La meta de la actividad empresaria es satisfacer necesidades sociales produciendo bienes y servicios de calidad; los administradores deben promover internamente pautas de comportamiento que aseguren no sólo el beneficio de los accionistas, sino también las buenas relaciones con los clientes, los proveedores, los empleados y la sociedad donde se inserta la empresa.

Pero, ¿cómo llevar a la práctica este propósito? Muchas empresas (Gilli, 1996) tratan de impulsar programas de ética a partir del establecimiento de códigos de entrenamiento, destacando aspiraciones que aunque no son legalmente exigibles, son moralmente deseables; por ejemplo, el juego limpio con los proveedores, relaciones honestas con los clientes, no discriminación entre los empleados, compromiso con la comunidad, etc.

La formalización de pautas de comportamiento puede servir de guía para los empleados y aclarar la posición de la empresa frente a determinadas cuestiones, pero los valores establecidos deben estar integrados a los procedimientos normales de decisión y se tienen que referir a los procesos críticos, como compras, ventas, administración de personal, etc. Asimismo, los sistemas de información deben actuar como soporte y refuerzo de los valores establecidos y servir para su control efectivo por parte de todos los participantes, es decir, dar *transparencia* a la operatoria de la empresa.

El concepto de *transparencia* está basado en el libre acceso a la información sobre cuestiones sensibles como, por ejemplo: el proceso de compra, los registros de proveedores, los controles de calidad, los controles ambientales, los mecanismos de promoción del personal, las escalas de remuneraciones, la información financiera, etc. La transparencia va más allá del control interno tradicional, que, como veremos en el siguiente título, tiene como principal objetivo la protección de los activos de la organización y la confiabilidad de la información contable.

Si consideramos el ámbito del sector público, donde el problema de la corrupción es común (aunque en distintas medidas) a la mayoría de los países, la transparencia se convierte en una cuestión sustantiva. En la Argentina, un trabajo dirigido por el Dr. Moreno Ocampo en el año 2001 señala que la información sobre las adquisiciones del Estado es parcial, dado que la mayoría de las compras directas, que representan el 60% del total, no se publican y, además, la información que se publica suele producirse con retraso, cuando no queda tiempo para preparar la oferta.

Un ejemplo de cómo transparentar las compras oficiales es el caso de la AFIP[1], donde, gracias a un sistema especialmente diseñado, se permite el acceso por Internet a todas las compras y contrataciones del organismo. Una característica del sistema es que se dispone de la información en "tiempo real", es decir, algunos segundos después de que un empleado completa un contrato o una orden de compra en su computadora; el proceso de transmisión es automático y no existe selección alguna de la información.

La mayor transparencia y el más fácil acceso a la información para todos los ciudadanos y empresas permitirá una mayor competencia, mejores precios para el sector público y barreras para el capricho o la discrecionalidad del funcionario. Dicho concepto, por supuesto, también es aplicable al control de las empresas privadas y de las organizaciones del tercer sector.

5.3. Pautas de control interno

La tarea básica de la administración consiste en proporcionar a cada individuo un ambiente de decisión que asegure que su comportamiento responde a los propósitos y valores de la organización; para ello deberá contar con políticas, programas, procedimientos y normas que le provean las premisas valorativas y fácticas en las que basar sus decisiones.

En el nivel técnico u operativo de la organización, las decisiones son repetitivas y, por lo tanto, programables mediante el establecimiento de sistemas administrativos, rutinas operativas o, simplemente, hábitos; en los niveles de

---

[1]   Según la noticia publicada por el diario *La Nación* del 14 de febrero de 2000 bajo el título "La AFIP adherirá a la política de transparencia".

conducción, si consideramos sólo las decisiones no programadas, recurriríamos al criterio y la intuición del ejecutivo. Pero no olvidemos que también los ejecutivos participan de procesos de decisión programada, mediante autorizaciones, firmas y tratamiento de excepciones.

Si pasamos de esta consideración general al concepto de *control interno*, veremos que, en el uso profesional corriente, se encuentra asociado con la especialidad contable y de auditoría, pero necesariamente está integrado en el marco más amplio de la administración, ya que la contabilidad es una de las primeras metodologías aplicadas para la buena administración de los negocios. Desde el punto de vista más amplio de la administración, utilizaremos la siguiente definición de control interno:

Sistema coordinado de reglas y procedimientos que sirven como marco de referencia a las decisiones atendiendo a los objetivos y valores de la organización y procurando obtener específicamente tres cosas: la eficiencia de las operaciones, la confiabilidad de la información y la protección del patrimonio.

La *eficiencia operativa*, como vimos al referirnos a los requisitos del diseño, tal vez sea el objetivo más amplio de los tres; si pensamos en la eficiencia en el sentido de elegir la alternativa que produzca el mejor resultado con una cantidad de recursos dados, no podríamos disociarla de la información requerida para tomar la decisión y efectuar la medición de los recursos a utilizar. Por otra parte, si no se protegen los bienes comprometidos en la operación, se hace mal uso de los recursos y se pone en peligro la concreción de dicha operación.

Para la auditoría, la *confiabilidad de la información* es la exactitud y la veracidad de los datos consignados en la contabilidad. Eso es cierto, pero también creemos necesario que la información cumpla adicionalmente con los requisitos de *claridad, relevancia, pertinencia* y *oportunidad*, sin olvidar la relación que debe existir entre la utilidad que proporcione y el costo de obtenerla.

Por último, si nos referimos al objetivo de *protección del patrimonio*, en un sentido tradicional mencionaríamos los fondos, las cuentas a cobrar, las mercaderías o los bienes de uso incluidos en las operaciones de la empresa. En un sentido amplio tendríamos que disponer de procedimientos e información para resguardar otros activos, como por ejemplo: la clientela, el prestigio institucional, el conocimiento y la creatividad del personal, el *know-how* tecnológico y otros intangibles que no necesariamente se reflejan en la contabilidad financiera.

Los elementos básicos

Los sistemas de control interno están relacionados con lo que Simon definía en *El comportamiento administrativo* como técnicas tradicionales para la toma de decisiones. Al establecer niveles de autoridad y definir el contenido de los cargos, se fija la autoridad, funciones, responsabilidad y alcance del control. Adicionalmente, en la definición de la estructura se establecerá quiénes son los responsables del diseño de la estructura y de la normalización de procedimientos (organización y sistemas) y también quiénes deberán controlar que dichas especificaciones se cumplan (auditoría interna).

En materia de *procedimientos estándar* resulta clara la relevancia que tiene el diseño de los sistemas administrativos al especificar las prácticas y normas de aplicación, incluyendo los soportes de información, archivos y registros a utilizar. En palabras del reconocido maestro William Leslie Chapman (1965, 59), la eficacia del control interno vigente en una empresa "dependerá en gran medida de dos factores, a saber: la propiedad del procedimiento establecido y su adecuada aplicación".

El tercer elemento a considerar es la *capacidad del personal* (preferimos hablar de capacidad en lugar de hábito). La gente constituye un elemento indispensable para dar sentido a las estructuras y los procedimientos, y se hace necesario que sea calificada y capaz de desempeñarse según el diseño previsto. Por calificación entendemos tanto la educación formal previa, como el entrenamiento durante el ejercicio del cargo; también importan la experiencia en la tarea a desempeñar y ciertas condiciones personales, como la iniciativa y la disposición para trabajar en equipo. Para asegurar la calidad requerida son necesarios procesos de selección, desarrollo y evaluación apropiados.

Sobre este elemento en particular, agrega Chapman: "Un control interno puede ser teóricamente eficaz, según se lo haya diseñado en las instrucciones dadas por la empresa, pero por defectos en su aplicación, ya sea por incapacidad o por negligencia del personal mismo, los resultados pueden ser contrarios a lo que se buscaba al diseñar los procedimientos. Es susceptible de producirse el caso inverso, vale decir, que a pesar de que los procedimientos de control establecidos por la empresa (...) no sean los más adecuados, en la práctica se apliquen otros procedimientos más eficaces al margen de las instrucciones mismas".

Normas generales y particulares

Dentro de las normas de control interno, podemos diferenciar ciertas pautas de carácter general, comunes a todos los procesos de la organización, y las propias de cada sistema en particular. Aquí comentaremos brevemente los requerimientos generales a tener en cuenta en el diseño de los sistemas administrativos.

- *Separación de funciones:* según esta norma, una operación se realiza con la intervención de varios sectores, establece un control por oposición de intereses y constituye uno de los pilares del sistema de control interno. Las funciones que se aconseja desagregar son las de decisión o autorización de la operación, las de custodia física de los bienes comprendidos en la operación y las de registro contable. Este precepto supone esfuerzos adicionales de coordinación, y entra en crisis cuando se analiza la operatoria desde la visión de la reingeniería.

– *Asignación de responsabilidades:* las funciones de las distintas áreas y puestos de la organización, así como sus atribuciones, deben estar claramente establecidas. De esa forma se evitan zonas de indefinición que dan lugar a conflictos entre jurisdicciones y, lo que es peor, "zonas de nadie", es decir, funciones que no tienen responsable. A este fin contribuyen los manuales donde figuren las atribuciones del cargo y las normas y procedimientos que rigen cada operatoria en particular.

– *Niveles de autorización:* además de una adecuada separación de funciones, es fundamental que estas se asignen a personas que cuenten con la capacidad para llevarlas a cabo. En tal sentido, debe estar claramente establecido quién puede autorizar una operación según su tipo y monto; esto suele especificarse en el procedimiento que rige la operación y, en menor medida, puede aparecer como un ítem en la descripción de cargos.

– *Seguridad en el manejo de activos:* para lograr este propósito se aplican distintos medios: la centralización del manejo en una sola persona o sector; el acortamiento de los pasos y traslados en los cuales los bienes puedan estar expuestos a deterioro, sustracción, etc., y la documentación de los traslados de donde surja de manera clara quién es el depositario. Asimismo, las normas deben establecer recaudos de seguridad para el depósito y custodia de bienes y la contratación de seguros.

– *Diseño de formularios, archivos y registros:* los soportes de información tienen que ser diseñados de modo tal que presenten toda la información necesaria de manera clara y precisa y también la constancia del responsable interviniente. Las mismas pautas deben aplicarse al diseño de los registros; además, se les exigirá a estos y a los archivos la pertinencia y la facilidad de acceso.

– *Control de formularios y comprobantes:* la prenumeración de los formularios y comprobantes permite su identificación precisa, dificulta la sustitución de un ejemplar por otro, facilita el control de los emitidos y de los anulados. Dicha prenumeración en algunos casos será impresa (facturas, remitos, recibos) y en otros podrá ser asignada automáticamente por la computadora (comprobantes de uso interno); en este último caso deberá confirmarse la seguridad del sistema a fin de evitar repeticiones o adulteraciones y el control de entrega a los usuarios.

– *Integridad de la información:* uno de los objetivos del establecimiento de un sistema de control interno es asegurar la confiabilidad de la información. En tal sentido, el primer paso, posible a partir de la utilización de la informática, es la captura del dato de una sola vez; a través de las bases de datos compartidas, cada sector puede obtener la información que necesita para realizar las operaciones y el control de gestión. La captura de datos una sola vez supone que se lleva a cabo en el momento en que son necesarios; adicionalmente se exigirá que el registro sea oportuno y de acuerdo con disposiciones legales y principios contables.

Este breve análisis de algunas reglas generales de control interno a considerar en el diseño de los sistemas administrativos se completará con las normas particulares aplicables a los sistemas operativos, que serán tratados en el Capítulo 6, y a los sistemas de planeamiento y control, que veremos en el Capítulo 7.

Para concluir este punto, debe tenerse en cuenta que la noción de creación de valor, ya analizada, y la visión de los procesos de negocios aportada por la reingeniería tienden a derribar las separaciones funcionales, a definir puestos de trabajo menos precisos y con mayor autonomía, y a eliminar papeles, intervenciones y controles; todo ello conmueve los principios básicos del control interno.

Por eso, las pautas de control interno deberán ajustarse a las modalidades operativas que imponen a las empresas su contexto de negocios y los avances tecnológicos. Los puntos de control interno a incorporar en el diseño tendrán que flexibilizarse de acuerdo con las nuevas realidades y redefinirse creativamente para cumplir con sus objetivos de resguardo y seguridad.

5.4. El impacto del cambio tecnológico

Hemos visto que los elementos de un sistema administrativo son las tareas, la información, las personas y la tecnología, pero esta diferenciación sólo tiene sentido a los fines del análisis; en la práctica del diseño, todos los elementos se encuentran íntimamente relacionados. Veamos un ejemplo: la modificación de la tarea requiere nuevas destrezas personales, diferente soporte tecnológico y también distintos circuitos de información para la decisión y el control. Si consideramos el cambio tecnológico, veremos que influye significativamente sobre la forma de realizar la tarea, sobre la generación y uso de la información y, por supuesto, sobre las personas, su función dentro del sistema y sus conocimientos.

Podríamos decir que, antropológicamente, el ser humano es tecnológico porque no puede vivir en la naturaleza sin modificarla. Durante la Era Antigua y el Medioevo, la tecnología era algo marginal ligado a lo artesanal y al trabajo físico; en la Era Moderna, este panorama cambió profundamente al relacionarse la tecnología con la ciencia e incorporarse a la dinámica económica. Desde fines del siglo XVIII el desarrollo tecnológico cobró impulso y, en el siglo XX, se convirtió en portentoso, aun cuando hacia fines de ese siglo surgieron interrogantes y cuestionamientos acerca de los límites de la tecnología.

En la actualidad, el impulso transformador de la tecnología ha atravesado las distintas áreas de la actividad humana: caen los planteos tradicionales y surgen nuevas reglas. En el ámbito de la economía, se refleja un nuevo orden caracterizado por ser global, por promover lo intangible (ideas, información, relaciones) y poseer elementos estrechamente interrelacionados.

Si bien han existido redes económicas, la diferencia estriba en que ahora se han potenciado y multiplicado por la tecnología y que, además, ingresan en nuestra vida privada. La nueva economía de intangibles, sin límites de conectividad, lentamente desplaza el mundo *hard* de los objetos, las máquinas, las materias primas o los combustibles, para instalar lo *soft*; es impensable el futuro de cualquier industria o actividad sin asociarlo a un *software*, porque la verdadera revolución no está en las computadoras, sino en los programas que utilizan y en la posibilidad de su interconexión en redes.

Informática y sistemas administrativos

Gran parte de las transformaciones que comentamos y que están modificando nociones básicas como el tiempo y la distancia no serían posibles sin el aporte transformador de la informática; sin su grado de desarrollo actual no existirían redes de datos, máquinas interactivas, comercio electrónico, oficinas y aulas virtuales, ni mercados financieros globalizados.

La aplicación de la tecnología de procesamiento de información a los negocios comenzó con máquinas tabuladoras de capacidad limitada; el aumento de la capacidad y de la velocidad de operación hicieron que la tecnología se volviese más compleja y, durante los años '60 y '70, su utilización quedó exclusivamente en manos de los especialistas.

A partir de 1980 el uso de la tecnología informática se extendió a todas las áreas de la organización y los usuarios asumieron su manejo. Esta evolución se debe a que los grandes equipos centrales perdieron exclusividad frente a la aparición de las computadoras personales; hoy, en las empresas ambos tipos de equipamiento se articulan armoniosamente, funcionando en estrecha relación con las tecnologías de comunicaciones.

Las primeras computadoras y procesadores de datos fueron creados según los paradigmas organizativos vigentes: jerarquía, especialización funcional, centralización, etc. La tecnología informática actual, a través de las redes y de la comunicación, está reinventando la organización en términos de relaciones horizontales, cargos ampliados, descentralización y, principalmente, conectividad entre áreas funcionales y entre la organización y sus clientes y proveedores.

La tecnología disponible nos permite construir sistemas cada vez mayores y produce cambios en la organización como, por ejemplo, en la descentralización del conocimiento y, por lo tanto, del poder, o en la dimensión temporal de los procesos y de las decisiones, lo que requiere, a su vez, nuevas estructuras organizativas.

En este sentido, Hammer y Champy (1994) reflexionan sobre el poder *destructivo* de la tecnología, es decir, su capacidad para romper con reglas que limitan la manera de llevar a cabo el trabajo, y esto hace que sea tan importante

197

para las empresas que buscan ventajas competitivas. Entre las tecnologías informáticas que permiten romper reglas respecto de la realización del trabajo, mencionan: *bases de datos compartidas, sistemas expertos, redes de telecomunicaciones, instrumentos de apoyo a las decisiones, computadoras portátiles, identificación automática, tecnología de rastreo* y *computadoras de alto rendimiento.*

Estos ejemplos, entre otros muchos, de los avances de la tecnología informática, junto con el abaratamiento de equipos y programas, nos permiten apreciar la transformación que se produce en los procesos del negocio y, por lo tanto, en los sistemas administrativos que los soportan. En el Capítulo 6 analizaremos el impacto de la informatización en cada uno de los sistemas operativos, y en el Capítulo 7 lo haremos respecto de los sistemas de planeamiento y control; veremos que la informatización de los sistemas administrativos, en general, está asociada a:

- operaciones más rápidas y ejecutadas en forma simultánea;
- eliminación de formularios y soportes físicos;
- mayor capacidad de archivo de información y mayor facilidad de acceso;
- transmisión de datos entre distintos procesos y entre organizaciones;
- información apropiada y oportuna para la toma de decisiones;
- control automático de las actividades respecto de los estándares;
- apoyo a los empleados en la ejecución de la tarea;
- redistribución de la carga de trabajo.

Las decisiones sobre la introducción de tecnología informática en una organización deben satisfacer la ecuación costo-beneficio, y para eso no puede pensarse que informática es lo mismo que automatización. Muchas veces se ha pensado que los problemas de un organismo de gobierno pueden resolverse gastando más dinero en computadoras, sin advertir que, sin una tarea previa de rediseño, se puede caer en la trampa de automatizar procesos obsoletos y disfuncionales; la informática utilizada de ese modo sólo refuerza las viejas maneras de pensar y los viejos patrones de comportamiento.

En este análisis acerca de la incorporación de la tecnología informática, creemos que es necesario considerar también algunos problemas asociados. A título de ejemplo se mencionan:

- los costos del *hardware* y el *software*, así como la complejidad de su implementación, frente a la velocidad de aparición de nuevas versiones;
- el requerimiento de nuevas funciones superespecializadas, como el gerenciamiento de redes, o los expertos en seguridad informática;
- la sobrecarga de información disponible en las bases de datos y la dificultad de acceso que imponen nuevas herramientas de ayuda al usuario;
- el tiempo requerido para enterarse de una nueva tecnología, comprenderla y deducir sus usos potenciales.

Hammer y Champy (1994, 107) dicen que una empresa que pueda visualizar el cambio tecnológico y sus aplicaciones antes de que la tecnología esté realmente disponible obtendrá una ventaja significativa sobre la competencia; y opinan que es posible adelantarse a la aparición de la tecnología por lo menos en tres años, porque hoy se está desarrollando lo que aparecerá en el mercado en ese lapso. "Las compañías listas pueden estar pensando cómo van a utilizar una tecnología mientras los interventores están todavía perfeccionando sus prototipos."

La era de la información

Destacábamos en la introducción a la sección anterior el aporte transformador de la informática y de la tecnología de comunicaciones al contexto organizativo, hecho que ha permitido la aplicación del nombre *era de la información* a los tiempos actuales. Esta era está caracterizada por la escala global, la segmentación de los clientes, los vínculos con consumidores y proveedores, y la innovación permanente. Reseñaremos a continuación algunas de las aplicaciones de la tecnología informática y de comunicaciones a las operaciones de las organizaciones y a los sistemas administrativos que las soportan.

- *Redes de datos digitales:* la mayoría de las redes telefónicas en uso fueron diseñadas para la transmisión de la voz, pero esta está perdiendo importancia frente al tráfico de datos digitales. A fines de la década de los '90, el volumen de la transmisión de datos igualó al de transmisión de voz y, si el ritmo de crecimiento de Internet se mantiene, en un plazo de cinco años el tráfico de voz quedará reducido a menos del 5% del total. Dicha tendencia ha potenciado el desarrollo de redes para permitir el más eficiente de la combinación de voz y datos.

  Esa forma de conexión está generando, además del desarrollo de la tecnología de las redes centrales, la que conecta al usuario con la red central, por ejemplo, módems o servidores de acceso remoto, y la referida a la propia infraestructura de las redes locales del usuario.

- *Máquinas interactivas:* las primeras máquinas interactivas fueron los cajeros automáticos, introducidos a principios de los años '80, y lograron una amplia aceptación como una forma rápida de hacer una cobranza bancaria; su éxito se debe a la facilidad de uso, al

acceso directo a la información y a la absoluta privacidad. En pocos años, el sistema se ha extendido a otras aplicaciones, como la venta de pasajes, tickets de estacionamiento, etc.
El mecanismo interactivo permite prestar servicios en muchas otras actividades, por ejemplo, en los comercios, ofreciendo información básica sobre los productos o servicios, precios, disponibilidad, etc., o en un puesto de información turística, proporcionando datos sobre medios de transporte, hoteles, lugares de interés y planos.

– *Fabricación virtual:* el desarrollo de *software* de diseño por computación posibilita al creador de nuevos productos verlos y reformularlos en la pantalla, reconstruir alguna parte o el proyecto completo, e incluso hacerlo desde su propia casa. También con la ayuda de las computadoras se puede ensayar y ajustar un nuevo proceso y programar los robots de la línea de producción; los sistemas de fabricación controlados por computación se vuelven cada vez más autorregulados y se espera que serán capaces de detectar y reemplazar sus propias piezas defectuosas.

– *Oficinas sin papeles*: según Bill Gates, la tendencia del siglo XXI será la eliminación gradual del papel; afirma que para lograrlo se está trabajando en la adecuación de las PC al reconocimiento de voz y de la escritura manual cursiva y se está desarrollando *software* que facilite la búsqueda de información en los archivos. El primer resultado, opina Gates, sería la eliminación de los formularios. Frente al concepto de oficina sin papeles, los fabricantes de fotocopiadoras y de impresoras intentan una contraofensiva basada en productos de bajo costo, accesibles al mercado de la pequeña oficina o de la oficina hogareña.

- *Sistemas de información integrales:* también identificados con la sigla ERP (*enterprise resource planning,* empresa, recursos, planificación), permiten el procesamiento de todas las operaciones de la empresa posibilitando la conexión entre las distintas áreas funcionales y la unificación de la información en una única base de datos compartida, como veremos con más detalle en el Capítulo 7 al tratar los sistemas de planificación y control. Este tipo de *software* no sólo propicia una redefinición de la manera de realizar y supervisar las operaciones, sino que también afecta a la estructura, los sistemas administrativos y la cultura de la organización.

- *Comercio electrónico:* consiste en la compraventa de productos, servicios o información en Internet. Esta reciente modalidad seguirá creciendo aun cuando todavía no sepamos cuánto y a qué ritmo; tampoco sabemos si los consumidores comprarán equipos de computación o automóviles de la misma manera que adquieren libros o discos compactos. Desde el punto de vista del gerente, el interrogante más inquietante es si la empresa debe competir en ese mercado.

Si una empresa quiere competir en el mercado electrónico, tiene que cambiar sus patrones de pensamiento para entender lo que supone ese desafío; en primer lugar, significa más que crear un sitio en la red: se deben integrar todas las actividades de forma que cuando el cliente acceda al sitio no encuentre inconvenientes para concretar la operación y, a partir de allí, se tendrá que asegurar que la mercadería correcta llegue a manos del cliente de manera rápida y segura.

Por último, el concepto de *e-business* va más allá de la compra y venta de productos por Internet; implica la trasformación de toda la cadena de valor, ya que la existencia de medios informáticos avanzados y redes modifica el proceso corporativo en su totalidad, desde el diseño del producto, la fabricación, la venta y la distribución, hasta la generación de la información para la decisión y el control.

5.5. Diagramas y manuales

Las organizaciones aprenden de su experiencia y tienden a transmitir esa experiencia a sus miembros. Cuando la empresa se inicia, en especial si es pequeña, la experiencia se transmite informalmente y, por lo tanto, deja márgenes de discrecionalidad que en esa etapa dan flexibilidad a los puestos y a los procedimientos. Cuando la empresa crece en tamaño y complejidad, desaparece el ajuste mutuo y la informalidad puede convertirse en ambigüedad y falta de control.

En este momento se requiere un proceso de formalización que, según Mintzberg (1989, 32), cumple con las siguientes finalidades:

- reducir la variabilidad del comportamiento y controlarlo;
- coordinar de manera precisa distintas tareas;
- obtener consistencia mecánica para una producción eficiente;
- asegurar a clientes y empleados la imparcialidad de los procedimientos.

La formalización puede adoptar tres modos básicos: por la corriente de trabajo, por la posición y por las reglas. El primero se relaciona con los sistemas administrativos (tratados en el presente capítulo y en los dos siguientes) y el segundo, con la formalización de la estructura, que fue analizada en el Capítulo 2.

El proceso de formalización requiere la intervención de un especialista que establezca los procedimientos y normas que regirán el funcionamiento de un sistema administrativo. Estas normas se registran por escrito y tienen el propósito de asegurar que las operaciones se realicen atendiendo a los criterios de efectividad, eficiencia, calidad, etc., y cumpliendo los requisitos de control interno que hemos analizado en los puntos anteriores.

Si bien el grado de formalización varía de una organización a otra, en general las herramientas más utilizadas para formalizar un sistema administrativo son los diagramas y manuales, cuyo alcance y contenido trataremos a continuación.

Los *diagramas* constituyen la forma más elemental de representación de un procedimiento, ya que a partir de símbolos, líneas y anotaciones mínimas, nos permiten construir un cuadro sintético y de fácil lectura donde se aprecia el funcionamiento de un determinado sistema. A continuación describiremos los diagramas más usuales, ordenados de los más simples a los más complejos, y utilizaremos para su ejemplificación la representación de un sencillo proceso de venta al contado.

- El *diagrama de flujo de datos* constituye la herramienta básica de la metodología de diseño estructurado y usa sólo cuatro símbolos: un círculo, que representa los *procesos*, es decir, las actividades manuales o automatizadas; una flecha, que representa el *flujo de datos* entre procesos; un rectángulo horizontal, que representa la *fuente o destino de datos*, es decir, entidades externas al sistema, y un rectángulo horizontal abierto en su lado derecho, que representa el *almacenamiento de datos*. Este diagrama permite hacer una representación completa con pocos elementos. A continuación se expone como ejemplo el diagrama del proceso propuesto.

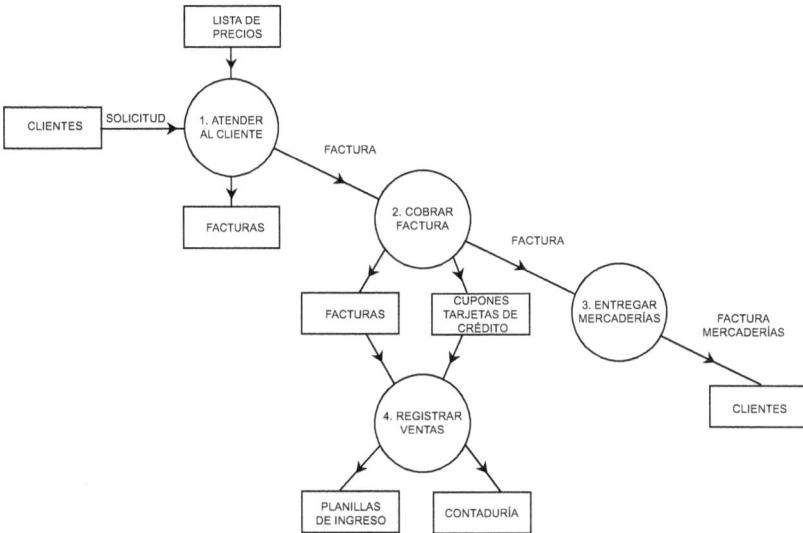

– El *diagrama de bloque,* mediante el cual podemos tener una visión sintética de un sistema administrativo
y de su funcionamiento. En este gráfico global, se presentan en cuatro rectángulos las entradas de información, los procesos que se realizan, los archivos que se
utilizan y las salidas finales de información que corresponden a un determinado sistema. Veamos a continuación el ejemplo. Si se necesita mayor detalle, se

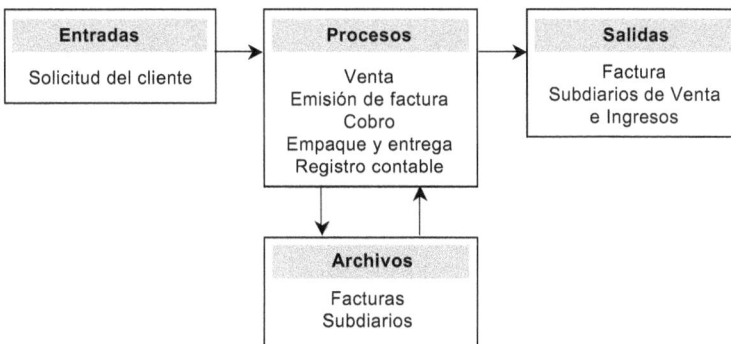

205

puede desagregar el sistema en los distintos subsistemas o módulos que lo componen y representarlos en un diagrama *ad hoc* del mismo tipo.

– El *diagrama de interdependencia sectorial,* muy utilizado en la metodología de la reingeniería bajo la denominación de *mapa de proceso,* es útil para tener también una visión global del sistema o subsistema, sin entrar en detalles. Se compone de un cuadro con columnas en las que se indican los sectores intervinientes; dentro de cada columna se describen las operaciones que se realizan en ese sector. Los símbolos de operaciones se conectan entre sí por líneas que representan el traslado de la información e indican la secuencia en que se efectúan. Siempre sobre el proceso de venta al contado, se muestra la aplicación del diagrama:

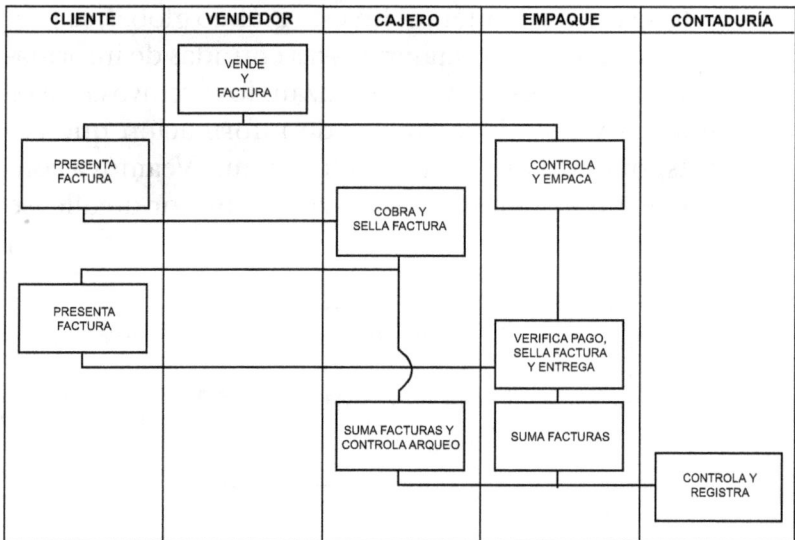

CLIENTE	VENDEDOR	CAJERO	EMPAQUE	CONTADURÍA
	VENDE Y FACTURA			
PRESENTA FACTURA			CONTROLA Y EMPACA	
		COBRA Y SELLA FACTURA		
PRESENTA FACTURA			VERIFICA PAGO, SELLA FACTURA Y ENTREGA	
		SUMA FACTURAS Y CONTROLA ARQUEO	SUMA FACTURAS	
				CONTROLA Y REGISTRA

– El *cursograma,* también denominado *circuito o flujograma,* es un diagrama más analítico que los anteriores.

206

Mediante un conjunto de símbolos, permite representar en detalle la secuencia de actividades, los soportes de información y los archivos utilizados; la norma IRAM 34.501 estandariza los símbolos a emplear. Estos diagramas son utilizados por analistas y auditores para efectuar relevamientos, pero lo complejo de su construcción e interpretación para los no especialistas ha limitado su uso. Veamos el cursograma del proceso que venimos ejemplificando.

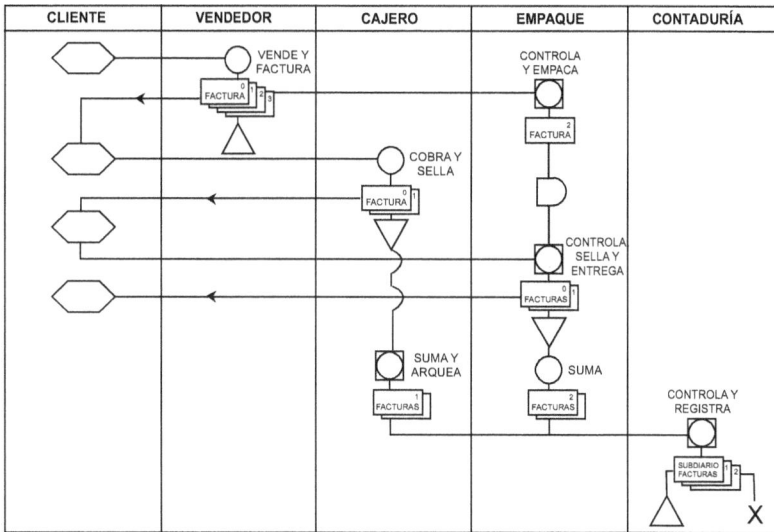

CLIENTE	VENDEDOR	CAJERO	EMPAQUE	CONTADURÍA

Los *manuales,* por su parte, son cuerpos integrados de normas donde se establecen las instrucciones necesarias para la realización de las tareas; en el caso de la formalización de los sistemas administrativos se utiliza el *manual de procedimientos* o de *normas y procedimientos,* como también se lo denomina. Para cada sistema se incluyen un resumen de la normativa vigente y una descripción de los pasos que se seguirán con indicación de los formularios, archivos y registros utilizados; esta descripción generalmente se acompaña con el respectivo cursograma o diagrama de interdependencia sectorial.

El manual en cualquiera de sus formatos, si es consultado y actualizado periódicamente, proporciona el hilo conductor de la gestión de la empresa. Cada vez que un empleado tiene dudas respecto de un procedimiento a seguir o de una decisión de rutina a adoptar, debería tener disponible la información en el manual; esto resulta de especial utilidad como complemento del proceso de inducción cuando se incorpora un nuevo empleado.

Su principal utilidad deriva justamente de su función unificadora, que evita la dispersión y la dificultad de ubicar instrucciones y disposiciones, la incomprensión de las necesidades globales y la improvisación en el momento de realizar las operaciones o de tomar decisiones de rutina. Por lo dicho, constituyen un importante instrumento para el entrenamiento del personal, pueden contribuir a solucionar problemas de asignación de responsabilidades y proporcionan una base para la evaluación del desempeño.

La descripción del procedimiento de venta al contado que venimos desarrollando tendría la siguiente redacción.

Vendedor:
1. atiende al cliente y concreta la venta; confecciona factura por cuadruplicado;
2. distribuye facturas: original y duplicado al cliente, para que efectúe el pago; el triplicado, a Empaque junto con la mercadería; y el cuadruplicado queda adherido al talonario.

Cajero:
3. cobra al cliente, coloca el sello de pagado en el original y el duplicado de la factura;
4. distribuye facturas: entrega el original al cliente junto con el vuelto y retiene el duplicado hasta el fin del día.

Empaque:

5. controla la mercadería con el triplicado de la factura y empaca;
6. contra presentación de la factura original pagada, sella el original y el triplicado con el sello de "Entregado";
7. entrega la mercadería al cliente junto con la factura original y retiene el triplicado hasta el fin del día.

Caja y Empaque:

8. al fin del día suman facturas cobradas (duplicados) y entregadas (triplicados) y las remiten a Contaduría.

Contaduría:

9. controla los totales de facturas cobradas y entregadas;
10. hace el registro contable y archiva la documentación.

Hemos visto que la formalización a través de manuales tiene muchas ventajas, pero también posee limitaciones: confeccionarlos y mantenerlos actualizados requiere tiempo y tiene un costo; además, si están incorrectamente redactados o carecen de las especificaciones necesarias, pueden dificultar la ejecución de las tareas, y, por otra parte, si son sumamente prescriptivos pueden limitar la iniciativa individual.

5.6. Referencias seleccionadas

Alberti, Pablo y otros: *Administración*. Docencia, Buenos Aires, 1999, Cap. 4.

Gilli, Juan José y colaboradores: *Sistemas administrativos*. Docencia, Buenos Aires, 1998, Caps. 1-4.

5.7. Temas de discusión

1. Identifique y describa los elementos constitutivos del sistema operativo de una empresa o institución que conozca.
2. ¿La eficacia de un sistema administrativo puede ser independiente de la eficiencia?
3. ¿El criterio de transparencia agrega algo al concepto de calidad?
4. ¿Son compatibles las pautas de control interno con el contexto actual de las empresas y el impacto del cambio tecnológico sobre los procesos de negocios?
5. En la práctica de empresas que usted conoce, ¿qué grado de formalización de los sistemas administrativos existe? ¿Qué tipos de manuales y diagramas utilizan?

CAPÍTULO 6

SISTEMAS OPERATIVOS

OBJETIVOS DE APRENDIZAJE

- Visualizar a la organización como un conjunto de sistemas interrelacionados entre sí y con el medio externo.

- Entender cómo esos sistemas permiten, mediante el flujo de recursos materiales e información, convertir insumos en bienes y servicios requeridos por el mercado.

- Analizar los distintos sistemas operativos (abastecimiento, conversión, administración de personal, ventas y finanzas) atendiendo a los requerimientos de proceso, control e información.

- Destacar la importancia de la información generada en los sistemas operativos como base para los de contabilidad y de control de gestión.

6.1. Sistemas componentes

Los sistemas administrativos tienen por objeto lograr que se concrete la estrategia de la organización de la manera más efectiva posible. Constituyen un conjunto de procesos que permiten la transformación de los objetivos de la organización en acciones, por eso la capacidad de gestión se determina de acuerdo con la estrategia fijada.

Esa capacidad de gestión depende de la forma en que se diseñe la organización, es decir, de la normalización de los procedimientos a seguir en el desarrollo de las actividades y de la configuración de la estructura organizacional.

En el diseño de los sistemas siempre hay que justificar la relación costo-beneficio, porque las verificaciones y los controles no agregan valor a los procesos y, por lo tanto, puede caerse en un uso ineficiente de los recursos.

Los sistemas para los cuales se establecen procedimientos normalizados son, básicamente, los llamados "sistemas operativos" constituidos por aquellos que se relacionan con las transacciones básicas de una organización: la adquisición de insumos (*abastecimiento*), la transformación de los insumos (*conversión*), la adquisición y administración de fondos (*finanzas*), la venta y la distribución de los bienes y los servicios producidos (*venta*s) y la incorporación y gestión de los empleados (*administración de personal*).

Cada uno de estos sistemas requiere un conocimiento específico, además de los recursos materiales, el personal y la tecnología; ese conocimiento determina los niveles de especialización con los que quedan configurados los procesos. Los datos que generan las distintas acciones, integrados en la contabilidad y en los registros estadísticos, constituyen la base del sistema de control de gestión que, junto con el de planeamiento, son analizados en el siguiente capítulo.

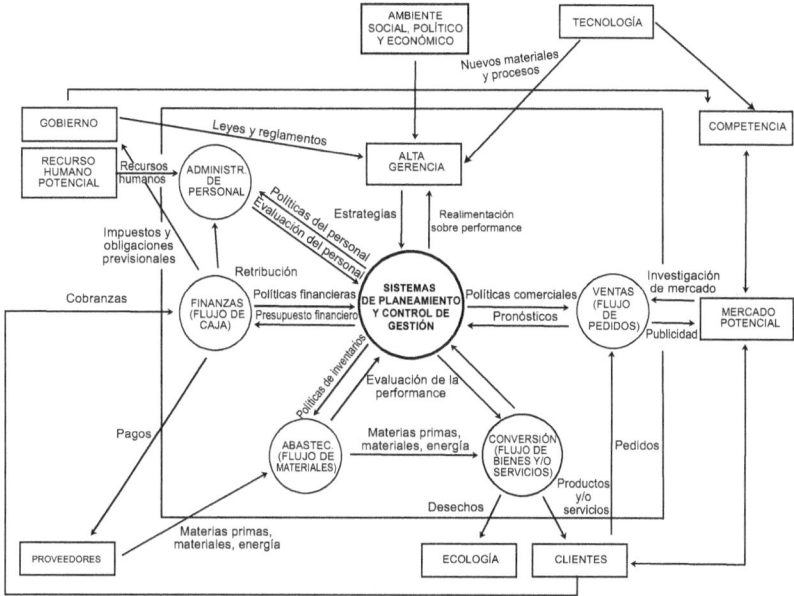

Fuente: Adaptado de Dervitsiotis, K., citado en Solana, Ricardo F., *Dirección de producción*, Ediciones Macchi, Buenos Aires, 1982.

En el gráfico se observa que, a partir de la estrategia fijada por la alta gerencia, se construye un sistema donde se planifican los resultados y las acciones a seguir por cada uno de los sistemas componentes de la organización. Una vez ejecutadas las acciones, de acuerdo con los procedimientos formalizados para cada actividad, que se describen en detalle más adelante, se efectúa el control de gestión según el cual se evalúa si los resultados obtenidos y las acciones desarrolladas se condicen con los parámetros previamente establecidos.

Con respecto a las interrelaciones entre los distintos sistemas, puede señalarse que el de *abastecimiento* es el que se ocupa de proveer al de *conversión* de los recursos materiales adquiridos en el mercado, necesarios para producir los bienes y/o servicios ofrecidos por la organización.

A su vez, el sistema de *conversión* alimenta al de *venta*s, que es el que desarrolla las actividades pertinentes para que los bienes y/o servicios estén disponibles en el mercado.

Los productos y/o servicios vendidos generan el derecho de la organización a percibir los valores originados en la venta, y ponen en funcionamiento el proceso de *cobranzas* e alimenta al sistema *financiero*. Por otra parte, la adquisición de los recursos materiales genera la obligación de la organización de cancelar las deudas contraídas, lo que da lugar al proceso de *pagos* dentro del mismo sistema.

El sistema de *administración de personal* se ocupa de proveer a todos los sistemas de los recursos humanos necesarios para el desarrollo de las distintas actividades; genera también la obligación de retribuir al personal por los servicios prestados, poniendo en funcionamiento el proceso de *pagos* dentro del sistema *financiero*.

Puede observarse en el gráfico la integración entre los distintos procesos y el ambiente externo, la dinámica y simultaneidad de los procesos, y la complejidad que representa este *flujo de actividad regulada*. Es necesario considerar que en este caso representamos sólo uno de los tantos *flujos* que se superponen y conviven en el ámbito organizacional.

6.2. Sistema de abastecimiento

Principales características

En su libro *Estrategia competitiva*, Michael Porter se refiere al abastecimiento como la función de comprar los insumos que se utilizan en la cadena de valor de la empresa, ya sean estos las materias primas, las provisiones y otros artículos de consumo, o los activos, como la maquinaria, el equipo de laboratorio, el equipo de oficina y los edificios. El abastecimiento utiliza tecnología, como los procedimientos para tratar con los vendedores, las reglas de calificación y los sistemas de información.

Es una función común a toda la empresa; el departamento de Compras debe atender diversos requerimientos: la planta demanda materias primas y equipos, las distintas oficinas requieren papelería y útiles; los vendedores, movilidad y alojamiento; los jefes ejecutivos, consultoría estratégica. Es conveniente utilizar el término "abastecimiento" en lugar de "compras" porque la connotación de este último es más estrecha.

El costo de las actividades del sector Abastecimiento no representa en general una porción importante de los costos de estructura, pero tiene un gran impacto en el costo general de la empresa y en su diferenciación competitiva. En la medida en que se mejoran las prácticas de compra, se pueden mejorar el costo y la calidad de los insumos comprados, así como otras actividades asociadas con la recepción y uso de los insumos, y la interacción con los proveedores (Porter, 1991, 58).

Cuando se diseña un sistema de compras hay que considerar los atributos de los bienes que se adquieren: por ejemplo, los materiales o mercaderías perecederos o frágiles se tratan de manera diferente de los que no lo son; su costo, elevado o bajo, y su origen, nacional o extranjero.

En síntesis, quien diseña tiene que considerar los aspectos de la cantidad, la calidad, los plazos de entrega, el precio, además del espacio disponible para almacenar los bienes, en qué momento hay que efectuar el pedido y de qué manera, todo lo cual varía con cada organización y con cada clase de producto o servicio a solicitar.

Es muy importante que la persona encargada de relacionarse con los proveedores tenga la mejor información acerca de las posibilidades de compra en el mercado y los antecedentes sobre cada uno de ellos en cuanto a precios, condiciones de pago, calidad y plazos de entrega.

Las compras tienen diferentes modalidades: pueden realizarse al contado, con cheque o con fondos de la caja chica, a crédito en cuenta corriente; si se trata de obras públicas o empresas que compran en grandes cantidades para un proyecto determinado, se suelen llevar a cabo licitaciones públicas o privadas para asegurarse mejores condiciones de calidad, precio, plazos de entrega y formas de pago.

Descripción del proceso

El sistema de abastecimiento abarca desde el momento en que se detecta la necesidad de compra hasta que el pedido ingresa y se registra contablemente. Las distintas actividades pueden apreciarse en el siguiente gráfico.

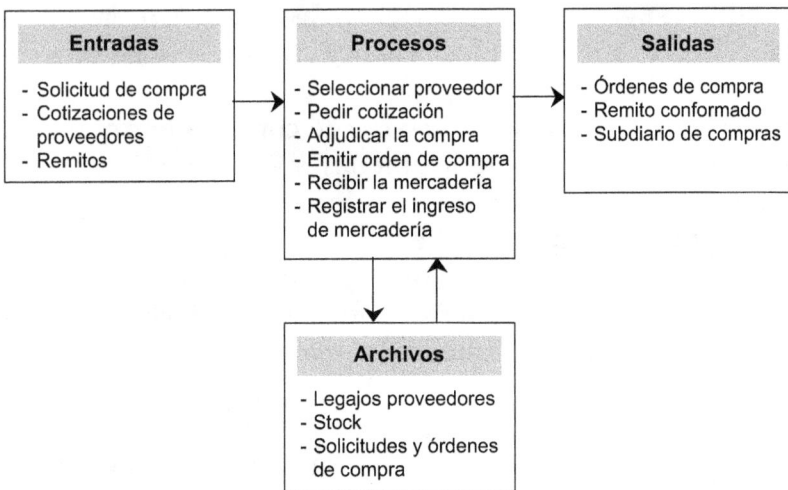

Entradas	Procesos	Salidas
- Solicitud de compra - Cotizaciones de proveedores - Remitos	- Seleccionar proveedor - Pedir cotización - Adjudicar la compra - Emitir orden de compra - Recibir la mercadería - Registrar el ingreso de mercadería	- Órdenes de compra - Remito conformado - Subdiario de compras

Archivos

- Legajos proveedores
- Stock
- Solicitudes y órdenes de compra

El proceso de abastecimiento se inicia con el *control de inventario* cuando se detecta la falta de insumos y se informan las necesidades del sector al departamento de Compras. En el manual de procedimientos figura el *stock* mínimo o punto de pedido, que determina el momento de emitir la solicitud de compras.

En este sistema, la administración de inventarios requiere particular atención. Entendemos por inventarios las existencias de materias primas, bienes semiterminados (trabajos en proceso) y bienes terminados que tiene una organización a los efectos de poder satisfacer las necesidades de sus operaciones.

Los inventarios representan una inversión importante y una posible fuente de perjuicios a controlar con mucha atención; si son muy altos, la organización pierde dinero por el capital inmovilizado y hay mayor riesgo de robos y daños; si, por el contrario, son muy bajos, corre el riesgo de quedarse sin existencias, lo que implica detener la producción en espera de los suministros que se necesitan y ocasiona tiempo de inmovilización de las máquinas y de la mano de obra.

El sistema tiene que permitir un equilibrio óptimo para reducir los costos al mínimo; a tal efecto, se desarrollan los modelos matemáticos computarizados de inventarios que contribuyen a decidir cuándo ordenar compras y en qué cantidad.

Otro de los métodos conocidos es el de producción justo a tiempo, desarrollado por los japoneses, que tiene por objetivo un procesamiento continuo, sin interrupciones, de la producción; implica la minimización del tiempo total necesario desde el comienzo de la fabricación hasta la facturación del producto. En este caso no se optimiza el tamaño de los lotes, sino que, por el contrario, se minimiza, con el objeto de reducir los tiempos de preparación a cero. En esta metodología se considera a los inventarios como una forma de desperdicio, como causal de retrasos y una señal de ineficiencias en la producción.

La siguiente actividad, *selección del proveedor*, consiste en enviar los pedidos de cotización y, cuando son respondidos, analizar los presupuestos y elegir el que ofrece las mejores condiciones, al que se enviará luego una orden de compra con copias al sector Recepción y a Cuentas a Pagar.

La *recepción del pedido* consiste en controlar la orden de compra con el remito, completar el parte de recepción y enviar una copia a Compras y otra a Almacenes, esta junto con el pedido; en Contabilidad de Almacenes se actualizan las fichas de *stock* y en Contaduría se realiza el registro contable correspondiente. El remito se envía al sistema financiero para que junto con la orden de compra se controle la factura del proveedor.

Si las empresas cuentan con un sistema de calidad total para ellas y sus proveedores, el problema de la calidad se reduce de manera considerable, no se necesita controlarla en la recepción para protegerse contra insuficiencias derivadas de los insumos.

Cuando se da forma al sistema hay que diseñar los soportes correspondientes a notas de pedido, pedidos de cotización, órdenes de compra, partes de recepción, *software*, considerando las necesidades específicas de la organización y el mejor aprovechamiento de la tecnología a su disposición.

La organización puede disponer de una red integrada de computadoras con un *software* diseñado al efecto que permite al responsable del sector controlar los inventarios y que, cuando alcanza el punto de pedido, emite la solicitud de compras. El sector encargado de seleccionar a los proveedores recibe en su pantalla dicha solicitud y en su base de datos selecciona aquellos a quienes enviará vía e-mail las solicitudes de cotizaciones de los bienes, que no necesitará transcribir porque ya los tiene registrados.

Los proveedores, por la misma vía, comunican las cotizaciones, y así también se envían las órdenes de compra al proveedor; los sectores Recepción y Cuentas a Pagar disponen de la información de la orden de compra en la base de datos del sistema. Por su parte, cuando recibe los bienes, el sector Recepción genera por la computadora el parte de recepción, que está disponible para Almacenes, Cuentas a Pagar y Contaduría.

Pautas para el diseño

En el diseño del sistema de abastecimiento se deben tener presentes las necesidades de control interno en cuanto a la separación de funciones entre quienes realizan el manejo físico de los bienes, los que efectúan la gestión de compras y aquellos que se ocupan de su registro, para evitar posibles irregularidades.

El *control de los inventarios* para detectar la necesidad de compra se realiza en Almacenes, o en el sector que manifieste la necesidad, según corresponda. Se debe especificar claramente quién es el responsable de llevar a cabo cada actividad para resolver posibles conflictos.

En las empresas grandes, se puede contar con una sección de Recepción con funciones especializadas que implican una preparación determinada, subordinada a la gerencia de Almacenes o de Producción. La tarea de control de calidad puede estar en un departamento específico. Por razones de orden interno, es conveniente que las funciones de recepción, de compras y de control de calidad estén bajo la responsabilidad de sectores diferentes. Estas son algunas de las opciones, pero cada organización tiene que considerar lo más conveniente para su actividad y para el mejor aprovechamiento de sus recursos.

En las pequeñas y medianas empresas (PyMEs) puede admitirse que las funciones de recepción, control de calidad, almacenamiento y distribución de materiales sean responsabilidad del gerente de abastecimiento o de compras, por razones de economía de escala.

Siempre hay que justificar la relación costo-beneficio. Las verificaciones y los controles no agregan valor; por ejemplo, en el caso de las compras menores de cada sector, cuando se verifica que quien solicita la compra está autorizado para hacerlo, puede resultar más ventajoso otorgarle una tarjeta de crédito con límite y cotejar con el presupuesto del sector correspondiente cuando se recibe el extracto.

En Compras se realiza la *selección del proveedor* y en las normas de procedimiento se indica la cantidad de cotizaciones que se solicitan y a quiénes. Pueden ser los proveedores ya registrados, o bien se seleccionan nuevos. También se establecen los criterios para el análisis de las cotizaciones; todo esto debe ser lo suficientemente flexible como para ajustarse a las variantes de cada proyecto.

Para seleccionar a los proveedores se tiene en cuenta su capacidad para entregar los materiales libres de defectos y en los momentos oportunos, más que los precios que puedan otorgar en el corto plazo. Cuando la empresa se asegura de que el proveedor cumple con esos requisitos, se libera del control de recepción, de almacenamiento y traslado de los materiales, lo que significa reducción de inventarios y de gastos o pérdidas por materiales defectuosos que a veces obligan a rehacer la producción.

La *recepción del pedido* está a cargo del sector Recepción, y cuando las mercaderías se entregan a Almacenes es conveniente que vayan acompañadas por el parte de recepción para deslindar la responsabilidad de quienes participan en el proceso, respecto de la calidad, la cantidad y los tiempos de la compra.

Con respecto a los soportes que intervienen en este sistema (notas de pedido, órdenes de compra, partes de recepción), tienen que estar en talonarios prenumerados, y se le asigna la responsabilidad de su tenencia a una persona determinada previamente, para evitar usos indebidos. En los casos en que sea necesario anular algunos de los comprobantes, quedan adheridos al talonario, cruzados y firmados por la persona a cargo.

221

En el manual de procedimientos se deja constancia de la manera en que se realiza el archivo de los soportes utilizados en el proceso; se indica si quedan registrados en los archivos físicos o en los de la computadora y si se ordenan por proveedor, por orden alfabético o numérico, según el soporte y las necesidades de quienes los emplean. Luego, una persona responsable ajena al sector se ocupa de verificar si se observa o no la correlatividad de los soportes de acuerdo con lo indicado para que la norma tenga sentido.

El proceso tendrá que permitir procesar y sintetizar los datos para cumplir con las demandas de información de las gerencias y los controles estadísticos. La base de datos debe ser de fácil acceso y estar disponible, en tiempo y forma, para toda persona autorizada, de manera que le facilite tomar decisiones efectivas.

Los gerentes establecen el modo de presentación y los plazos de entrega de la información a generar por el proceso de abastecimiento. Puede estar referida a la cantidad y la calidad de los bienes adquiridos, a los proveedores a quienes se les compró y a si los plazos de entrega fueron o no respetados. Es conveniente que la información se presente en cuadros comparativos con otros períodos para que sea útil.

Impacto de la tecnología informática

Hammer y Champy, en su libro sobre *Reingeniería*, presentan el caso de una fábrica de automóviles en la que rediseñan el proceso de abastecimiento mediante la automatización. Se incluyen las funciones: Cuentas a Pagar, Compras y Recepción. El nuevo proceso queda de la siguiente manera: en el sistema de *stock* se detecta la necesidad de compra en forma automática y se envía una orden de compra a un proveedor; al mismo tiempo, se da entrada a esa orden en un banco de datos que está en línea. Los proveedores despachan la mercadería a Recepción, y cuando esta llega, un empleado comprueba en una terminal de computadora si el pedido que se acaba de recibir corresponde a una orden de compra pendiente en el banco de datos. Sólo hay dos posibilidades: que coincida o que no.

En el caso de coincidir, el empleado acepta el pedido y oprime *enter* en su terminal, lo que indica al banco de datos que los bienes llegaron. La recepción de estos queda registrada y la computadora automáticamente emite un cheque y, a su debido tiempo, se lo envía al proveedor. Si, por el contrario, los bienes no coinciden con la orden de compra pendiente en el banco de datos, el empleado de recepción rechaza el pedido y lo devuelve al proveedor (Hammer y Champy, 1994, 44).

Actualmente, Internet permite al comprador conectarse en forma directa con el proveedor y posibilita que este último detecte la necesidad de compra en la organización y suministre los bienes o servicios en tiempo y forma; de esta manera, se eliminan los tiempos de espera y los costos de mantener *stocks* inmovilizados.

Un supermercado, para solucionar el problema de los inventarios en el sistema de abastecimiento, delegó en su proveedor de pañales la administración de los inventarios, porque consideró que este conocía más sobre cómo mover pañales, tenía información acerca de patrones de consumo y reposición de pedidos de minoristas de todo el país, y contaba con la tecnología necesaria para concretarlo.

El supermercado sugirió a la pañalera que asumiera la responsabilidad de decirle cuándo debía reponer sus pedidos para su centro de distribución y en qué cantidades, y todos los días le comunicaba a aquella qué volumen de existencias salía de su centro de distribución con destino a los locales de venta para que cuando la pañalera lo juzgara oportuno le avisara al supermercado que hiciera un nuevo pedido y en qué cantidad. Si la recomendación parecía razonable, se aprobaba, y la pañalera despachaba la mercadería.

Como el sistema funcionó bien, el supermercado autorizó a la pañalera a prescindir de las recomendaciones de compra y que simplemente despachara los pañales que considerara que se iban a necesitar. De esta manera, descargó en su proveedor la función de reposición de existencias y eliminó el costo de mantenimiento de su inventario; la pañalera, por su parte, les agrega valor a sus pañales al encargarse de la función de administración de inventario y, además, puede manejar con mayor eficiencia sus operaciones de manufactura y logística, porque dispone de la información que necesita para proyectar mejor la demanda del producto. A este proceso se lo llama de "reposición continua" (Hammer y Champy, 1994, 65).

La compra en línea, o compra a través del correo electrónico, se está desarrollando debido a que es barata, fácil de realizar y rápida. El procesamiento electrónico de las órdenes de compra resulta menos costoso que el procesamiento de órdenes en papel, y permite que los compradores y vendedores más capaces dediquen su tiempo a actividades más productivas. Asimismo, las compras se pueden realizar las 24 horas del día y todos los días de la semana, y posibilitan a los usuarios adjuntar información adicional.

Las herramientas disponibles en la actualidad para la compra en línea son los catálogos iniciados por los compradores y los procesos de licitación, catálogos de terceros e intercambios comerciales, y *extranets* fomentadas por los proveedores.

Las compras en línea producen cambios fundamentales en el sistema implicado: se necesitan pocos compradores para manejar grandes volúmenes de transacciones, se mejoran las decisiones porque se cuenta con más información sobre la economía de las compras y se asumen nuevas responsabilidades.

6.3. Sistema de conversión

Principales características

Este sistema es fundamental para que las funciones de comercialización y de marketing tengan éxito en una empresa, porque controla las variables más importantes de la calidad del producto o del servicio para satisfacer al cliente.

Los insumos o recursos incorporados en el sistema de abastecimiento se transforman en productos o servicios en el sistema de conversión. Vamos a diferenciar entre el sistema de producción, que puede incluir o no los servicios de posventa que es posible brindar, y el *sistema de prestación de servicios* o *servucción,* que puede incluir o no el suministro de bienes.

El *proceso de producción* supone una serie de decisiones estratégicas sobre la tecnología, el producto, el proceso, la dimensión y la localización de la producción.

La *tecnología* constituye una de las variables clave de la estrategia empresaria en general y de la estrategia de producción en particular. Su incidencia en la eficiencia, la calidad y otras cuestiones esenciales para el sistema de producción es algo aceptado en forma generalizada en el mundo actual y constituye un factor de poder (Solana, 1994, 81).

El *producto* en sentido amplio puede ser identificado como un paquete de satisfacciones que comprende bienes físicos y servicios. Por ejemplo, quien compra una computadora quiere el equipo, el *software* disponible, las facilidades de mantenimiento, la posibilidad de expansión y ampliación de sus prestaciones y su actualización tecnológica (Solana, 1994, 103).

El *proceso,* según el grado de continuidad que tenga el flujo de producción, puede ser *continuo,* cuando se elaboran

DISEÑO ORGANIZATIVO. ESTRUCTURA Y PROCESOS

productos estandarizados y se produce generalmente para inventario, o *intermitente*, cuando se manufacturan productos cuya especificación es definida en forma particular para cada cliente, por pedido, y no se mantienen inventarios (Solana, 1994, 135).

A continuación de las decisiones inherentes al producto, proceso y equipamiento, siguen las de planta, que se refieren a la *dimensión* del sistema y su *localización*. La capacidad es la cantidad de productos que puede elaborar un proceso por unidad de tiempo. La determinación de la capacidad suele traer aparejadas ciertas complicaciones que se derivan de interpretaciones ambiguas, tales como cantidad de turnos que se computan, si se trabaja o no los fines de semana, estacionalidad dentro del período promediado y segmentos del proceso productivo que pueden ser subcontratados con terceros (Solana, 1994, 202).

En el diseño del proceso de producción hay que considerar el costo, la calidad y la entrega –medidas referidas al producto–, y la flexibilidad, la confiabilidad, la perdurabilidad y la seguridad –referidas al sistema de producción–. El *costo* corresponde a las erogaciones necesarias para obtener el producto en términos de materiales, mano de obra y gastos indirectos. La *calidad* es la medida en que el producto obtenido o el servicio brindado satisfacen las necesidades del cliente al que está dirigido. La *entrega* consiste en la aptitud para llegar al consumidor en el momento y lugar adecuados.

La *flexibilidad* concierne a cómo el sistema de producción se adapta tanto a los requerimientos cambiantes de la demanda, como a las estrategias de la organización y, por lo tanto, implica la aptitud del proceso para elaborar nuevos productos o diferentes clases de un mismo producto, o cambiar las cantidades relativas de producción de los diferentes productos.

La *confiabilidad* de un sistema es la probabilidad de que el producto o servicio se desempeñe de manera satisfactoria durante un período determinado en tanto sea usado u operado en ciertas condiciones especificadas. Es, por lo tanto, un complemento de la probabilidad de falla y, como tal, constituye una expresión cuantitativa apta para evaluar el desempeño.

La *perdurabilidad* está reflejada en la vida probable del sistema de producción. En tal sentido, es particularmente importante que las acciones del presente no hipotequen el futuro.

La *seguridad* del sistema radica en la preservación de los recursos (bienes y personas) tanto de la organización como del ecosistema. En ambas áreas, la empresa asume una responsabilidad social que no puede ignorar (Solana, 1994, 43).

La *prestación de servicios* se ha desarrollado aceleradamente en los últimos años –se utiliza el neologismo "servucción" para designar el proceso de creación del servicio–. Puede relacionarse con la participación de dos personas, de una persona y un producto, o de dos personas y un producto.

En el primer caso interviene el beneficiario, que es quien recibe el servicio de parte del prestador, ambos con un rol activo; el impacto del servicio que resulta de la interacción entre las dos partes no es neutro para ninguna de ellas, que lo evaluarán en forma particular. La calidad del servicio prestado puede estar expuesta a ser juzgada con criterios diametralmente opuestos por el prestador y el beneficiario, de acuerdo con el estado de ánimo de cada una de las personas y con la situación misma, de manera que la calidad no es estable en el tiempo. Un ejemplo de esto es cuando se solicita información en un hotel o en un centro turístico.

En el segundo caso, como resultado de la interacción de una persona y un producto tenemos un servicio. Los elementos están ligados como en el caso anterior. El beneficiario participa en la producción del servicio, que tampoco es neutro. La relación servicio-persona es de retroalimentación. La calidad del servicio depende de evaluaciones subjetivas por parte del beneficiario y sus estándares de calidad son más fáciles de definir que en el caso anterior, por ejemplo cuando estamos ante una máquina expendedora de golosinas o de bebidas.

En el tercer caso, se combinan los dos anteriores: dos personas y un producto, pero se diferencia de aquellos por la mayor complejidad de funcionamiento. Un ejemplo es cuando se realiza una encuesta sobre los servicios que presta un teléfono celular o un electrodoméstico (Eiglier y Langeard, 1989, 48).

Las organizaciones dedicadas a la prestación de servicios comprenden actividades variadas que van desde el transporte (como compañías aéreas, ferrocarriles, empresas de ómnibus, etc.) hasta la educación (universidades, escuelas, academias), pasando por las comunicaciones (empresas telefónicas, canales de televisión, sistemas de cable, diarios, editoriales de revistas), las finanzas, los seguros, la hotelería, los restaurantes, las actividades profesionales, el suministro de energía eléctrica, las organizaciones dedicadas a la salud, etc., incluyendo algunas a las que los clientes no acceden voluntariamente, como las cárceles.

Un sistema de prestación de servicios transforma –al igual que uno que produce bienes físicos– insumos en productos, que en este caso son intangibles. Los servicios generalmente se concretan a través de un paquete constituido por: servicios explícitos, servicios implícitos, bienes coadyuvantes e instalaciones de apoyo. Dicho paquete se ubica secuencialmente entre la estrategia que define el negocio y el sistema que presta el servicio.

Los *servicios explícitos* son los beneficios directamente relacionados con la esencia de la actividad: la calidad de la enseñanza en un establecimiento educacional, la puntualidad y seguridad en una línea aérea, la celeridad de un cuartel de bomberos.

Los *servicios implícitos* son los beneficios psicológicos que el consumidor puede llegar a percibir y que normalmente hacen que valore más el servicio aunque no varíe la esencia de su prestación: la privacidad de una oficina de selección de ejecutivos, el prestigio de una universidad, la copa de bienvenida en un hotel.

Los *bienes coadyuvantes* son materiales comprados, consumidos o provistos por el cliente, que se requieren para que el servicio pueda ser llevado a cabo: las raquetas y pelotas de tenis, los esquís, los medicamentos, la comida y diarios suministrados en un vuelo.

Las *instalaciones de apoyo* son los recursos físicos que deben hallarse emplazados antes que el servicio pueda ser ofrecido: un campo de golf, un medio de elevación en un centro de esquí, un hospital, un avión y la pista de aterrizaje (Solana, 1994, 110).

Con respecto a la calidad del resultado de la servucción es relativa, como toda calidad, y sólo puede definirse y expresarse en relación con algo; en este caso, el patrón es pautado por el cliente: un servicio será de buena calidad cuando satisfaga exactamente sus necesidades y expectativas, en cuanto al resultado, los elementos de la servucción y el proceso en sí mismo. La *calidad de los servicios* en sí se expresa por la calidad intrínseca de cada uno de ellos, como modernidad, limpieza, estado de mantenimiento y facilidad de los soportes físicos; la eficacia, la calificación, la presentación y la disponibilidad del personal en contacto con el cliente y la similitud de los clientes, es decir, su pertenencia al mismo segmento.

La *calidad del proceso* está dada por la fluidez y la facilidad de las interacciones necesarias para la elaboración del servicio, su eficacia, su secuencia y su grado de adecuación con lo que le gusta hacer o no al cliente y con el servicio buscado (Eiglier y Langeard, 1989, 17-25).

Descripción del proceso

El diseño del proceso radica en la elección de las entradas, las operaciones, los flujos y los métodos para la producción de bienes y servicios, así como en su especificación detallada (Solana, 1994, 141). Atendiendo a razones de extensión de esta obra, sólo se describirá el proceso de producción de bienes, que responde al siguiente esquema.

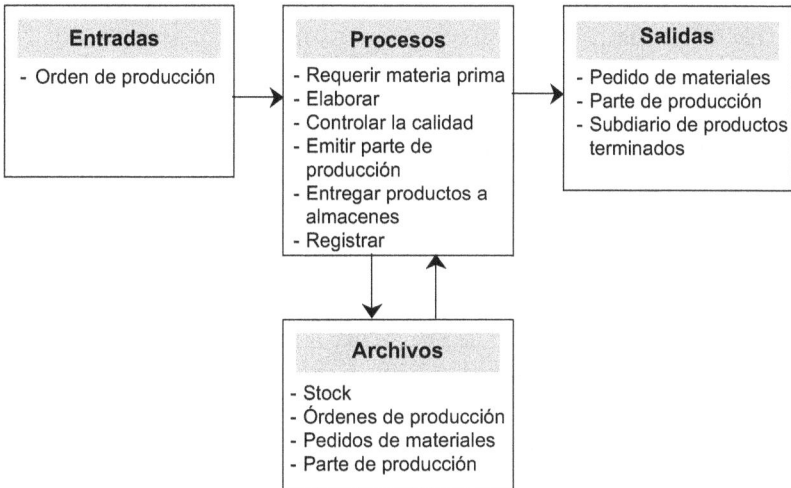

Entradas	Procesos	Salidas
- Orden de producción	- Requerir materia prima - Elaborar - Controlar la calidad - Emitir parte de producción - Entregar productos a almacenes - Registrar	- Pedido de materiales - Parte de producción - Subdiario de productos terminados

Archivos
- Stock
- Órdenes de producción
- Pedidos de materiales
- Parte de producción

Para elaborar un bien tangible se necesitan tres conjuntos de elementos: la mano de obra, las máquinas y las materias primas; el producto es el resultado de sus interacciones, que deberán ser definidas con anterioridad, cuando se normalizan los procesos de trabajo.

El proceso de producción comienza con la *planificación de la producción*, cuando se determinan las cantidades a producir y se emiten las órdenes de producción que se envían a los diferentes centros de fabricación. Para realizar esta actividad se necesita la información de los niveles de existencia

230

de productos terminados, las restricciones financieras, los cambios técnicos, la existencia de insumos y la disponibilidad de personal capacitado.

Cuando en los centros de *fabricación* se completan los productos, se emiten los partes de producción que los acompañan para realizar el *control de calidad* y el *control de producción.*

El c*ontrol de calidad* consiste en revisar la producción y dejar constancia de la calidad de los productos en el parte correspondiente. De dicho control surge un informe para control de producción sobre la cantidad de productos fallados que se devuelven a fabricación y los que son considerados desechos.

El *control de inventarios* consiste en informar sobre las necesidades de reposición cuando se alcanza el punto de pedido, y en actualizar las fichas de *stock* con el parte de producción donde se consigna el control de calidad.

El *control de producción* se realiza con el informe de control de calidad, el parte de producción que se recibe de Fabricación y los informes sobre los estándares de Investigación y Desarrollo; se eleva la información para la determinación de los costos de producción y en Contaduría se efectúa el registro contable correspondiente.

En el caso de tratarse de organizaciones que adhieren a las Normas ISO 9000 o de empresas exportadoras que deben respetar las demandas de sus clientes del exterior, es en este proceso donde se tienen en cuenta, ya que aportan la información correspondiente en cuanto a la modalidad, especificaciones y mediciones.

Pautas para el diseño

En el diseño del sistema de producción se deben tener presentes las necesidades de control interno en cuanto a la separación de funciones entre quienes realizan la programación de las operaciones, la parte técnica que las ejecuta, los que controlan la calidad, quienes controlan la producción, quienes controlan los inventarios, ya sea de productos terminados como de materias primas y de otros componentes, y quienes realizan el registro contable.

Los sectores vinculados al área de producción suelen ser: Planeamiento y Control de la Producción, Fabricación, Administración de Fábrica, Control de Calidad y Almacenes. Además, un departamento de Investigación y Desarrollo puede abarcar aspectos de ingeniería referidos al producto, al proceso y al mantenimiento.

El sector de Planeamiento y Control de la Producción se ocupa de la *planificación de la producción*, formula los planes de acción y presupuestos para su realización y el seguimiento para el *control de la producción.*

En Fabricación, cuando se reciben las órdenes de producción se lleva a cabo la programación de las operaciones considerando el personal disponible y los estándares suministrados por Investigación y Desarrollo; en cada sector se procede a la *fabricación*, que consiste en la conversión o transformación de los insumos en productos (bienes físicos y/o servicios).

Administración de Fábrica es un área de servicios administrativos que genera información sobre la producción para dar respuesta a las demandas de todos los niveles de la empresa, donde se realiza la *contabilidad de costos.*

El sector Control de Calidad se ocupa del cumplimiento de las especificaciones de la calidad de diseño del producto elaborado o servicio prestado y las sucesivas instancias del proceso de producción.

Almacenes se ocupa del *control de inventarios*. Las empresas cuentan con este sector para lograr el equilibrio entre actividades que suelen operar a distintos ritmos, como: ventas y producción, producción y compras, y otras etapas del proceso. En este punto, se debe tener en cuenta lo desarrollado sobre el control interno de inventarios en el sistema de abastecimiento.

Los inventarios en general pueden ser de materias primas y partes componentes, que constituyen insumos del flujo material que alimenta a la producción; de producción en proceso y de productos terminados. Para constituirlos se necesita tomar las siguientes decisiones: qué artículos hay que mantener en existencia, si es mejor comprarlos o fabricarlos, cuándo efectuar la compra o la producción, el tamaño del lote a comprar o fabricar, el nivel de servicio a brindar a los clientes, los inventarios de seguridad a conservar y el sistema de control a utilizar.

El control de existencias mediante el recuento físico periódico o permanente depende de la calidad y cantidad de los productos; en general se realiza en fechas de balance para determinar diferencias y efectuar los ajustes, y está sujeto al análisis de costo-beneficio que implica llevarlo a cabo o no.

Con relación a los inventarios, también se suelen fijar los *stocks* mínimos o puntos óptimos de reposición; se constituyen seguros sobre los bienes en *stock* y sobre los que están en proceso de fabricación para tener cobertura ante posibles siniestros. Es importante que el control y la custodia de las existencias sean responsabilidad de una sola persona.

Actualmente se tiende a que los *stocks* sean lo más reducidos posible, y en algunos casos los productos terminados se tercerizan en una empresa especializada en logística de embalaje y distribución.

En el procedimiento deben especificarse los documentos que se utilizan, como órdenes de producción y partes de producción, la indicación de quiénes y cuándo tienen que emitirlas, la cantidad de ejemplares a emitir, si están prenumerados, a quiénes se enviarán y la forma en que serán archivados en cada sector.

Las materias primas, materiales y otros componentes que se trasladan de Almacenes al sector Fábrica y los productos terminados que pasan a control de calidad y a almacenes de productos terminados tienen que ir acompañados siempre de un soporte de información que será devuelto al sector de origen debidamente firmado como constancia de que fueron entregados en el tiempo y la forma requeridos.

Administración de Fábrica debe suministrar periódicamente a la gerencia de producción la información para que se realice el control de gestión correspondiente. El gerente establece la información que se necesita, que puede estar referida a: la cantidad de unidades producidas en relación con los planes de producción; la cantidad de productos rechazados y las razones que motivaron el rechazo; la cantidad de horas trabajadas en cada sector en relación con las programadas; los costos reales con respecto a los costos estándar; la rotación de inventarios; los consumos reales de materias primas, materiales y otras partes componentes en relación con los presupuestados. En todos los casos, cuando los desvíos sean significativos, se deben fundamentar las causas.

Impacto de la tecnología informática

Las organizaciones se ven obligadas por el entorno a adaptarse y a introducir nueva tecnología para modificar sus métodos de producción. Las tecnologías de fabricación avanzada incluyen una serie de sistemas como el diseño asistido por computadora, la robótica, los sistemas de producción integrada y controlada por computadora. Estas técnicas se instalan, por ejemplo, en los sectores automovilísticos y papeleros.

El Japón ha sido pionero en el desarrollo de la robótica aplicada a los procesos industriales y también a actividades de servicios. Actualmente, la firma Toyota, la mayor fábrica de automóviles japonesa, ha desarrollado una línea de robots capaces de realizar tareas sofisticadas a partir de adminículos que emulan la mano humana. La pregunta que surge es quién trabajará en las fábricas en un futuro próximo.

La tecnología de fabricación avanzada reduce la cantidad de mano de obra directa relacionada con la producción y, aunque algunas tareas requieren menor capacitación, hay otras nuevas, como la programación, la manipulación y el control de la tecnología, que demandan mayor capacitación e incluso profesionales especializados.

Solana sostiene que en el sistema de producción, el diseño técnico es una labor que combina creatividad, investigación, evaluación, refinamiento y aprendizaje, y se desarrolla a través de un proceso iterativo que generalmente continúa hasta alcanzar el nivel deseado.

El diseño asistido por computadora permite examinar diseños alternativos, al tiempo que evita duplicaciones u omisiones, también se puede simular la reacción del producto o sus partes a ciertas pruebas de resistencia o de otra índole, así como su desempeño en la operación, y resolver problemas de cómputo inherentes al diseño, todo esto en tiempo real (Solana, 1994, 127).

Hammer y Champy, en el libro ya citado, dan un ejemplo de una compañía que aplica reingeniería en el proceso de desarrollo de productos, que era secuencial; la tecnología le permitió rediseñar el proceso mediante un *software* que integraba en una base de datos el trabajo de todos los ingenieros y combinaba los esfuerzos individuales en un todo coherente. Cada día, los grupos de diseño examinan la base de datos para ver si alguien en su trabajo de la víspera les creó un problema a ellos o al diseño global; si es así, resuelven el problema inmediatamente, y no después de semanas o meses de trabajo perdido (Hammer y Champy, 1994, 48).

Para las empresas de prestación de servicios es muy importante diferenciar de manera clara *la oferta* y *el soporte de la oferta*, porque la primera es el servicio que la empresa coloca en el mercado, mientras que el soporte de la oferta son los elementos tecnológicos en que se apoya.

Cuando los bancos instalan sus redes de cajeros automáticos, no se trata de un nuevo servicio, sino de nueva tecnología; el nuevo soporte físico más sofisticado, la nueva localización y el acceso en todo momento son características nuevas y atractivas. Se trata entonces de un servicio de idéntica naturaleza al de la ventanilla tradicional, presentado a través de características y modalidades diferentes.

6.4. Sistema de ventas

Principales características

En el sistema de ventas se pueden diferenciar, por un lado, la venta que abarca desde que el cliente solicita el producto o servicio hasta que dispone de aquél, y por otro, la distribución, que es la actividad que tiene por objetivo hacer llegar los productos terminados al consumidor.

El proceso de venta es uno de los principales elementos de la satisfacción del cliente, algo fundamental si se considera que lo más importante es conservar el cliente porque resulta menos costoso que salir a buscar nuevos. Drucker sostiene que la venta es una de las pocas actividades, si no la única, que generan ingresos a la empresa.

Hay una correlación entre el cliente satisfecho, que tiende a permanecer, y el insatisfecho, que si tiene otras opciones se va. La satisfacción del cliente está vinculada a los pequeños detalles en la relación cotidiana, por lo tanto, un sistema de calidad tiene que prestar más atención al valor que se agrega y a la calidad de cada una de las interfaces con los clientes que a los índices globales de satisfacción.

Son las pequeñas fallas o aciertos los que determinan que un cliente decida cambiar de proveedor o continuar con el mismo; por lo tanto, el diseño de un sistema de ventas estará integrado a un plan general de retención de clientes que optimice el uso de los recursos aplicados y asegure la coherencia con la estrategia fundamental de la organización.

Las ventas pueden tener diferentes modalidades. Si los clientes se encuentran en el país, serán ventas locales y sus procedimientos difieren de los que se realizan para clientes en el extranjero. Se puede distinguir entre condiciones de venta a clientes mayoristas, que compran en grandes cantidades, y a clientes minoristas.

Los procedimientos de ventas varían según la operación se realice en el salón de ventas, por visita domiciliaria de los vendedores, por correo o por teléfono. También cambian los procedimientos de acuerdo con las modalidades de pago, por ejemplo, si son a crédito, con cheque, con pagaré o con débito automático en cuenta bancaria. El uso de Internet determina una nueva manera de efectuar las ventas, pero dependerá de la tecnología disponible en las empresas.

Actualmente, el personal a cargo de la investigación de mercado y de las ventas tiene que definir las políticas y tomar las decisiones ejecutivas en forma conjunta. La fuerza de ventas en las cuentas grandes de los clientes debe formar parte de la estrategia general de la empresa y requiere un enfoque integrado, mientras que en las cuentas pequeñas, la fuerza de venta compite con el telemarketing, el correo electrónico directo, los catálogos, la publicidad y los diferentes canales de distribución, que pueden complementar la tarea en algunos casos.

Las empresas pueden contar con una Administración de Ventas que se ocupe de concretar los presupuestos de ventas en las operaciones de venta y de dar apoyo a la gestión de ventas en lo relativo a pedidos, archivos, consultas de clientes, distribución y seguimiento interno de los pedidos de los clientes.

El sector de Distribución se ocupa del almacenamiento de los productos terminados y de la planificación de las cargas y despachos de los pedidos. Esta es una de las actividades que actualmente las empresas tercerizan. Se debe tener claro que no siempre tercerizar es lo mejor; hay que considerar la complejidad del proceso, la necesidad de reducir costos, la capacidad de la gente y sus posibilidades de acceder a los clientes y a los sistemas con que cuente cada uno de ellos.

Es muy importante que las organizaciones definan sus canales de distribución, en especial cuando se trata del lanzamiento de un nuevo producto cuya distribución requiere un nuevo sistema que, si no está bien diseñado, se puede constituir en una barrera para ingresar al mercado. Por ejemplo, las líneas aéreas tienen que hacer frente a dos problemas de distribución: comprar puertas de acceso en los aeropuertos y obtener entrada en los sistemas informatizados de reservas que utilizan las agencias de viaje para vender pasajes.

Los centros de logística, distribución y transporte son actualmente la clave de la capacidad competitiva de muchas empresas. Tanto el hecho de contar con una flota de reparto a los locales de venta, diseñada a medida y rentable porque se adapta a los períodos de temporada alta o baja, y a las entregas nocturnas y aceleradas, como el compromiso de los transportistas que colaboran con la mejora continua del sistema, hacen que la inversión en centros y equipamientos sea rentable y permiten que la mejora continua y la gestión de inventarios justo a tiempo sean una realidad.

Descripción del proceso

El sistema de ventas comienza en el momento en que el cliente realiza su pedido, mediante una orden de compra o nota de pedido, a través de un llamado telefónico, usando el correo electrónico o, en el caso de estar integrado en red, por medio de la computadora, y finaliza cuando se realiza el registro contable de la factura correspondiente a la venta o prestación del servicio.

En el siguiente gráfico se pueden apreciar las actividades a llevar a cabo en un proceso de venta a crédito y la relación que se establece entre ellas.

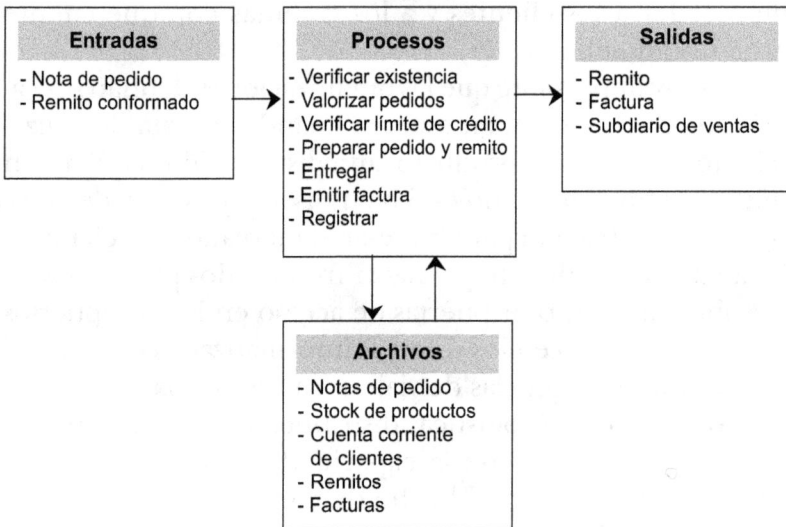

Entradas	**Procesos**	**Salidas**
- Nota de pedido - Remito conformado	- Verificar existencia - Valorizar pedidos - Verificar límite de crédito - Preparar pedido y remito - Entregar - Emitir factura - Registrar	- Remito - Factura - Subdiario de ventas

Archivos
- Notas de pedido
- Stock de productos
- Cuenta corriente de clientes
- Remitos
- Facturas

La primera actividad del proceso es la *recepción del pedido y la verificación de existencias*; el vendedor recibe el pedido del cliente, verifica si hay existencias, emite una nota de pedido y la envía al sector Administración de Ventas.

El segundo paso a seguir es la *valorización de la nota de pedido*, que consiste en colocar el precio de los productos

239

DISEÑO ORGANIZATIVO. ESTRUCTURA Y PROCESOS

en la nota de pedido, de acuerdo con la lista vigente, y en enviar una copia de la nota de pedido a Almacenes de Productos Terminados y otra para la facturación.

Si el cliente presenta una solicitud de crédito, el departamento de Administración de Ventas envía dicha solicitud con la nota de pedido valorizada al sector Créditos y Cobranzas, donde se realiza el *otorgamiento del crédito*; se verifica si el cliente reúne los requisitos necesarios para que se le otorgue el crédito, se juntan antecedentes de los archivos sobre cobro de créditos anteriores y de los bancos con que opera el cliente; en algunos casos se consulta a empresas que se ocupan de este tipo de trámites de verificación. Cuando el cliente ya cuenta con un crédito aprobado, en Créditos y Cobranzas sólo se controla el estado de la cuenta corriente para que no supere el límite establecido.

La *preparación y despacho* del pedido consiste en confeccionar el remito, dar de baja a las mercaderías de la ficha de *stock*, preparar el pedido y despacharlo; las mercaderías se entregan al cliente, quien firma el remito.

La siguiente actividad es la *facturación*; sobre la base del remito firmado, en Contaduría se confecciona la factura, se realiza el registro contable de la venta y se envía el original de la factura al cliente, con copia al sistema financiero para que sea cobrado en los plazos indicados.

Pautas para el diseño

En el diseño del sistema de ventas se deben tener presentes las necesidades de control interno en cuanto a la separación de funciones entre aquellos que realizan la nota de pedido y verifican las existencias, quienes otorgan el crédito, los que despachan las mercaderías y quien factura y registra la venta.

Cada uno de los pasos es responsabilidad de sectores diferentes. La *recepción del pedido y verificación de existencias* están a cargo de un responsable del sector de Ventas. Actualmente, los responsables de cuenta son quienes están capacitados para saber qué productos o servicios ofrecer a los clientes y en qué condiciones, es decir, las normas son mucho más flexibles pero las responsabilidades tienen que estar claramente establecidas de acuerdo con las características de la empresa de que se trate, para evitar situaciones anárquicas en cuanto a precios, formas de pago, plazos de entrega y calidad de productos. En los casos que corresponda, estarán establecidas previamente las comisiones o los premios con los que serán beneficiados los vendedores.

La *valorización de la nota de pedido* está a cargo de la sección Administración de Ventas, que dispone de las listas de precios y de las condiciones en cuanto a las bonificaciones, de acuerdo con la cantidad y calidad de productos que se entregan.

El *otorgamiento y el control del crédito* son responsabilidad del sistema financiero en el sector Créditos y Cobranzas. En relación con los créditos, los vendedores tienen que disponer de toda la información del cliente en cuanto a montos de compra, cantidad y calidad productos, condiciones de pago y estado actual de su cuenta corriente. Todo nuevo crédito a otorgar debe contar con la solicitud de crédito del cliente, con las garantías pactadas claramente establecidas, firmada por el cliente y autorizada por personal del sector responsable.

El *otorgamiento de créditos* requiere que las áreas de Comercialización, de Administración y de Finanzas actúen en forma conjunta para determinar los límites del crédito, en qué circunstancias se suspenderá, en qué casos se podrá ampliar dicho límite y quién estará autorizado para realizar estas operaciones, de acuerdo con la situación financiera de la empresa y el contexto en el que opera. Además, se establece que Finanzas es el responsable de verificar la capacidad patrimonial y financiera del cliente.

La *preparación y despacho del pedido* está a cargo de Almacenes, donde se actualiza la ficha de *stock* de productos terminados, se indica el método de control de inventarios, quién es el responsable de la custodia de los bienes y, si corresponde, cuál es el punto de pedido o lote óptimo.

La *facturación* y el *registro* están a cargo de Contaduría. El uso de la computadora facilita esta tarea, porque a medida que se factura se puede dar de baja en los inventarios a las mercaderías y se actualiza la cuenta corriente del cliente. El sistema financiero se ocupa del cobro de la factura en el plazo estipulado.

En la facturación, hay que respetar las disposiciones de la AFIP (Administración Federal de Ingresos Públicos) en lo relativo a formas y cantidades de ejemplares a emitir y la prenumeración de los formularios. La facturación se puede realizar juntamente con el remito o bien sobre la base de los remitos firmados por el cliente: teniendo en cuenta los precios y condiciones de pago pactados con él, cada organización adopta la modalidad que resulte más adecuada a sus intereses.

En el manual de procedimientos se deja constancia de la manera en que se efectúa el archivo de las notas de pedido, remitos y facturas, y se indica en qué archivos físicos o virtuales se pueden localizar, y el orden –por proveedor, alfabético o numérico– que se considere más adecuado según el soporte y las necesidades de quienes los utilizan.

Las mercaderías se envían al cliente acompañadas por el remito, que el transporte reintegra a la empresa, firmado por aquel, como constancia de que han sido entregadas y que el cliente las recibió en el tiempo y la forma establecidos.

El proceso se considera terminado cuando Contaduría lleva a cabo el registro de la salida de los bienes: dicho registro tiene que permitir procesar y sintetizar los datos para cumplir con las demandas de información de gerencia y para realizar estadísticas cuando corresponda. La base de datos debe ser de fácil acceso y estar disponible en tiempo y forma para permitir la toma de decisiones efectivas.

Los gerentes deben establecer el modo de presentación y la información que debe generar el proceso de ventas, que puede estar referida a la cantidad y la calidad de los bienes vendidos, a los clientes a quienes se les vendieron los montos más importantes, y a si los plazos de entrega fueron o no respetados; además, interesa disponer de información personalizada del cliente y sobre la actividad de la competencia. Es conveniente que la información se presente en cuadros comparativos con otros períodos para que sea útil.

La cantidad de tareas individualizadas determina la complejidad del diseño del proceso de ventas. Se necesita definir dichas tareas y luego diseñar el proceso según las demandas del cliente y las exigencias de la competencia en el lugar donde se desarrollan.

Este sistema también tiene requerimientos de personal que lleve a cabo las operaciones; se necesitan vendedores cuidadosamente seleccionados y bien capacitados, en especial para hacerse cargo de las cuentas grandes, o, cuando sea necesario, de una gran variedad de productos, servicios, cuentas y actividades de venta. No hace falta incorporar vendedores talentosos para tareas simples y poco variadas, pero es necesario contar con aquellos que poseen conocimientos específicos para tareas variadas y complejas.

Para cubrir estos requisitos es menester incorporar y seleccionar personal competente; luego, capacitarlo para que pueda entender al cliente, el producto, los servicios y la empresa; por último, motivarlo mediante incentivos personales, remuneraciones acordes con la actividad y pago de comisiones, lo que determina la relación con el sector Liquidación de Haberes.

Impacto de la tecnología informática

El proceso de venta se puede agilizar notablemente con la introducción de las nuevas tecnologías; por ejemplo, cuando se incorpora un nuevo cliente se ingresan todos sus datos a una red integrada que permite que en cualquier sector participante en el proceso se pueda disponer de ellos en forma inmediata.

De la misma manera, cuando se introduce la nota de pedido, automáticamente se verifica la existencia de mercaderías, se valoriza dicha nota y se controla la disponibilidad de crédito por parte del cliente. Si todo está en orden, en forma también automática, el sistema confecciona el remito en Almacenes, donde se procede a la preparación y despacho del pedido; además, el sistema puede emitir la factura para el cliente juntamente con el remito o por separado, según las necesidades de la organización.

Hoy la tecnología permite a los fabricantes ofrecer sus productos o servicios por Internet y relacionarse de manera directa con los consumidores. Además, el vendedor se comunica con ellos para conocer sus necesidades y así ofrecerles los productos específicos que demandan.

Con la comunicación interactiva, los vendedores identifican a las personas que visitan más de una vez sus tiendas virtuales, lo que facilita la información y los servicios personalizados. Si un sitio comercial en la Web muestra qué precios ha estado dispuesto a pagar el cliente cronológicamente, se hallarán en condiciones de ajustar al máximo el esfuerzo para inducirlos a comprar.

Si bien en la Argentina se considera que la venta cara a cara sigue siendo la más efectiva, cada vez más se deben ocupar lugares en Internet con catálogos para ofrecer productos o servicios, o bien pactar con agencias que se ocupan de centralizar información sobre diferentes rubros para presentar a los usuarios; la elección depende del producto o servicio que se desee brindar, pero es imprescindible tener en cuenta la red, un espacio interesante que en el largo plazo puede dejar de lado a quien no participe.

El comercio electrónico interempresarial se está volviendo una revolución de Internet, capaz de hacer que el comercio electrónico minorista cambie las transacciones cotidianas porque la velocidad del módem es cada vez mayor, y en la medida en que los negocios de más venta y rentabilidad se encuentren en Internet, más serán los que insistan en que sus clientes tengan la tecnología para operar en red y así disminuir costos. Además, desaparecen los límites: se reduce el tiempo, y la rapidez de las transacciones se vuelve imperiosa.

También con el propósito de bajar costos y atender mejor a los clientes, los proveedores recurren a la incorporación de nueva tecnología para pasar de una situación de logística y de venta completamente descentralizada a una mucho más concentrada. La centralización posibilita que, en lugar de realizar varias entregas en diferentes lugares, se haga una sola con carga completa, lo que disminuye los costos del transporte y del seguro de riesgo, que ahora corren por cuenta del centro de distribución.

Muchos de estos centros de distribución están totalmente robotizados y cuentan con una gran velocidad de trabajo. A medida que se concreta la venta de los productos en los locales de expendio, mediante los códigos de barra en las cajas registradoras se van dando de baja en los inventarios del centro, lo que permite que los camiones de reposición salgan de los galpones con el tiempo necesario para entregarlos en cada local de venta.

Algunas empresas delegan la responsabilidad de la logística sobre el abastecimiento de los insumos y la distribución de los productos terminados, lo que les posibilita reducir los tiempos de inventario, que significan dinero. En la Argentina se dispone de todas las opciones tecnológicas de apoyo logístico que existen en el mundo; los problemas que subsisten se vinculan al transporte y se deben a falta de infraestructura adecuada.

Actualmente, los productos en los supermercados tienen una etiqueta inteligente, en la que un chip almacena datos; al llegar el cliente a la zona de cajas los datos son leídos automáticamente, y se determina la cantidad a cobrar. En el futuro, a partir del dato capturado, se conocerá el *stock* de cada producto en las góndolas y, también, qué productos requieren reposición.

6.5. Sistema de administración de personal

Principales características

Este sistema comprende todas las actividades necesarias para satisfacer los requerimientos de los distintos sectores de la organización en materia de recursos humanos. Por lo tanto, deberá ocuparse en primer lugar de *identificar las necesidades* de este recurso, teniendo presentes los objetivos y políticas fijados al respecto por la dirección.

Las actividades restantes que están comprendidas en el sistema tienen que ver con la incorporación del recurso humano (*reclutamiento, selección* y *adiestramiento*), su administración (*administración de legajos, administración de remuneraciones* y *liquidación de haberes*) y su mantenimiento dentro de la organización (*evaluación de desempeño* y *capacitación y desarrollo*).

Es importante resaltar que este sistema se relaciona con los demás sistemas operativos, es decir, los de abastecimiento, conversión, ventas y finanzas (cobranzas y pagos). Con este último presenta una conexión más destacada, en virtud de que alimenta la modalidad particular del proceso de pagos en lo que se refiere a las remuneraciones y las obligaciones previsionales.

La característica que diferencia a este sistema de los demás es que se trata de un apoyo para el resto, ya que se ocupa de la administración de un recurso necesario para el desarrollo de todos ellos.

Asimismo, este sistema se encuentra vinculado al contexto de la organización, en la medida en que de él se obtiene el recurso humano potencial al momento de llevarse a cabo la actividad de reclutamiento y en él se deben atender las regulaciones existentes en materia laboral. En su interior se encuentra el sindicato, con un peso particular, en la medida en que defiende no sólo los intereses de los trabajadores, sino también los propios, con el objeto de fortalecer su representatividad.

Si bien todos los sectores de la organización tienen una participación más o menos activa en el desarrollo de las distintas actividades que comprenden el proceso, la responsabilidad por su desarrollo se concreta en el departamento de Personal o de Recursos Humanos.

El análisis particular de cada una de las actividades que integran este sistema es llevado a cabo por una rama especial de la administración: la Administración de Personal. No obstante, efectuaremos una breve descripción de cada una de las actividades y, desde el punto de vista del diseño, concentraremos nuestra atención en la parte del sistema que se refiere a la *administración de legajos* y a la *liquidación de haberes.*

Para finalizar, es importante destacar que las políticas de la organización en cuanto a la administración de sus recursos humanos perfilan el modo en que la empresa los valora y el compromiso que asume ante la sociedad.

Descripción del proceso

El proceso se inicia con el *reclutamiento* del personal necesario, con el objeto de satisfacer el o los requerimientos de la organización, y tiene por finalidad incorporar personas idóneas para el desarrollo de las distintas funciones solicitadas. Las fuentes y/o canales para efectuar la búsqueda de esa gente son bastante variados: puede hacerse fuera de la organización, en lo que se denomina "mercado de trabajo" –ya sea a través del propio departamento de Personal como de una consultora externa–, o dentro de la propia empresa; en este caso puede utilizarse como un elemento de motivación para el desempeño de los individuos. Cada una de estas opciones presenta sus ventajas y desventajas, por lo que sería recomendable la utilización conjunta de ambas.

Para que el departamento de Personal ponga en funcionamiento las actividades de reclutamiento y de selección, debe existir una necesidad puntual de cobertura de una vacante o de un nuevo puesto en la organización, y dicha necesidad no nace en el departamento de Personal, excepto que se trate de la cobertura de un puesto para ese departamento, sino en los distintos departamentos y sectores de la empresa que proporcionan los perfiles requeridos.

A esta actividad de reclutamiento sigue la de *selección*, cuya finalidad es establecer cuál de los candidatos satisface mejor el perfil requerido para ocupar el puesto. La selección comprende distintos pasos que van desde el análisis de la información y antecedentes laborales y ambientales pedidos al postulante en su solicitud de empleo, hasta la entrevista y las evaluaciones (psicológica, técnica y física).

Sorteadas dichas instancias, Personal ofrece al responsable del departamento solicitante una nómina de los candidatos que reúnen las condiciones necesarias, y es este quien toma la decisión final y resuelve la incorporación.

Tras la elección definitiva se pone en marcha la segunda etapa, que comienza con el *adiestramiento* o *inducción* (adoctrinamiento). En esta actividad no sólo participa el departamento de Personal, sino que este comparte el compromiso con el responsable del departamento o del sector al que se incorpora la persona. Tiene por finalidad "socializar" al individuo inculcándole a través de distintos métodos los valores y costumbres que hacen a la cultura de la organización. Cabe aclarar que esta actividad puede ser muy formal en algunas empresas y demandar programas especiales, o puede tratarse, en otras, de un simple proceso informal que se lleva a cabo mediante una charla.

La actividad referida a la *administración de legajos* se desarrolla continuamente en la organización y tiene que ver con todos los aspectos que hacen, entre otras cosas, al cumplimiento de aquellas formalidades para la incorporación del empleado a la organización (inscripciones en los distintos organismos oficiales que así lo requieran), al control de asistencia y su registro, la administración de las enfermedades y accidentes, la protección y/o seguridad industrial, las desvinculaciones, etc.

La actividad *administración de remuneraciones* tiene por finalidad establecer la retribución que corresponde a cada puesto de trabajo. Para realizar dicha determinación se efectúan el análisis de puestos y encuestas salariales con informes del mercado laboral, y se consideran la calificación obtenida por cada individuo en la evaluación de desempeño, su antigüedad en la organización, entre otros aspectos. Es importante aclarar que muchas organizaciones abonan al personal una serie de beneficios que constituyen, junto con el sueldo, la remuneración con que se les retribuye el servicio prestado. Algunos ejemplos son el pago de seguros de vida, seguros de retiro, cuota de medicina prepaga, otorgamiento de becas para estudios, guardería para los hijos, descuentos en productos de la empresa, etc.

La administración de legajos junto con la de remuneraciones van a alimentar la de *liquidación de haberes* (que se ilustra en el diagrama de bloque de la página siguiente). Este proceso da como resultado la liquidación de las remuneraciones y de las cargas sociales que corresponden según la información acerca de asistencia, permisos especiales, horas extra autorizadas, etc., y de la remuneración de cada empleado, asignaciones familiares, descuentos. El resultado es elevado al sistema financiero (proceso de pagos) para que se efectivice el pago al personal y a los distintos organismos previsionales. Dicha información se materializa en planillas, recibos, libro de sueldos y jornales, y otros documentos.

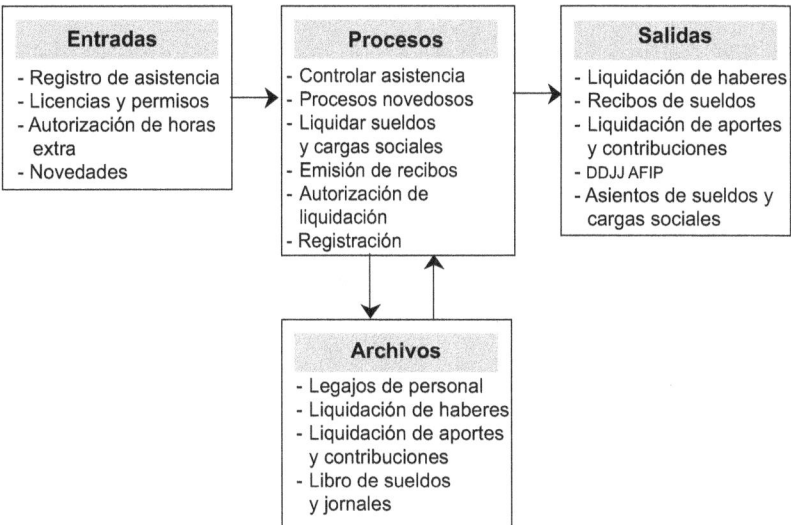

Entradas	Procesos	Salidas
- Registro de asistencia - Licencias y permisos - Autorización de horas extra - Novedades	- Controlar asistencia - Procesos novedosos - Liquidar sueldos y cargas sociales - Emisión de recibos - Autorización de liquidación - Registración	- Liquidación de haberes - Recibos de sueldos - Liquidación de aportes y contribuciones - DDJJ AFIP - Asientos de sueldos y cargas sociales

Archivos

- Legajos de personal
- Liquidación de haberes
- Liquidación de aportes y contribuciones
- Libro de sueldos y jornales

El propósito de la *evaluación del desempeño* es calificar al empleado en el desarrollo de sus tareas. Dicha calificación se utiliza con el objetivo de determinar los incrementos salariales y las promociones del personal, establecer su potencial de desarrollo y ayudarlo a mejorar su productividad y a adquirir nuevas habilidades. Esta tarea reviste un carácter informal en algunas organizaciones, pero en aquellas donde representa un proceso formal se la lleva a cabo con periodicidad y continuidad, utilizando una metodología previamente determinada. En esta actividad, si bien el departamento de Personal es el que analiza y selecciona el método a aplicar, la calificación está a cargo del superior inmediato del individuo, a quien, además, deberá notificarle el resultado. No obstante, el nivel superior de la organización puede efectuar una revisión de la evaluación contando con el asesoramiento del departamento de Personal.

La actividad de *capacitación y desarrollo* apunta a instruir al individuo para lograr el mejoramiento de su formación profesional, entrenarlo en el desempeño de sus funciones actuales (capacitación) y proporcionarle un perfeccionamiento apropiado para su actividad futura (desarrollo). Debe constituir un proceso permanente en la organización y debe contar con una planificación previa. Comprende no sólo el dictado de cursos y seminarios, sino también simulación de actividades, rotación por distintos puestos, lectura de material específico, reuniones de trabajo, etc.

Esta actividad adquiere fundamental importancia al momento de definir el plan de carrera del individuo. Quienes tienen a su cargo la responsabilidad por el trabajo de sus subordinados juegan un papel muy importante en esta instancia. No obstante, es el departamento de Personal el que promueve el desarrollo de esta función y la administra de acuerdo con las políticas fijadas por la organización y las demandas de los distintos puestos.

Pautas para el diseño

Nuestra atención se concentrará en las actividades de *administración de legajos* y de *liquidación de haberes*, que es a partir de donde se obtiene la información necesaria para el cumplimiento de las obligaciones que en materia laboral y previsional debe afrontar la organización.

En el desarrollo de estas tareas se deben tener presentes las necesidades de control interno en cuanto a la separación de funciones entre quienes realizan la administración de legajos, el control de la asistencia del personal, la liquidación de los haberes y de las obligaciones previsionales, la autorización del pago, el pago y la registración.

Cada una de las funciones es responsabilidad de un departamento en particular. Así, el de Personal tiene a su cargo el control de asistencia que consiste, básicamente, en verificar que la información que surge de los registros (tarjeta/reloj, planilla horaria, tarjeta magnética, etc.) referente a ausentismos, horas extra, licencias especiales (por estudio, matrimonio, nacimiento de hijos, etc.), permisos especiales (por trámites personales, exámenes médicos, etc.) se encuentre debidamente autorizada por el responsable de su otorgamiento. Para ello hay que prever la utilización de algún medio que permita formalizar dicha autorización y cursarla al departamento de Personal.

Sobre la base de los registros de asistencia del personal debidamente verificados y autorizados por el departamento de Personal, Liquidación de Haberes efectúa la liquidación propiamente dicha, tras complementar esta información con la que surja de los archivos actualizados en materia de remuneraciones, cargas de familia, aportes, deducciones, etc. Del procesamiento de los datos señalados se obtiene la liquidación de remuneraciones a pagar junto con los recibos, la liquidación de los aportes y de las contribuciones previsionales, y el libro de sueldos y jornales, de acuerdo con las disposiciones legales vigentes y estadísticas.

Esta documentación, autorizada por el responsable del departamento de Personal, se remite a Cuentas a Pagar, que tiene la responsabilidad de confeccionar las órdenes de pago respectivas. De esta instancia nos ocuparemos con mayor detalle al tratar el proceso de pagos.

En las pequeñas y medianas empresas (PyMEs) suelen estar unificadas las funciones de control de asistencia y de liquidación de remuneraciones y obligaciones previsionales bajo la responsabilidad del sector de Personal, que está dentro del área administrativa junto con otras funciones, como Cuentas a Pagar o Contaduría. En algunas organizaciones muy pequeñas, se llega incluso a tercerizar este proceso en las distintas consultoras que prestan este tipo de servicio.

Tanto la *administración de legajos* como la *liquidación de haberes* se encuentran formalizadas en el manual de procedimientos de la organización, donde están consignados, entre otros, los ordenamientos que deben tener los archivos de legajos, de planillas horarias, de planillas de liquidación, de recibos de sueldo, de acuerdo con las necesidades de los usuarios. A su vez, se establece el medio físico donde está contenida dicha información y los requisitos que tiene que satisfacer en el marco de las normas de control interno y de las disposiciones legales vigentes.

En el manual de procedimientos se deja constancia de la manera en que se realiza el archivo de los soportes utilizados en el proceso, y se indica dónde quedan registrados (archivos físicos o virtuales) y cómo (por orden alfabético o por número de legajo, por ejemplo). El *libro de sueldo y jornales*, que tiene que cumplir con las exigencias legales correspondientes, es el instrumento que permite el registro de esta operatoria, y genera la obligación de pago de las remuneraciones y de los aportes y contribuciones patronales.

Es necesario asignar la responsabilidad de los soportes que intervienen en este sistema (recibos de sueldos, legajos, registros varios, planillas horarias, planillas de liquidación, declaraciones juradas, libro de sueldos y jornales), a alguien previamente determinado, para evitar usos indebidos de esa documentación. En el caso de tener que anular alguno de los comprobantes, todos los ejemplares quedan adheridos al talonario o se archivan juntos en un espacio reservado a tal efecto, cruzados y firmados por la persona a cargo.

Es importante destacar que, en lo que respecta a la *administración de legajos,* debe tenerse en cuenta, desde el punto de vista del control interno, que cada miembro de la organización posea un legajo individual donde consten todos los registros que certifican su incorporación a la organización, así como los exámenes que se le hayan practicado, tanto técnicos como médicos, la remuneración y beneficios otorgados, los registros de los requisitos exigidos por los distintos organismos en materia laboral, deducciones, etc., y todas las actualizaciones que se generen durante la historia laboral del individuo en la organización. Todos los legajos conforman un cuerpo integrado que debe contar con adecuadas condiciones de seguridad y resguardo. Este sistema tiene que permitir procesar y sintetizar los datos para cumplir con las demandas de información de los niveles gerenciales. La base de datos debe ser de fácil acceso y estar disponible, en tiempo y forma, para toda persona autorizada de la organización, de manera que le sea posible tomar decisiones efectivas.

Todas las actividades que conforman este sistema constituyen, más allá de lo indicado en algunas en particular, una base de información sustantiva para la toma de decisiones del nivel gerencial de todos los departamentos que integran la organización. A partir de ella, deben poder obtenerse cuadros comparativos y estadísticas que sirvan al momento de establecer las políticas en materia de personal y de planificar las distintas actividades que forman parte de este sistema.

Los gerentes establecen la información que tiene que generar el sistema −cantidad de horas comunes y extra liquidadas y abonadas, porcentajes de ausentismo, enfermedades y accidentes, etc.– y la manera en que debe presentarse (la más útil es la de cuadros comparativos con otros períodos).

Impacto de la tecnología informática

Sería imposible concebir en la actualidad un sistema de administración de recursos humanos sin el apoyo de la tecnología informática.

En la actividad de reclutamiento, la búsqueda de personal externo puede efectuarse a través de bancos de datos propios y/o externos. Un medio que está tomando auge para esta aplicación es Internet. Desde el punto de vista de la búsqueda interna también se recurre a la base de datos que contenga la información del personal activo de la organización.

En la actividad de selección, por ejemplo, al momento de efectuar las evaluaciones psicológicas y técnicas del postulante, puede utilizarse *software* desarrollado específicamente para estas aplicaciones. Asimismo, en el adiestramiento o inducción también es posible emplear información almacenada en la computadora para instruir al individuo en la cultura organizacional mediante el acceso a reseñas históricas, políticas, códigos de ética, etc.

Con respecto a la actividad de administración de legajos puede decirse que, si se trata de una organización con un número considerable de agentes, es impensable efectuar un trabajo adecuado sin contar con el soporte de programas que permitan llevarla a cabo. Cabe aclarar que esto no elimina el uso de papeles, ya que para satisfacer ciertos requerimientos legales es necesario el uso de formularios para realizar los trámites pertinentes en cada organismo.

Lo que se destaca en este caso es la posibilidad de administrar todo el sistema de control de asistencia, para lo que existen distintas opciones en el mercado. Una es el sistema de tarjetas magnéticas, que permite captar y almacenar los datos y utilizarlos luego en el cálculo de liquidación de haberes, retenciones impositivas, aportes del personal y contribuciones patronales, obra social, ley de riesgos del trabajo, seguros, etc. Asimismo, se pueden imprimir los recibos de sueldo, las liquidaciones respectivas y el libro de ley.

En este caso en particular, es importante aclarar que, además, existe un requerimiento de la AFIP según el cual la declaración jurada para el pago de aportes y contribuciones del régimen nacional de seguridad social, del régimen de obras sociales y de la ley de riesgos de trabajo se extrae de un programa provisto a los contribuyentes, que debe presentarse a través de la página del mencionado organismo (www.afip.gov.ar), de donde se obtiene la respectiva constancia.

Con respecto a la actividad de evaluación de desempeño, también podemos encontrar programas con distintos métodos de evaluación que permiten procesar los datos recogidos a través de un sistema estandarizado y obtener, así, los resultados y estadísticas en forma sumamente rápida, ordenada y concisa para diagnosticar la situación de cada individuo.

En la actividad de capacitación y desarrollo, a la vez que se utilizan el *e-learning*, los foros virtuales y las simulaciones, también se está haciendo uso de otras tecnologías. El proceso se realiza poniendo a disposición de los agentes comprendidos en la actividad de capacitación el sistema informático con que cuenta la empresa; de esta manera se organizan actividades que no requieren el traslado del individuo, sino que este puede efectuar las aplicaciones desde su puesto de trabajo y al mismo tiempo hacer las consultas necesarias para la comprensión de los contenidos.

Es importante destacar que la organización debe decidir, en todos los casos, cuál será el sistema a implementar, que puede ser a medida o alguno de los *softwares* disponibles en el mercado.

6.6. Sistema financiero

Principales características

El sistema financiero tiene por objetivo administrar el capital invertido por los accionistas y los flujos de fondos (ingresos y egresos) que se producen por el desarrollo de las actividades de la organización. Estos flujos se originan en la *cobranza* de los montos generados por la venta de los bienes y/o servicios, y los egresos, por el *pago* de las obligaciones contraídas por la organización.

La administración financiera debe concentrarse en mantener un equilibrio entre ambos, para lograr un óptimo grado de liquidez (disponibilidad para hacer frente a las obligaciones comprometidas) y de solvencia (capacidad de los activos de la organización para afrontar las obligaciones contraídas).

Las diferencias que se producen entre los ingresos y los egresos dan origen a la adopción de medidas que tienen que ver con la *inversión*, si el flujo de ingresos supera al flujo de egresos, o con el *financiamiento*, si el flujo de ingresos resulta ser inferior al flujo de egresos.

El responsable en la toma de decisiones financieras debe asegurar recursos para el desarrollo de las operaciones habituales que lleva a cabo la organización (capital de trabajo) y puede optar entre distintas posibilidades de inversión de los excedentes de caja recurriendo al mercado financiero; este retribuye a la organización un interés por la colocación de dinero durante un plazo en el cual permanece inmovilizado. Asimismo, debe elegir entre las distintas fuentes de financiamiento a las que puede recurrir cuando el estado de liquidez resulte desfavorable.

Con respecto a las fuentes de financiamiento podemos distinguir, básicamente:

- aportes de capital de los accionistas, tanto inicial como por ampliaciones futuras;
- utilidades obtenidas y no repartidas entre los accionistas;
- préstamos obtenidos en entidades financieras;
- créditos otorgados por los proveedores para las operaciones habituales.

En los dos últimos casos deben atenderse, particularmente, el costo del financiamiento y el desarrollo de una especial capacidad de negociación. Todas estas cuestiones, en cuanto a inversión y a financiamiento, llevan a un análisis particular que es realizado por una rama especial de la administración: la administración financiera.

Por lo tanto, concentraremos nuestro análisis en los procesos a través de los cuales se generan los ingresos (proceso de *cobranzas*) y los egresos (proceso de *pagos*), y cuya interrelación se aprecia en el gráfico de la página siguiente, que muestra el funcionamiento del sistema financiero.

El *proceso de cobranzas* comprende todas las actividades necesarias para obtener la cancelación de los créditos otorgados por la venta de los bienes y/o servicios que produce la organización. Dichos créditos deben encontrarse en situación de exigibilidad de acuerdo con las condiciones de venta pactadas con el cliente. Llegada la fecha de vencimiento de la factura y/o de un documento, se pone en funcionamiento la gestión de cobro.

En realidad, esta gestión puede demandar una serie de etapas hasta la percepción efectiva de la cobranza, en virtud de la morosidad que presente el cliente para la

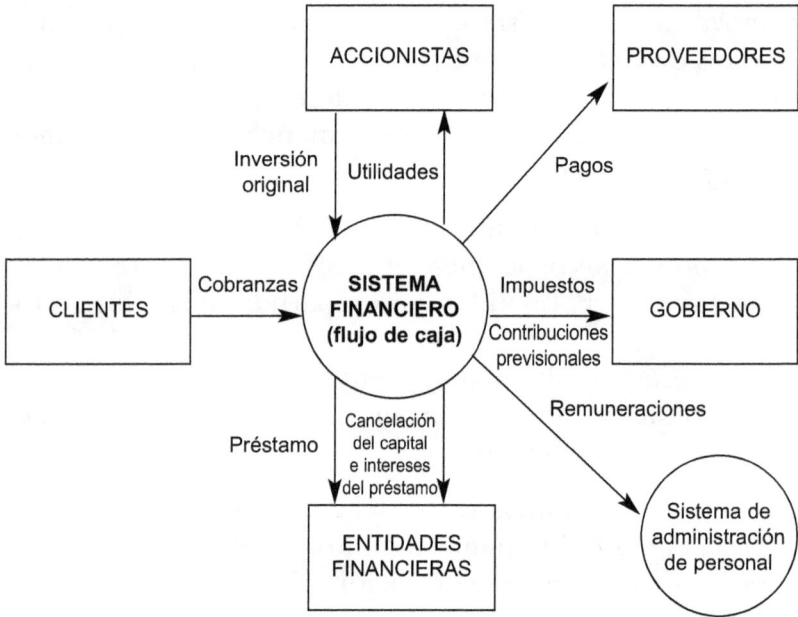

cancelación de su deuda, pudiendo requerirse, incluso, la iniciación de alguna acción legal.

Debe tenerse presente que cada instancia de cobro tiene asociado un costo; por ello, para que el sistema resulte eficiente debe diseñarse en forma tal que permita que la cobranza se efectivice ante el primer reclamo efectuado por la organización.

En este sentido, es importante resaltar la especial atención que hay que prestar al momento de establecer las políticas de venta, en lo que respecta al otorgamiento de créditos, al método de evaluación adoptado y a los requisitos que debe reunir el cliente para gozar de la financiación ofrecida por la organización.

En Créditos y Cobranzas es donde se pone en funcionamiento este proceso y es el área de la cual dependen los cobradores que llevan a cabo la gestión de cobranza, si es que la modalidad adoptada por la organización contempla esta instancia.

Con respecto a las modalidades de cobranza, las organizaciones pueden optar entre diversas formas e incluso combinar distintas modalidades de acuerdo con la actividad que desarrollan y considerar que es un servicio más que se le ofrece al cliente. Así, por ejemplo, el cobro de las facturas de los servicios públicos y/o impuestos que se efectúa a través de las entidades bancarias, que en su momento se hacía en ventanilla, en la actualidad tiende a ser reemplazado por el débito automático en la cuenta bancaria, el cajero automático o el débito en la tarjeta de crédito, que el usuario puede acordar por teléfono con la empresa prestataria. Las concesionarias de los servicios públicos también han habilitado el cobro de sus facturas en locales *ad hoc*.

Dentro de estas formas existen variantes que se suman a las aquí comentadas a modo de ejemplo.

Un caso particular que sí es importante señalar es el de las exportaciones, ya que, si bien su cobro se realiza a través de una entidad bancaria, requiere el desarrollo de pautas específicas a partir de la apertura de un crédito documentario que el comprador debe efectuar a favor del vendedor y que, oportunamente, es cancelado a través de dicha entidad bancaria.

Los ingresos obtenidos producto de la gestión de cobranzas se incorporan a la organización a través de Tesorería, donde se les da el destino correspondiente según las pautas previamente establecidas.

El *proceso de pagos* comprende todas las actividades necesarias para la cancelación de las obligaciones contraídas por la compra de los recursos materiales para la producción de los bienes y/o servicios que desarrolla la organización. Es importante resaltar la especial atención que debe prestarse al fijar las políticas de compra en lo que respecta a la financiación obtenida del proveedor.

En el sector de Cuentas a Pagar es donde se pone en funcionamiento este proceso, reuniendo la documentación pertinente, controlándola y conformándola. Cualquiera sea la modalidad de pago, prácticamente no hay diferencias en el desarrollo de esta gestión, excepto en las compras menores efectuadas a través de caja chica o por fondo fijo y el pago de remuneraciones y obligaciones previsionales.

Las modalidades de pago, salvo estas dos últimas, tienen que ver más con la modalidad de cobranzas adoptada por el proveedor que con una elección de la organización, ya que están condicionadas por aquella.

El pago propiamente dicho se concreta a través de Tesorería, que emite el instrumento de pago y cancela la obligación.

Descripción de los procesos

El *proceso de cobranzas* tiene lugar toda vez que Créditos y Cobranzas detecta facturas y/o documentos en situación de cobro. La gestión correspondiente dependerá de la modalidad o de las modalidades adoptadas por la organización y culmina cuando el cobro se efectiviza y se registra contablemente.

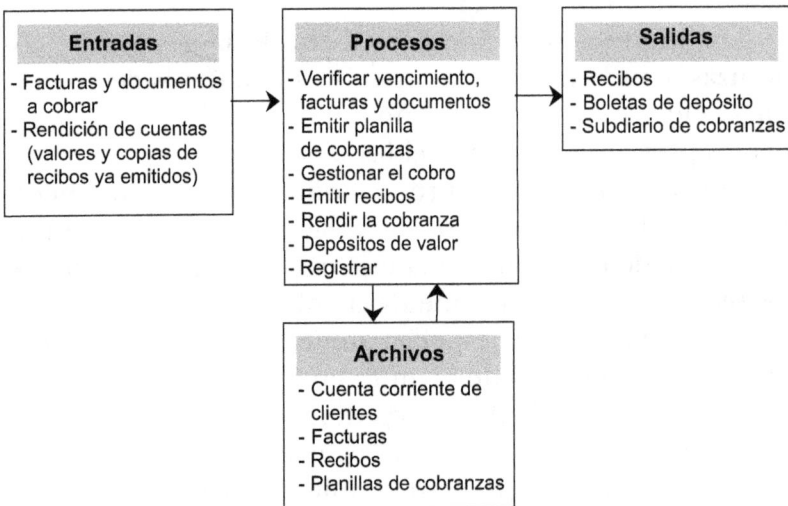

Entradas	Procesos	Salidas
- Facturas y documentos a cobrar - Rendición de cuentas (valores y copias de recibos ya emitidos)	- Verificar vencimiento, facturas y documentos - Emitir planilla de cobranzas - Gestionar el cobro - Emitir recibos - Rendir la cobranza - Depósitos de valor - Registrar	- Recibos - Boletas de depósito - Subdiario de cobranzas

Archivos
- Cuenta corriente de clientes
- Facturas
- Recibos
- Planillas de cobranzas

261

Tal como se desprende del gráfico, el proceso se inicia con la verificación del vencimiento de facturas y documentos. Si el cobro se efectúa a través de cobradores, estos deben recibir la información pertinente para desarrollar su función. Por lo general, en Créditos y Cobranzas se registran en un documento (planilla de cobranzas) los datos correspondientes del cliente y el estado y composición de su deuda, de acuerdo con la distribución de cobradores que tenga la organización. Los clientes que se consignan en esta planilla son aquellos cuya factura y/o documento se encuentra en situación de cobro de acuerdo con las condiciones pactadas previamente.

La gestión de *cobro* consiste en la visita del cobrador al cliente, y, en el caso de que en esta se concrete el cobro, procede a emitir el recibo correspondiente y a efectuar la anotación en la planilla de cobranzas, donde también asienta el o los motivos en caso de resultar infructuosa su gestión.

La actividad de *rendición de la cobranza* se concreta cuando el cobrador entrega los valores y recibos en Tesorería, y la planilla de cobranzas, que resume su gestión, en Créditos y Cobranzas, previa conformidad de Tesorería por la recepción de los valores.

Asimismo, Tesorería debe depositar el total de los ingresos recibidos y rendir ante Contaduría su destino de acuerdo con la política fijada. Dicha rendición suele efectuarse mediante una planilla de ingresos que contiene un resumen de la documentación que la respalda (recibos, retenciones impositivas y boletas de depósito).

El proceso concluye cuando Contaduría lleva a cabo el *registro de la cobranza*, es decir, cuando consigna los ingresos y los depósitos. En forma simultánea con la contabilización de los ingresos se deben actualizar la cuenta corriente de clientes y los saldos con los pagos recibidos.

Si la modalidad o las modalidades de cobro adoptadas por la organización son otras (a través de una entidad bancaria, en caja, débito en tarjetas de crédito, etc.), la gestión reseñada se ve afectada en lo que respecta a las funciones desarrolladas por el cobrador, pero, como proceso integral, se cumplen todas las actividades presentadas.

El *proceso de pagos* se inicia cuando se contrae una obligación –por una compra efectuada a un proveedor, por los servicios prestados por el personal, por los aportes retenidos a los empleados, por las contribuciones patronales en materia previsional e impositiva, etc.–, y culmina cuando se cancela la deuda y se realiza el registro correspondiente. Se pone en funcionamiento al recibir la factura del proveedor, que da lugar a la actividad de *control y registro de la deuda* (ver gráfico), que consiste en cotejar la factura con el remito y la orden de compra provenientes del sistema de abastecimiento; debe controlarse que no existan diferencias en cuanto a los conceptos (tipos de productos y/o servicios), cantidades y precios. De estar todo correcto, se conforma la factura y se consigna la deuda contraída en el registro de

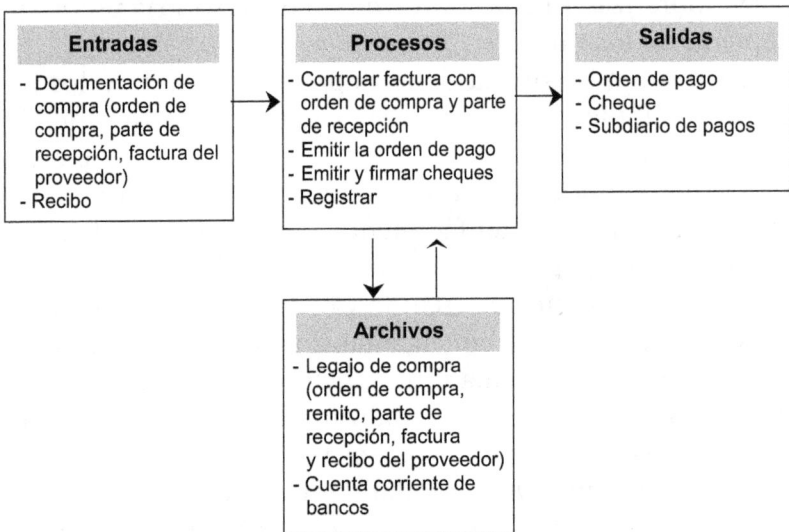

Entradas
- Documentación de compra (orden de compra, parte de recepción, factura del proveedor)
- Recibo

Procesos
- Controlar factura con orden de compra y parte de recepción
- Emitir la orden de pago
- Emitir y firmar cheques
- Registrar

Salidas
- Orden de pago
- Cheque
- Subdiario de pagos

Archivos
- Legajo de compra (orden de compra, remito, parte de recepción, factura y recibo del proveedor)
- Cuenta corriente de bancos

263

cuentas a pagar. La documentación (factura, remito y orden de compra) integra lo que se denomina el *legajo del pago.*

Llegada la fecha de vencimiento de la obligación, se pone en marcha la actividad de *autorización y liquidación del pago.* Sobre la base del legajo del pago, el sector Cuentas a Pagar emite la orden de pago correspondiente y la somete a la autorización del responsable del departamento de Finanzas, quien, además, podrá establecer las prioridades de pago.

A partir de la orden de pago y del legajo del pago, Tesorería desarrolla la actividad de *pago* emitiendo el instrumento correspondiente (cheque) que entrega al proveedor contra la recepción del comprobante que respalda la cancelación de la deuda (el recibo). En algunos casos, la misma factura presenta un talón de pago que es sellado por la entidad recaudadora como constancia del pago efectuado. Finalmente, Tesorería debe rendir ante Contaduría las órdenes de pago junto con el legajo y el recibo del proveedor.

El proceso concluye cuando Contaduría procede al *registro del pago,* es decir, cuando consigna los egresos y actualiza la cuenta corriente de cada proveedor.

Si la modalidad de pago se refiere al de remuneraciones y de las obligaciones previsionales, en lugar de la factura del proveedor existirán las planillas de liquidación de remuneraciones y de cargas sociales, las boletas para el pago de estas últimas y la declaración jurada del régimen de la seguridad social y del régimen nacional de obras sociales, que respaldan las órdenes de pago correspondientes. El pago de las remuneraciones debe efectuarse a través del depósito de los sueldos en la cuenta especial abierta para cada empleado en una entidad bancaria y de la cual este podrá realizar extracciones por medio de los cajeros automáticos. Cabe aclarar que de acuerdo con la legislación vigente esta forma de pago es obligatoria.

Con respecto al pago de las cargas sociales, tanto el régimen nacional de la seguridad social como el de obras sociales y la obligación de la ley de riesgos del trabajo, de acuerdo con el tipo de contribuyente que represente la organización ante la AFIP, debe efectuarse a través del sistema Interbanking (Internet) tras solicitar las correspondientes claves de autorización.

Pautas para el diseño

En el diseño de los *procesos de cobranzas y de pagos* se deben tener presentes las necesidades de control interno en cuanto a la separación de funciones entre quien tiene la responsabilidad por el manejo de los fondos y quien realiza el registro contable.

La máxima responsabilidad sobre estos procesos reside en el departamento de Finanzas, ya que es el que debe coordinar el flujo de egresos (proceso de pagos), en virtud del flujo de ingresos (proceso de cobranzas).

Todos los sectores intervinientes dependen de este departamento, cada uno con funciones, tareas y responsabilidades propias.

Como principio de control interno puede señalarse que hay que prestar especial atención a la asignación de un único responsable de la custodia y el manejo de los fondos (Tesorería), a la rotación del personal que maneja los fondos y al otorgamiento de las vacaciones anuales, sin excepción, para que pueda efectuarse una rotación en la gestión desarrollada por el tesorero. Dicho control se completa con la realización de arqueos sorpresivos y conciliaciones bancarias que permiten verificar los registros con las operaciones efectivamente hechas.

En el proceso de cobranzas, en la actividad de *organización de la cobranza*, la responsabilidad recae sobre Créditos y Cobranzas, que tiene a su cargo la actualización de las cuentas corrientes de los clientes (registro de la factura proveniente del sistema de ventas y registro del recibo producto de la cobranza efectuada por el cobrador).

La responsabilidad por la gestión de *cobro* en sí depende de la modalidad de cobranzas aplicada; si es a través de cobradores, son estos quienes deben asumirla. En este caso se requiere también la contratación de un seguro de dinero en tránsito con el objeto de cubrir el riesgo que implica la circulación con valores.

Con respecto a la *rendición de la cobranza,* son los cobradores los que deben rendir los valores percibidos ante Tesorería, que asume la responsabilidad a partir de la aprobación de la rendición.

En las instrucciones al cobrador debe establecerse el alcance de su gestión y las atribuciones que tiene en cuanto al otorgamiento de descuentos por pronto pago. No obstante, es conveniente que las normativas fijadas al respecto se encuentren estipuladas en la factura o en el manual de procedimientos.

El cobrador tiene que poner especial atención en los valores que recibe de los clientes en cancelación de sus deudas; es necesario que los requisitos que deben reunir estén fijados de antemano.

Tesorería, a su vez, tiene la responsabilidad por el control de los valores percibidos con los recibos y las anotaciones del cobrador en la planilla de cobranzas. Además, debe depositar los valores en la cuenta bancaria de la organización y resumir su gestión en una planilla de ingresos para informar a Contaduría. Aquí, es importante apuntar otra norma de control interno que tiene que ver con la separación de los fondos provenientes de las cobranzas (que deben depositarse en su totalidad) de los destinados a los pagos (emisión de cheques contra la cuenta bancaria).

Hay que prestar suma atención a las fechas que presenten los cheques de pago diferido que pudieron recibirse en el proceso de cobranzas y a la disponibilidad de fondos, ya que, de lo contrario, puede generarse un desfase financiero importante para la organización con los costos que ello implica. Es aquí donde el departamento de Finanzas asume un papel fundamental y puede, incluso, tener que ajustar las necesidades de abastecimiento de la organización a la capacidad de pago existente.

También deben establecerse los tiempos de rendición de la cobranza por parte de los cobradores, los que deben hacerlo en forma diaria, ya sea en la organización o mediante el depósito de los valores en la cuenta corriente de la empresa si su gestión se desarrolla lejos del establecimiento. Esto es así, en primer lugar, para que aquella pueda disponer en forma inmediata de los fondos, y, en segundo lugar, para evitar su uso indebido. Por supuesto, en caso de recibirse cheques de pago diferido, su rendición puede exceder esta normativa.

Con respecto a los soportes que intervienen en el proceso de cobranzas –recibos, planilla de cobranzas, planilla de ingresos–, es necesario que se asigne la responsabilidad de su tenencia a una persona determinada previamente para evitar usos indebidos. En los casos de tener que anular alguno de los comprobantes, por ejemplo recibos, todos los ejemplares deben quedar adheridos al talonario, cruzados y firmados por la persona a cargo.

El proceso se considera terminado cuando se actualizan las cuentas corrientes en Contaduría, la que también recibe de Tesorería la planilla de ingresos con los recibos, las boletas de depósito bancario y las retenciones impositivas pertinentes, y procede al registro contable.

En el proceso de pagos, la responsabilidad sobre la actividad de *control y registro de la deuda* recae sobre Cuentas a Pagar, que tiene a su cargo la actualización del registro de la factura del proveedor y del recibo por la cancelación de la deuda.

La responsabilidad por la gestión de *autorización y liquidación del pago* también recae sobre Cuentas a Pagar en cuanto a la emisión de la orden de pago y el cálculo de las retenciones impositivas. La autorización del pago puede requerir la intervención del responsable del departamento de Finanzas sobre el monto a erogar o para determinar prioridades de pago más allá de los vencimientos que surgen de cada factura según la situación financiera que atraviese la organización, tal como se comentó más arriba.

Con respecto al *pago*, es Tesorería la que emite el instrumento de pago (cheque) y cancela la obligación con el proveedor o, en el caso del pago de remuneraciones, ordena a la entidad bancaria el depósito del sueldo en la cuenta correspondiente de cada empleado. En el pago de remuneraciones debe prestarse atención a la firma del recibo por parte del empleado.

En relación con los soportes que intervienen en este proceso (orden de pago y cheque), es necesario que se asigne la responsabilidad por su tenencia a una persona determinada previamente para evitar usos indebidos.

En el caso de tener que anular algún comprobante de orden de pago, todos los ejemplares deben quedar adheridos al talonario, cruzados y firmados por el responsable.

En cuanto al legajo que respalda el pago, debe anularse la documentación (factura, remito, orden de compra), de manera que no pueda volver a ser presentada para su pago.

También hay que establecer el instrumento que se utilizará para efectuar los pagos, el que, para disminuir los riesgos del manejo de efectivo, debe fijarse en el uso del cheque. Este medio tiene que atender los requisitos de la legislación vigente (uso de cheque de pago diferido para pagos con fecha diferida), contemplar ciertos recaudos en cuanto a la forma de emitirse (cruzado y no a la orden), ser firmado por lo menos por dos responsables de la organización para evitar el uso indiscriminado de fondos y, en caso de tener que anularse, debe quedar adherido a la libreta de cheques.

Por último, los procesos de cobranzas y de pagos tienen que permitir procesar y sintetizar los datos para cumplir con las demandas de información de los niveles gerenciales. La base de datos debe ser de fácil acceso y estar disponible, en tiempo y forma, para toda persona autorizada de la organización, de manera que le permita tomar decisiones efectivas.

Todas las actividades que conforman estos procesos constituyen, más allá de lo indicado en algunos casos en particular, una base de información sustantiva para la toma de decisiones del nivel gerencial de todos los departamentos que integran la organización. A partir de ella, deben poder obtenerse cuadros comparativos y estadísticas que sirvan al momento de establecer las políticas en materia financiera y de planificar las distintas actividades que conforman este sistema.

Los gerentes establecen el modo de presentación y los plazos de entrega de la información a generar por el sistema, que puede estar referida a los saldos de los principales deudores, cuentas a cobrar vencidas, deudas con los principales proveedores, saldos disponibles en las entidades bancarias, obligaciones vencidas, etc. Es conveniente que se presenten en cuadros comparativos con otros períodos o con lo presupuestado para que sea útil.

El departamento de Finanzas determina los planes de acción, los programas y los presupuestos correspondientes considerando la estrategia general de la organización.

Impacto de la tecnología informática

En la actualidad puede observarse que, por más pequeño que pueda ser el negocio, es muy difícil encontrar quien no utilice un sistema informático para la gestión de los distintos procesos operativos, incluyendo los de cobranzas y de pagos. En algunos casos, la aplicación innovadora de la informática puede redundar, incluso, en una integración de estos procesos con los sistemas de ventas, en el caso de las cobranzas, o con el de abastecimiento, en el caso de los pagos.

Un ejemplo de ello fue comentado en el punto 6.2 ("Sistema de abastecimiento") al presentarse el caso extraído del libro *Reingeniería*, de Hammer y Champy, de una fábrica de automóviles en la que rediseñan el proceso de abastecimiento mediante la automatización, e incluyen las funciones Cuentas a Pagar, Compras y Recepción. Al llegar la mercadería a Recepción, un empleado comprueba en una terminal de computadora si el pedido que se acaba de recibir corresponde a una orden de compra pendiente y, si es así, acepta el pedido y oprime "*enter*" en su terminal, para indicar al sistema que los bienes llegaron. La recepción de los bienes queda registrada y la computadora automáticamente dispone el pago.

En el *proceso de cobranzas* puede utilizarse un sistema informático que permita, concluida la facturación, actualizar automáticamente el estado de cuenta de cada cliente, por lo que, por ejemplo, Créditos y Cobranzas sólo deberá verificar el estado de cuentas vencidas para iniciar su gestión de cobro. De la misma manera, al registrarse los ingresos en Tesorería por las cobranzas efectivizadas, pueden actualizarse los saldos de las cuentas corrientes y se simplifican las actividades de los departamentos y sectores intervinientes. Este mismo proceso generará incluso la información que la gerencia requiere para la toma de decisiones, procesando el contenido de la base de datos según dichos requerimientos, que debieron ser contemplados al momento de diseñar el sistema.

En algunas organizaciones, las aplicaciones informáticas han permitido el desarrollo de ciertos sistemas que de otro modo resultarían impensables. Tal es el caso de los sistemas de recaudación de las AFJP (Administradoras de Fondos de Jubilaciones y Pensiones) y de las ART (Aseguradoras de Riesgos del Trabajo), por ejemplo, que las perciben a través de la AFIP, organismo que centraliza el cobro de las obligaciones previsionales de las compañías contribuyentes. En este caso, la AFIP deposita directamente en la cuenta corriente bancaria de la organización (AFJP y/o ART) los montos correspondientes, y esta se informa a través del sistema de comunicación *on line* con la entidad bancaria.

En los comercios minoristas, la aplicación de los sistemas *on line* con las distintas empresas de tarjetas de crédito y/o compra ha permitido agilizar el sistema de cobro de los cupones por parte del comercio y ha posibilitado a las empresas de tarjetas de crédito y/o compra ejercer un mejor control de las autorizaciones de dichos cupones. Al mismo tiempo se presta un mejor servicio al cliente, en cuanto a los tiempos de espera para obtener la autorización de la compra, y al comercio, en cuanto al uso fraudulento de las tarjetas.

En el *proceso de pagos*, las cuentas a pagar a cada uno de los proveedores se actualizan en el sistema informático pudiendo realizarse, previamente y a través del mismo sistema, el cotejo de la factura con la documentación proveniente de la compra. Asimismo, llegada la fecha de cada vencimiento, el sistema emite la orden de pago correspondiente y Tesorería, los cheques que se imprimen a través del mismo sistema; se actualizan así los registros de las cuentas bancarias correspondientes y los de las cuentas a pagar. De esta manera, el estado de las obligaciones con cada proveedor se mantiene actualizado en tiempo real y se simplifican las actividades de los sectores y departamentos intervinientes.

Tesorería, a su vez, puede estar conectada *on line* con la entidad bancaria y conocer de manera permanente el estado de la cuenta. Esto resulta sumamente beneficioso en los casos en los que se contrata la gestión de pago a la entidad bancaria, ya que automáticamente se debitan los importes en la cuenta corriente de la empresa.

En el caso del pago de remuneraciones de acuerdo con las exigencias legales vigentes, mediante sistemas de comunicación *on line* con la entidad bancaria se informa la nómina del personal con la remuneración correspondiente a cada uno, y el banco se ocupa de depositar en cada cuenta el importe correspondiente. En este caso puede observarse que de no utilizar este sistema de comunicación, la entidad bancaria requiere que la información pertinente sea remitida en disquete con por lo menos 48 horas de antelación al pago.

El uso de las nuevas tecnologías permite que, con respecto al registro contable de estos procesos, la tarea también se vea simplificada, ya que, a medida que se va aplicando el sistema informático en las distintas instancias de cada proceso, se va obteniendo la información necesaria y es posible cotejarla, compatibilizarla y actualizar los registros contables, lo que minimiza la circulación de papeles en la organización.

6.7. Referencias seleccionadas

Eiglier, Pierre y Langeard, Eric: *El marketing de servicios.* McGraw-Hill, Madrid, 1989, Cap. 1.

Gilli, Juan José y colab.: *Sistemas Administrativos.* Editorial Docencia, 3ª ed., Buenos Aires, 1998, Caps. 5-10.

Hampton, David R.: *Administración.* McGraw-Hill, México, 3ª ed., 1994, Caps. 15 y 18.

Solana, Ricardo F.: *Producción.* Interoceánica, Buenos Aires, 1994, Caps. 6, 12 y 18.

6.8. Temas de discusión

1. ¿Cuáles son las principales interrelaciones que pueden establecerse entre los distintos sistemas operativos descritos?

2. ¿Cómo se compatibilizan las pautas de diseño (aspectos de control interno) de los sistemas de abastecimiento y de pagos, con la aplicación de la reingeniería en el caso comentado en el punto 6.2?

3. De acuerdo con lo visto acerca del impacto de la tecnología sobre los distintos sistemas operativos, ¿puede imaginar un *software* que los integre totalmente? ¿Cómo sería?

4. Proponga un tablero de control de los distintos sistemas operativos a partir de la información que cada uno puede proporcionar para uso gerencial.

CAPÍTULO 7

SISTEMAS DE PLANEAMIENTO Y CONTROL

OBJETIVOS DE APRENDIZAJE

- Entender el sistema de planeamiento como una tarea que integra distintos niveles de decisión.

- Valorar la contabilidad como el sistema que integra la información generada en los distintos sistemas operativos y como elemento básico de control.

- Relacionar el sistema presupuestario con los sistemas de información contable y de gestión.

- Comprender las diferencias entre los sistemas tradicionales de control gerencial y las nuevas concepciones de un tablero de mando integral.

7.1. Sistema de planeamiento

Principales características

Ackoff (1972) explica que la esencia de la sabiduría es la preocupación por el futuro. El proceso de planeamiento, entonces, adquiere máxima relevancia en función de su compromiso con la identificación del futuro deseable y de los caminos que conducen a él. El citado autor identifica dos tipos de proyecciones: aquella que probablemente acontezca si no se interviene –*proyección de referencia*– y aquella que quiere alcanzar la organización –*proyección ideal*–. El planeamiento es la actividad que elimina la brecha entre ambas e identifica y difunde los propulsores de valor de la empresa. En otras palabras, podemos definir la actividad de planeamiento como la acción consistente en definir objetivos y elegir los medios aptos para alcanzarlos.

Si se consideran el nivel decisorio en el que se realiza el planeamiento, su alcance temporal y su amplitud, puede pensarse en una jerarquía de planes dentro de la organización como la que se muestra en el siguiente cuadro.

Nivel	Alcance temporal	Amplitud	Resultado
Estratégico Táctico Operativo	Largo plazo Mediano plazo Corto plazo	Toda la organización Áreas Funciones	Plan estratégico Programas Procedimientos

Tradicionalmente, se ha asociado al *planeamiento estratégico* con la identificación, desarrollo y selección de las estrategias creadoras de valor para cada unidad comercial y para la organización. Incluía el análisis del atractivo del mercado y el posicionamiento competitivo.

En la actualidad, no se habla de planeamiento estratégico. Al respecto, Hamel (1997) lo define como un ritual motorizado por el calendario y no una exploración del potencial revolucionario que encierra. Menciona, además, que el proceso de formulación de la estrategia tiende a ser reduccionista, basado en reglas simples. Funciona desde hoy hacia delante, y no desde el futuro hacia atrás. El proceso de planeamiento es en general elitista y aprovecha una pequeña proporción del potencial creativo de la organización.

Para este autor el problema principal en las organizaciones es que no alcanzan a entender la diferencia entre "planificar" y "estrategizar". El planeamiento tiene que ver con la programación, no con el descubrimiento. El planeamiento es para los tecnócratas, no para los soñadores.

La instancia de *planeamiento táctico* se caracteriza por decisiones que se basan en el análisis de relaciones insumo-producto, de costo-beneficio y de ingresos-egresos. Considera, además, los efectos en las estructuras de activos y financiación, en medidas de riesgo operativo y financiero, en resultados referidos a diferentes variables, etc.

Surge en consecuencia, la evidente necesidad de un modelo que integre la fase planificación estratégica (objetivos, opciones estratégicas, generadores de valor identificados en la relación empresa-mercado) con la fase de planificación táctica (presupuestos, proyectos, programas, seguimiento de metas extrapresupuestarias, etc.), en una síntesis que parte de la definición de objetivos que orientan la búsqueda de medios apropiados y finaliza con la selección de los que mejor satisfacen dichos objetivos.

Por *planeamiento operativo* entendemos la selección de los procedimientos más convenientes para la ejecución de los programas.

El *presupuesto*, como un instrumento correspondiente a la fase de planeamiento táctico, es la expresión económico-financiera de los programas de actividad sectoriales. Se basa en la programación, de modo que una actividad que no sea producto de programación no puede tener asignación presupuestaria.

Así como el plan representa algo así como la estrategia en acción, el presupuesto es programación en acción. En efecto:

- explicita la asignación de los recursos;
- expresa la dimensión de las metas y de los compromisos asumidos;
- brinda al nivel operativo los objetivos que este reconoce y acepta;
- explicita los atributos que conferirán reconocimientos por los éxitos alcanzados o penalizaciones por los defectos.

El presupuesto es el instrumento a través del cual se exterioriza el enlace entre la planificación y el control. Sirve de eslabón imprescindible entre los objetivos (futuros deseables) y la evaluación permanente del proceso definido para efectivizarlos.

En tal marco, si se alude al presupuesto con la visión integradora que hemos sugerido, se estará reconociendo al mismo tiempo su encadenamiento directo con los sistemas de planeamiento estratégico y programación, por un lado, y con el de control de la gestión, por el otro. Ambas funciones, planeamiento y control de gestión, se ven en consecuencia vinculadas por una común necesidad de información sobre variables relevantes, indicadores clave, aptitud de los procesos, seguimiento y evaluación de la ejecución de la programación, y obtención de metas.

Desde un punto de vista organizativo, existen distintas posibilidades de asignar la función de presupuestos.

– *Como una gerencia de Presupuestos:* con igual nivel que otras gerencias. Considerada como una herramienta de la dirección, no depende de ninguna de las áreas funcionales. Por un principio de economía, esto es sólo para las grandes empresas.

– *En la gerencia de Administración y Finanzas:* común en las PyMEs, dada la especialización de esta gerencia.

– *Como un* staff *del gerente de Administración y Finanzas:* se apoya al gerente en la tarea operativa.

La implementación de un sistema de control presupuestario suele requerir la organización de un comité de presupuesto formado por el gerente general, el responsable del sector Presupuestos y los gerentes de cada una de las áreas funcionales, cuyas principales tareas serán la aprobación y el control del presupuesto y la solución de cuestiones conflictivas.

Descripción del proceso presupuestario

El proceso presupuestario está compuesto por distintas etapas: determinación de pautas, recopilación, elaboración e instrumentación, emisión y revisión.

1. *Determinación de las pautas presupuestarias:* es necesario considerar las metas fijadas por la dirección y las pautas relacionadas con los ambientes interno y externo (capacidad y obsolescencia de equipo productivo, canales de distribución, política fiscal, competencia, etc.).

2. *Recopilación de información:* la etapa de estimación se origina en los niveles inferiores de la estructura y consiste en determinar el marco económico en el cual se va a encuadrar el presupuesto. Es importante establecer una acción combinada de las

estimaciones de los diferentes departamentos. En esta etapa:

- se analizan el entorno y la información de los archivos, y se fijan las metas de corto, mediano y largo plazo;

- se realiza una proyección del mercado, mediante un análisis práctico-motivacional-económico;

- se relevan las posibilidades de venta de los productos en los próximos períodos (lanzamiento, crecimiento o madurez) a través del análisis de las tendencias de la demanda, y el comportamiento de los consumidores y de la competencia;

- a partir del potencial de la organización que surja frente a la competencia, se determina si se intensifica la porción de mercado ganado o se buscan nuevos mercados.

Es conveniente que las estimaciones de los diferentes responsables de las áreas operativas sean revisadas por el sector Presupuestos para asegurar su racionalidad.

3. *Elaboración:* la etapa de elaboración es descendente, es decir, se origina en los niveles más altos y baja por la línea jerárquica. El gerente general resume los objetivos de supervivencia o crecimiento respecto de los objetivos de liquidez y rentabilidad. Pasa luego a los niveles inferiores para que los planes generales se adecuen a los planes específicos.
La estructura del presupuesto deberá ajustarse a las características de la organización donde se desea implementar. No obstante, se puede afirmar que las salidas básicas de un sistema presupuestario serán las que siguen.

- Presupuesto económico o estado de resultados proyectado: pronóstico de los resultados que se estiman para el período presupuestado.

- Presupuesto financiero: pronóstico de los posibles ingresos y egresos de fondos durante un período de tiempo determinado.

- Balance proyectado: situación patrimonial prevista como consecuencia de las operaciones presupuestadas, al final del período considerado.

A fin de obtener esta información, deberán confeccionarse los presupuestos parciales como el de ventas, costo de ventas, niveles de inventario, fabricación, compras, gastos variables de ventas, etc.

Tipos de presupuestos parciales

Presupuesto de ventas: como una de las variables de menor control por parte de la empresa, las ventas se convierten en el punto de partida del proceso presupuestario. Es conveniente separar el pronóstico de las ventas por mercado, canal de distribución y por líneas de productos, individualizando dentro de estas categorías, artículos o grupo de artículos cuando las circunstancias lo impongan (diferentes condiciones de venta, precios, etc.).

El departamento de Ventas funda sus predicciones en factores históricos, elementos específicos, como la aparición de un nuevo producto en el mercado, y la situación económica en general. La estructura del presupuesto de ventas incluye no sólo el pronóstico de las unidades físicas a vender, sino también su valorización.

Presupuesto de costo de ventas: el departamento contable preparará el presupuesto del costo de ventas teniendo en cuenta el presupuesto de ventas y los costos estándar de la compañía. Si la organización trabaja con costos históricos, deberá esperarse el presupuesto de gastos de fabricación.

Presupuesto de niveles de inventario: deberá confeccionarse teniendo en cuenta la política de inventarios fijada por el Directorio. El departamento comercial determinará los niveles de inventario en función de las unidades a vender, del nivel de inventario de productos deseado y de las cantidades mínimas y óptimas de producción.

Presupuesto de fabricación: este presupuesto implica la determinación de los siguientes aspectos.

- Unidades físicas a producir por producto o línea de productos.
- Consumo de materias primas.
- Actividad de planta (horas hombre).
- Gastos de planta.
- Insumos de planta valorizados.
- Variación de precios.
- Gastos de fabricación.

Presupuesto de compras de materias primas: incluye la determinación de los niveles de inventario y de las compras.

a) Presupuesto de niveles de inventario de materias primas y materiales varios: a partir del presupuesto de insumo de planta en unidades preparado por el departamento de Producción, y de acuerdo con la política de inventarios de materiales fijada por el Directorio, el inventario al inicio y los lotes óptimos de compra, se determinarán las cantidades a comprar y los niveles de inventario para cada período.

b) Presupuesto de compra de materias primas y materiales auxiliares: con la información anterior, el sector Compras elaborará este presupuesto estimando las condiciones en que los materiales podrán ser adquiridos.

Presupuesto de gastos variables de comercialización: contiene la estimación de impuestos a la facturación, comisiones (si se pagan en relación con el monto de ventas, y sus cargas sociales), materiales de embalaje, fletes, regalías, etc.

Presupuesto de gastos fijos: se estiman los gastos de comercialización, administración y distribución. Es importante definir los objetivos globales de la organización para adecuar este presupuesto a las metas de utilidad neta que fije la dirección. En función de los objetivos, cada sector emitirá un pronóstico de cada uno de los conceptos de gastos fijos considerando, además, sus objetivos específicos.

A todos los sectores de la empresa –con excepción de Fabricación– se le asignará la tarea de presupuestar y controlar, total o parcialmente, uno o más de los rubros que integran este presupuesto.

Presupuesto de gastos financieros e impuestos: incluye el cálculo de los intereses y otros gastos financieros devengados en el período, y los impuestos a cargo de la organización. El departamento de Finanzas estimará los gastos financieros clasificados en obligaciones a pagar bancarias, comerciales y financieras, y determinará el plazo (corto o largo) y si son en moneda local o extranjera. El cálculo de impuestos será realizado también por el departamento de Finanzas de acuerdo con las disposiciones legales vigentes.

Presupuesto de inversiones: es un aspecto de suma importancia en el planeamiento integral, por el efecto que produce sobre las utilidades.

En general, suele confeccionarse una solicitud, en la cual un sector propone realizar una inversión. Se deben detallar las características principales del proyecto y los fundamentos de su conveniencia. Las solicitudes pasarán a la gerencia para que esta los considere mediante la utilización de técnicas de evaluación (valor presente neto, tasa interna de retorno, período de recupero, etc.).

Presupuesto de egresos: contiene el pronóstico de todos los egresos de la organización en el período considerado. Se nutre principalmente de los presupuestos de compras, inversiones, gastos de fabricación y gastos fijos.

Se considerarán también los saldos a pagar iniciales discriminados por fecha de vencimiento. El criterio en este presupuesto es el del percibido.

Presupuesto de ingresos: incluye el cálculo de las cobranzas de cuentas corrientes, en efectivo, cheques y documentos, cobranzas de documentos en cartera, ingresos por descuento de documentos a cobrar y otros ingresos como préstamos (bancarios, financieros), rentas de inversiones, alquileres cobrados, etc. Al igual que en el presupuesto de egresos, deberán incluirse todos los montos a percibir en el período.

4. *Emisión:* estará a cargo del departamento de Presupuestos o de Finanzas. Una vez aprobada por la gerencia, retornará a los niveles inferiores y fijará las metas a alcanzar por cada área de actividad.

5. *Revisión:* el presupuesto puede quedar desactualizado en función de cambios en el marco económico o en las estrategias de la organización. Suele fijarse un período determinado para revisarlo.

A modo de resumen, podemos observar el siguiente diagrama que muestra la interrelación de los presupuestos finales (económico, financiero y balance proyectado) y los presupuestos parciales.

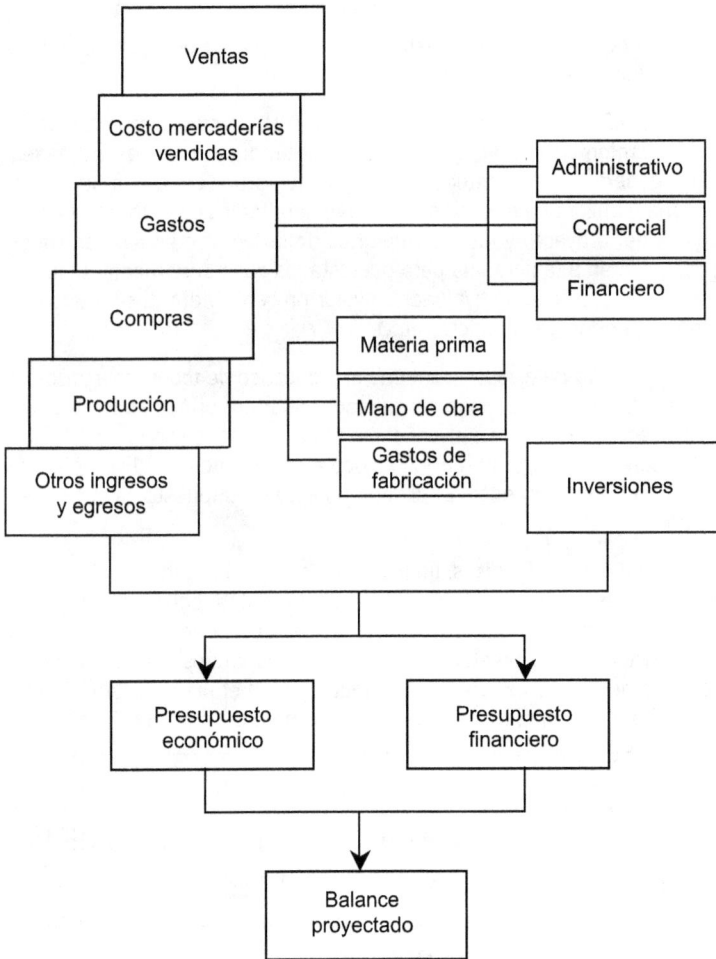

Pautas a seguir en el proceso presupuestario y soporte informático

No es fácil generalizar sobre cualidades que debieran satisfacer las tareas relevantes de un sistema presupuestario, pero Alonso (1987) menciona las siguientes pautas como fortalezas.

- Existencia de cursogramas y cronogramas explícitos.
- Conocimiento oportuno por parte de responsables (reuniones explicativas).
- Formularios e instructivos tipificados y normalizados.
- Definición de responsables para cada tarea.
- Armonización de requisitos a los fines contable, financiero, comercial, de costeo, de control, etc.
- Definición de tiempos a los que deben asociarse cortes o toma de estados diversos, registro, envíos de información, etc.
- Definición de información de entrada y salida respecto de cada unidad participante en el proceso.
- Especificación de tiempos, formatos, etc., de información sobre ejecución.
- Explicitación del proceso de retroalimentación que permita ajustes o adecuaciones oportunas.
- Verificación de las entradas, salidas y del proceso presupuestario propiamente dicho ("álgebra presupuestaria").
- Especificaciones sobre la etapa de análisis preaprobación.

La existencia de planillas de cálculo electrónicas permitió facilitar la confección del presupuesto, no sólo en lo relacionado con el cálculo, sino también permitiendo procesos de simulación de diferentes escenarios. Por otra parte, la tecnología informática ha generado un fuerte impacto en lo relacionado con la obtención de información en tiempo real y el acceso más rápido a datos clave.

La base de datos única permite también obtener información más completa y confiable, que puede ser agrupada o desagregada por el usuario según su conveniencia.

La función de planeamiento de los *softwares* integrados permite el ingreso de datos relativos a toda la empresa. Estos sistemas facilitan el armado de modelos de simulación que luego pueden "correrse" utilizando los datos de presupuestos ingresados, o los datos reales de períodos anteriores. Esto posibilita la retroalimentación a la hora de analizar el comportamiento de las distintas variables que influyen en los resultados de las organizaciones y la manera como impactaría una sensible variación de una o varias de ellas.

Estos programas reducen significativamente el tiempo necesario para la confección de los presupuestos anuales y mensuales, y ayudan a evaluar las futuras inversiones y sus riesgos.

7.2. Sistema contable

Principales características

La contabilidad, independientemente de las normas técnicas y legales que la regulan, constituye en sí un sistema de información que capta y procesa datos referidos a las transacciones de una empresa y las variaciones de su patrimonio. Y como tal, podemos considerarlo como una parte importante del sistema de información general de una empresa o ente.

Cuando describimos los procedimientos operativos de una empresa –compras, producción, ventas, pagos, etc.– vimos que en todos los casos la secuencia de operaciones termina en Contaduría, donde se registran las operaciones. Se cumple entonces una de las primeras funciones de un sistema de información: la *recolección de datos*.

En efecto, cada una de las transacciones realizadas en la empresa genera un conjunto de datos que son registrados por la contabilidad; en el caso de la operación de compra los datos se referirán al tipo de bien adquirido, el importe de la operación y el nombre del proveedor. Ese registro, que llamaremos primario, se realiza en el subdiario de compras. Posteriormente, cuando se cancele la deuda con el proveedor, el registro se realizará en el subdiario de pagos o de bancos según la denominación de cada empresa.

Simultáneamente, cada uno de los registros da lugar a la imputación a una cuenta o rubro contable –patrimonial o de resultados– que cumple la función de *clasificación de datos*. Esa imputación permitirá cumplir más tarde con la función de *compresión de datos*, por agregación de operaciones similares, lo que ofrece, por ejemplo, totales de compras en un período determinado o por proveedor.

Para completar el proceso contable, a partir de la clasificación y compresión de datos se efectúa el registro –*función de archivo*– de acuerdo con el mecanismo de la partida doble y según las normas legales y profesionales que regulan la obtención de información contable. La información así registrada posteriormente será *procesada* para su presentación en los estados patrimonial y de resultados. Estos estados permitirán exhibir el resultado de las operaciones de la organización durante un período determinado –usualmente, un año– y la posición patrimonial al fin de dicho período.

Luego de varios siglos de protagonismo indiscutido, la contabilidad tradicional ha perdido buena parte de su capacidad para registrar las transacciones y sintetizarlas en estados futuros que reflejen razonablemente la solvencia y capacidad de generar utilidades futuras. La toma de decisiones en un entorno corporativo en permanente y vertiginoso cambio requiere sistemas de información amigables, pero al mismo tiempo altamente eficientes. Dichos sistemas de información, además de cumplir con los requisitos legales, deberían ser capaces de transformarse en un instrumento para la toma de decisiones y el control de la gestión.

El diseño de un sistema de información contable se realiza mediante subsistemas relacionados entre sí, como los de ventas, producción, inventarios, personal, etc. Según el tipo y la cantidad de registros que se usan diferenciamos los siguientes sistemas.

— *Sistemas contables centralizados:* una sola persona, un solo lugar. Se registra directamente en el lugar definitivo (diario general).

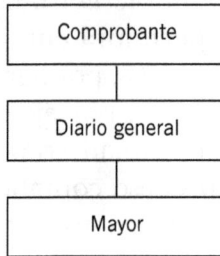

```
┌─────────────────┐
│  Comprobante    │
└─────────────────┘
         │
┌─────────────────┐
│  Diario general │
└─────────────────┘
         │
┌─────────────────┐
│     Mayor       │
└─────────────────┘
```

— *Sistemas contables descentralizados:* debido a la imposibilidad de que una persona conozca todos los hechos y efectúe todos los registros, se parcializa el registro, según el siguiente esquema:

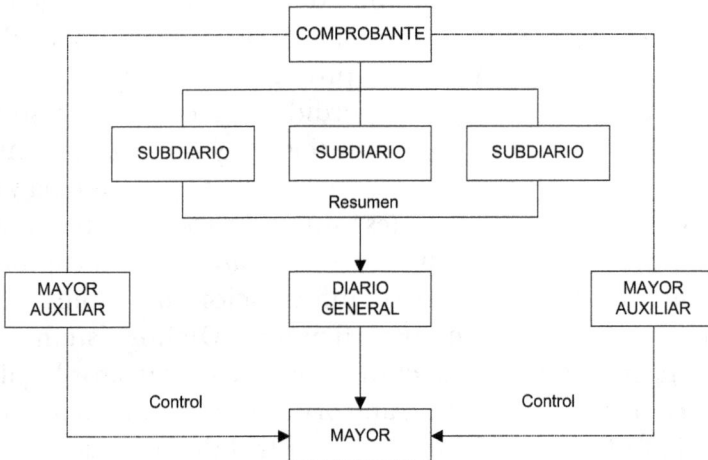

Descripción del proceso

El proceso contable como receptor de la información generada en los demás procesos está compuesto por las etapas de prerregistración, registración y posregistración.

1. *Prerregistración.* Comprende las siguientes subetapas.
   - Manifestación económica del hecho: consiste en la captación del dato, es decir, de un acontecimiento o suceso que ocurre en un momento determinado.
   - Ponderación del hecho: es la cuantificación económica del hecho en sí.
   - Instrumentación documental: todo hecho económico debe estar respaldado por un comprobante. Este puede ser generado en la propia organización o fuera de ella. Sasso (1992, 9) establece que la importancia de los comprobantes radica en que:
     - dejan constancia de las operaciones realizadas;
     - permiten comprobar la exactitud de la registración efectuada en los libros de contabilidad;
     - posibilitan individualizar a las personas que intervienen en ellos;
     - constituyen elementos de prueba ante controversias que se puedan producir con terceros.

2. *Registración.* Incluye las siguientes actividades.
   - Registración primaria: es el vuelco de los hechos económicos a los subdiarios. En esta etapa se agrupan las operaciones con características semejantes (compras, ventas, depósitos bancarios, etc.).
   - Imputación al sistema de cuentas: elección de la cuenta que va a representar la variación del patrimonio. Entendemos por cuenta la unidad mínima de información. Desde el punto de vista de la registración contable, es la herramienta que reúne un con-

junto de anotaciones de hechos económicos con características homogéneas. Cada empresa definirá sus cuentas considerando sus necesidades. Denominamos "plan de cuentas" a la determinación *a priori* del elenco de cuentas con las cuales se va a trabajar, es decir, con las que va a estar constituido el sistema de información contable, lo que permite delimitar el contenido y alcance de cada una de sus cuentas.

- Registración definitiva: es la consignación de los hechos en los registros contables a través de la partida doble y teniendo en cuenta las normas profesionales y legales (Código de Comercio, Ley de Sociedades Comerciales).

3. *Posregistración.* Comprende los siguientes pasos.

- Control: se verifica mediante la comprobación de la corrección o no del procesamiento de la información (desde el origen de los datos hasta la exposición de los informes).

- Exteriorización: es la salida de la información procesada en formas de estados patrimoniales (balance general) y de resultados (ganancias y pérdidas). Según quienes las utilicen, las informaciones generadas por un sistema contable pueden ser:
  - para uso de terceros (otras organizaciones, personas u organismos de control);
  - para uso interno (administradores, asesores y otras personas dentro de la organización).

Pautas a seguir en el proceso contable y soporte informático

Desde el punto de vista del control interno, el proceso contable debe atenerse a pautas que aseguren la oportunidad y la confiabilidad de la información resultante. En tal sentido, se mencionan:

- definición de responsables para cada tarea;
- existencia de cronogramas de tareas de cierre que contribuyan a asegurar la obtención de reportes oportunos;
- niveles de autorizaciones para el ingreso de información, procesos de validación, consulta, etc.;
- conciliación y análisis de cuentas periódicos (idealmente mensuales) con el seguimiento de partidas pendientes.

En un sistema de procesamiento manual, los reportes financieros son el resultado de la información de transacciones individuales, información permanente y procedimientos manuales. La Federación Argentina de Consejos Profesionales de Ciencias Económicas (1985) explicó los conceptos mencionados de la siguiente manera.

- *Información de transacciones individuales:* son los datos particulares de cada transacción procesada por el sistema (cantidad de horas extra trabajadas por un operario de planta, cantidad de mercadería recibida en depósito, etc.).

- *Información permanente:* son datos comunes a varias transacciones e intervienen en el procesamiento de todas ellas (jornal horario del operario, condiciones de ventas, etc.).

- *Procedimientos manuales:* son rutinas llevadas a cabo por el personal de la organización con propósitos de control (verificación de la secuencia numérica de formularios) o que representan funciones de tipo contable de cálculo (facturación), resumen (suma de facturas para la preparación de un asiento de diario) o clasificación (débito a la cuenta del cliente).

Si se considera el impacto de la tecnología informática en el proceso contable, se observan las siguientes particularidades en cuanto al procesamiento electrónico de datos.

- Los controles son realizados por rutinas incluidas en los programas de una computadora, denominadas "procedimientos programados" que pueden ser clasificados en simples o complejos. Un procedimiento programado es *simple* cuando tiene información impresa detallada y suficiente que permite al usuario realizarlo nuevamente en forma manual. Por ejemplo, el cálculo de valuación del inventario a valores de reposición si la computadora genera un listado con los números de artículos y el valor de reposición de cada uno.
Un procedimiento programado es *complejo* cuando no suministra al usuario evidencia suficiente para verificar manualmente el funcionamiento del programa. Un ejemplo sería que en el listado anterior apareciera solamente el total del inventario valuado a valores de reposición.

- La información de transacciones individuales y la información permanente están contenidas en los archivos digitales, que sólo pueden leerse con la utilización de una computadora.

Actualmente las organizaciones cuentan con tecnología informática que permite brindar una información más exacta y oportuna. Al respecto, podemos mencionar algunas ventajas provenientes de la relación cliente-servidor, de las bases de datos y del flujo de trabajo, según se describen a continuación.

- *Relación cliente-servidor*
  - Existencia de proveedores clave: SAP, Oracle, Peoplesoft.

– Mayor información al alcance de la PC.
– Integración con herramientas de oficina (correo electrónico, etc).

• *Base de datos*
– Acceso a la información en tiempo real.
– Acceso más rápido a los datos clave.
– Obtención de datos más completos porque están disponibles en una fuente única.

• *Flujo de trabajo*
– Mejor identificación y resolución de excepciones.
– Apoyo y refuerzo del proceso de reingeniería.
– Información indicada para cada fuente.

7.3. Sistema de control de gestión

Principales características

El presupuesto puede ser interpretado como el producto que se obtiene del proceso continuo del planeamiento para hacer "visibles" y traducir a nivel operativo los objetivos referidos a un período dado (el ejercicio anual) y a responsables identificables en la estructura organizativa. Gracias a tales objetivos, el control tiene una de sus referencias concretas.

Como vimos, el sistema presupuestario es integral, ya que abarca el plan anual de actividades, expresado en términos monetarios en los tres documentos básicos que sirven de culminación al proceso: el que presenta la situación patrimonial pretendida, el que expone los resultados económicos deseados y el que explicita la posición de caja aceptable al final del período presupuestado.

Pero, además, el presupuesto es esencialmente integrador de los procesos clave de planeamiento y control en sus diversas instancias (estratégica, táctica y operacional). Al respecto, Alonso (1993, 2) presenta el siguiente gráfico:

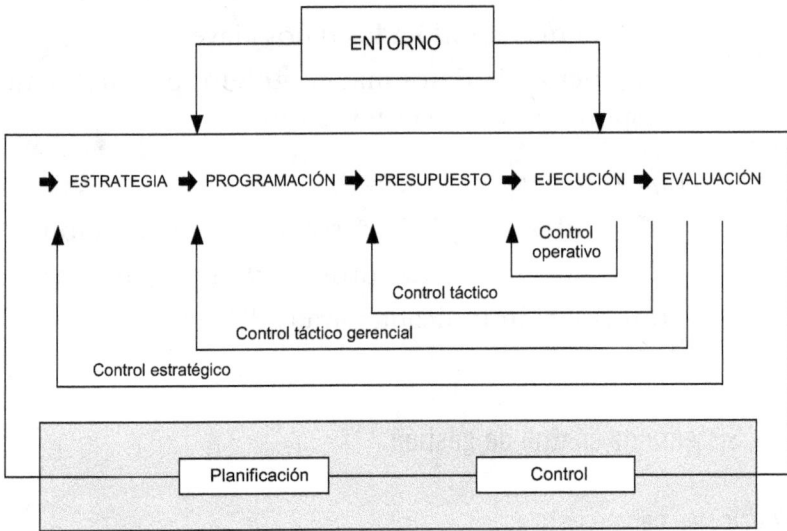

La dependencia del control respecto del sistema de información es incuestionable. Controlar es, en última instancia, cotejar dos informaciones: la de la previsión (plan, presupuesto, etc.) con la respectiva medida de realización o cumplimiento. Pero, además, la evaluación requiere otras referencias y medidas: evoluciones del ambiente que pueden afectar tanto a una como a otra, hechos no controlables que constituyan causales de comportamientos no previsto, etc.

Toda debilidad, en la generación del dato, en su captura y transmisión, o en su procesamiento, afectará al sistema de control y, por su intermedio, al sistema de gestión.

La gestión administrativa requiere, entre otras tareas, la toma de decisiones. Tomar decisiones implica contar con información proporcionada por el control sobre lo actuado y sobre el contexto.

Si bien, como vimos en el gráfico anterior, existen diferentes instancias de control, generalmente se identifica al *control de gestión* con un conjunto de herramientas analíticas que se complementan de manera de brindar a la dirección y a la gerencia un panorama completo de la evolución de la organización. Podemos definir el control de gestión como *un conjunto de elementos –en su mayor parte indicadores– cuyo seguimiento y evaluación permitirán a la dirección un adecuado conocimiento de la situación de la empresa.*

La información para facilitar el monitoreo de la situación y evolución de la gestión se presenta estructurada de tal forma que posibilita tener bajo control la situación de aquellas variables de las cuales depende el cumplimiento de los objetivos organizacionales. Asimismo, tiene que orientar rápidamente a quien lo utilice a adoptar acciones correctivas, si son necesarias.

Tradicionalmente, los sistemas de control del desempeño han sido las salidas de los sistemas de contabilidad. Estos contenían información sobre la situación patrimonial, económica y financiera histórica que se presentaba a los niveles superiores, comparada con los valores presupuestados y analizada con distintos índices de liquidez, rotación, endeudamiento, rentabilidad, etc.

En la actualidad, la información para el control de la gestión se concentra en la estrategia, más que en los objetivos estrictamente económicos o financieros. En consecuencia, la identificación de indicadores de gestión clave comienza con una clara comprensión y elaboración de los objetivos organizacionales.

Kaplan y Norton (1992) refieren al concepto de cuadro de mando integral o *Balanced Scorecard* y explican que esta herramienta deberá tener una adecuada mezcla de datos *hard* y *soft*. Los primeros son aquellos incontrastables, cuantificables por definición, por ejemplo, la rentabilidad. Los datos *soft* no tienen una base sólida como los anteriores, por no ser fácilmente cuantificables, pero son importantes en igual o mayor medida. Estos indicadores pueden ser el índice de imagen pública, la identificación del personal con la empresa, las relaciones con el gobierno, etc., y se pueden obtener a través de encuestas de opinión y otros medios.

En la búsqueda de un equilibrado conjunto de indicadores, establecen cuatro perspectivas que se deben incluir en su cuadro de mando.

- *Financiera:* cómo se lograrán las expectativas de los accionistas. Los objetivos financieros típicos tienen que ver con la rentabilidad, el crecimiento y el valor para los accionistas.

- *Clientes:* la manera en que la organización se desempeña desde la óptica del cliente se ha convertido en una prioridad para la dirección. El tablero de comando debe permitir que los directivos traduzcan su misión de servir a los clientes a través de mediciones específicas que reflejen los factores que en realidad los preocupan o interesan.
  Las preocupaciones de los clientes suelen pertenecer a alguna de cuatro categorías: tiempo, calidad, servicio y costo. El tiempo de respuesta mide el lapso que tarda la compañía en satisfacer las necesidades de los clientes; se puede medir desde que la compañía recibe una orden hasta el momento en que suministra el producto o servicio. La medida de calidad es el nivel de productos defectuosos percibido y medido por el cliente. Además de los medidores relativos al tiempo, calidad y servicio, las

compañías deben permanecer sensibles al precio de los productos.

- *Procesos internos:* es importante determinar los procesos internos necesarios para lograr la satisfacción de los accionistas y los clientes. Los medidores internos deben basarse en los procesos de negocios que tengan mayor impacto en la satisfacción de los clientes (producción, ventas, distribución). Además, se deben identificar y medir las ventajas competitivas más importantes y proporcionar metas claras de acción a los niveles inferiores de la organización.

- *Aprendizaje y crecimiento:* los objetivos de innovación y aprendizaje están relacionados con los recursos humanos disponibles. La intensa competencia global requiere que las organizaciones realicen mejoras continuas en sus procesos y productos. El valor de la empresa depende de su capacidad para lanzar nuevos productos, de generar mayor valor para sus clientes y de mejorar continuamente la eficiencia operativa; la organización podrá así penetrar en mercados nuevos y aumentar sus ingresos y márgenes.

Drucker (1996), por su parte, menciona cuatro juegos de herramientas para brindar información que permita a los ejecutivos tomar decisiones con buen criterio.

- *Información de base:* constituida por las proyecciones de caja y de la liquidez, y otros ratios, como la relación entre las existencias de bienes de cambio y las ventas, las cuentas a cobrar y las ventas ("días en la calle"), etc. Drucker compara estas mediciones con los controles de rutina realizados por un médico: peso, pulso, temperatura, presión arterial y análisis de sangre y de orina. Si dichas mediciones son normales, no muestran gran cosa. En cambio, si son anormales, indican la existencia de algún problema que hay que identificar y tratar.

- *Información sobre la productividad:* tradicionalmente, se buscó medir la productividad de los factores clave. La más antigua de estas mediciones es la del trabajo manual. La del trabajo basado en el conocimiento todavía no está muy desarrollada. Sin embargo, las organizaciones necesitan evaluar la productividad total, no sólo de uno de los factores (el trabajo). Actualmente, el indicador EVA representa la medición del valor agregado por todos los factores.

- *Información de la competencia:* es importante realizar el seguimiento de la competitividad propia y la de los competidores, observando especialmente éxitos y fracasos. Los éxitos demuestran que el mercado valora y paga. Este análisis permite el temprano reconocimiento de las oportunidades.

- *Información sobre la asignación de los recursos:* permite evaluar el uso de recursos escasos, como el capital y el personal eficiente. La propuesta de asignación de capital se evalúa con los métodos conocidos: retorno de la inversión, período de restitución, flujo de fondos o valor presente actualizado.

Descripción del proceso de control de gestión

1. Decisión política

El desarrollo de un sistema de medición de gestión es una decisión de la cumbre estratégica. La construcción de un tablero de comando es básicamente un proceso de traslado de la visión de la organización a objetivos estratégicos, concreción de medidas de gestión y metas específicas.

Como primer paso, se debe definir el alcance de los tableros de mando. La experiencia indica que es más útil diseñar uno para cada unidad estratégica de negocio. Un único tablero de mando para una empresa multinacional no dejará enfocar adecuadamente cada una de sus áreas.

La visión y la misión de las unidades de negocios son un excelente punto de partida para la implementación del tablero de mando. Si las organizaciones no tienen una estrategia bien definida enunciada en la misión, es necesario primero explicitarla. Kaplan y Norton (1993, 2) representan esta idea de la siguiente manera.

2. *Compromiso de la gerencia media y los gerentes operativos*

Es importante que una vez iniciado el proceso en la dirección, se logre la participación de los niveles medios, quienes representan una fuente de información muy importante en la identificación de los procesos clave. Ningún sistema de medición puede tener éxito sin el compromiso de los gerentes.

3. Identificar aquellas áreas que realmente hacen rentable el negocio, es decir, las áreas clave del negocio

Una vez definida la estrategia, se la debe traducir en objetivos operacionales. Para eso se tiene que establecer una lista de objetivos estratégicos para cada uno de los diferentes aspectos del tablero de comando. *A posteriori*, se deberán determinar las áreas clave para cada uno de esos objetivos.

En general, podemos afirmar que un área clave es aquella en la cual un fracaso continuado impediría el progreso de la organización y su hegemonía dentro de una economía competitiva, aun cuando los resultados de todas las demás áreas fueran buenos. Son ejemplos la rentabilidad, productividad, penetración en el mercado, formación del personal, actitud de los empleados, responsabilidad social, etc.

Las áreas clave, además de contener factores internos fundamentales de éxito, incluyen algunos indicadores sobre cuestiones que no significan una ventaja competitiva, pero cuyo fracaso la impediría, como, por ejemplo, la rotación del personal. Ver el gráfico de Kaplan y Norton, en la página siguiente.

4. Benchmarking externo

La mayoría de las organizaciones utilizan esta técnica para desarrollar sus indicadores clave y comparar su rendimiento con relación a las mejores prácticas de su competencia. No obstante, es importante tener en cuenta diferencias de mercado, cultura organizacional o fuerzas de la compañía.

5. Benchmarking interno

Muchas veces suele ser de gran utilidad observar otras áreas dentro de la organización. Así, por ejemplo, muchos de los problemas de una filial pueden haber sido resueltos exitosamente en una sucursal de otro país.

OBJETIVOS

Financiero
- Retorno del capital
- Flujo de caja
- Rentabilidad
- Confiabilidad en la gestión

Cliente
- Más valor al dinero
- Servicio confiable
- Precios competitivos

Misión
- Servicios que superen las necesidades
- Satisfacción del cliente
- Progreso constante
- Calidad de los empleados
- Expectativas de los accionistas

Interno
- Requerimientos del cliente
- Calidad del servicio
- Seguridad
- Proyectos gerenciales superiores

Innovación y aprendizaje
- Mejora continua
- Innovación del producto y del servicio
- Descentralización

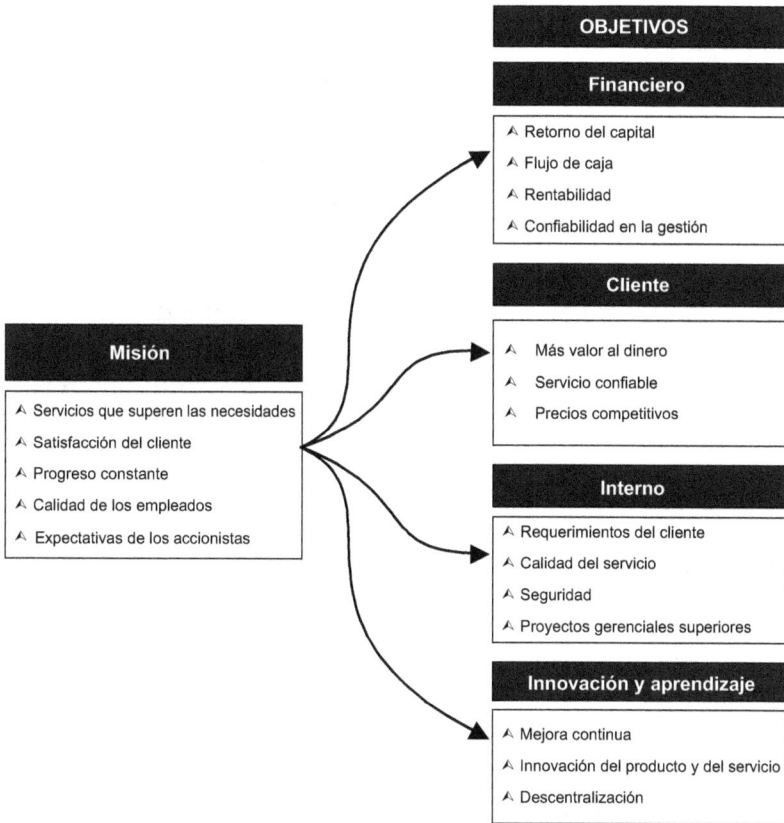

6. Identificación de clientes rentables

En muchas organizaciones, el desarrollo de indicadores clave que permitan identificar cómo contribuye cada cliente a los resultados es una labor compleja. La identificación de clientes rentables es crucial para el desarrollo de un sistema de medición que pretenda evaluar la gestión de la compañía.

7. Identificación de los procesos clave del negocio

Determina los límites de la organización. Un proceso es cualquier actividad que transforma las entradas de la organización en un servicio o producto que se entrega a un cliente. La identificación de los objetivos organizacionales y de los clientes clave ayuda a establecer los procesos que tienen prioridad para la reingeniería.

Tradicionalmente, las organizaciones han considerado la productividad de sus operaciones como una forma de medir la eficiencia de sus procesos. En la actualidad, sin embargo, ha cambiado la manera de definir un proceso de negocio. En el pasado, el concepto estaba dirigido a los procedimientos tecnológicamente orientados a la producción que transformaban los insumos en productos terminados. En el presente, con una concepción amplia, sabemos que los procesos de negocios atraviesan barreras interdepartamentales.

8. Elección de los indicadores a partir de cada objetivo de la estrategia

La recolección de medidas centradas en los objetivos estratégicos ayuda a enfocarse en estos y determinar el progreso que se realiza. Los indicadores deben concentrarse en los objetivos con suficiente precisión, esto es, se debe evitar la necesidad de recurrir a un nuevo sistema de información para conocer su evolución. En general, el resultado de un proceso de selección de indicadores es una cifra entre 16 y 20.

Los indicadores financieros suelen ser los que más fácilmente se determinan. Incluso muchas veces ya han sido determinados por los accionistas; los relacionados con el cliente pueden obtenerse a partir de información conseguida directa o indirectamente de estos; y los indicadores de procesos internos y aprendizaje e innovación suelen obtenerse de la participación de las diferentes gerencias funcionales y del personal en general. Kaplan y Norton (1993, 4) presentan por último el siguiente gráfico.

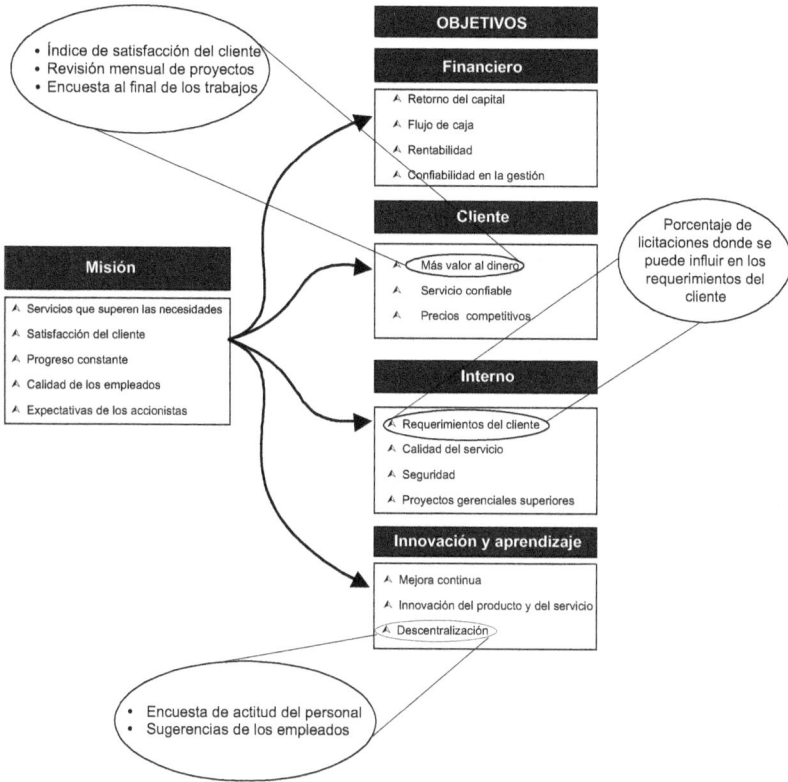

9. Análisis de la diferencia entre la situación actual y la que quiere lograr la compañía

Esto implica la definición de los objetivos que pretenden alcanzarse en un período dado. La mayoría de las organizaciones consideran que las metas deben ser establecidas por el personal comprometido en las actividades para lograrlas.

Al comienzo de la implementación de un tablero de comando, las metas pueden ser el producto de un excesivo optimismo o estimaciones erróneas. La experiencia permite identificar el rango en el cual se encuentran los desafíos alcanzables.

10. *Revisión de los indicadores y comunicación*

Es necesario rever los indicadores periódicamente. No importa cuán elaborado es un indicador, las circunstancias particulares de la organización pueden llevar a que sea necesaria una redefinición; algunos indicadores a veces resultan pobres, otros pueden medir información irrelevante o generar un comportamiento contrario a la estrategia.

Por último, es importante comunicar las nuevas medidas de desempeño a todos los responsables para promover su aceptación.

Pautas a seguir en el proceso de control y soporte informático

Existen una serie de consideraciones a tener en cuenta para generar indicadores clave.

- *Miden el desempeño de un área clave, pero no a sus responsables:* los directivos deben ser motivados y evaluados dentro del marco conceptual de "control de gestión" con un sentido impersonal; lo que se persigue con ello es el seguimiento y evaluación de las distintas áreas de la empresa.

- *No contienen información absoluta, sino relativa:* cada indicador estará en cierta condición o nivel que permita sacar conclusiones acerca de si el desempeño es adecuado o no. Se pueden establecer, incluso, niveles máximos o mínimos, que de ser superados indicarán una situación de peligro, lo cual puede requerir acciones correctivas. Estos niveles no son iguales para todas las empresas. El punto de referencia dependerá de la estrategia de cada una.

- *Deben ser representativos de la realidad que pretenden explicar, pero no reemplazar el "juicio" del directivo:* el indicador tendría que ser lo más representativo posible de la realidad, pero el directivo debe saber interpretar y analizar lo que dicho indicador está mostrando. El tablero de comando no tiene como objetivo reemplazar la sensibilidad y la experiencia, sino ser una herramienta en su apoyo.

- *Deben tener en cuenta el sentido y/u oportunidad de la información:* el valor de la información surge también de un adecuado equilibrio entre exactitud y oportunidad. No debería contener información cien por ciento exacta si no es oportuna, ni demasiado aproximada si hace falta que madure.

- *Podrá haber distintos tableros de mando según el nivel de la organización:* el tablero debe diseñarse específicamente de acuerdo con los requerimientos de cada usuario.

- *Los indicadores deben ser escasos por definición:* la superabundancia de indicadores desnaturaliza la función del tablero, esto es, la rápida visualización de una situación. Si se complica, se corre el riesgo de degradar en forma severa su valor.

Tradicionalmente, los sistemas de control del desempeño han sido las salidas de los sistemas de reportes financieros. Estos cuentan con abundante información financiera e histórica que se reportaba a los niveles superiores de la gerencia. Los actuales sistemas de información computarizados permiten acceder a un análisis económico y financiero de la empresa desde distintos puntos de vista, los cuales pueden ser parametrizados de acuerdo con sus necesidades. En general, se cuenta con interfaces gráficas que facilitan la utilización del sistema.

Los problemas tradicionales relacionados con el trabajo manual en el área de control, como, por ejemplo, la emisión de reportes mensuales sobre clientes que luego serán enviados a la gerencia, consumían gran cantidad de tiempo, lo que dificultaba al sector la preparación de otro tipo de información, la no financiera, tal como tendencias en la participación del mercado, datos detallados sobre la performance interna (*benchmarking*), etc.

En la mayoría de los casos, no existía en las organizaciones una base de datos uniforme. En consecuencia, las personas encargadas de tomar decisiones recibían datos diferentes acerca de los mismos hechos.

Tampoco era factible encontrar en las empresas una terminología unificada. De esta manera, ocurrían malos entendidos, diferentes interpretaciones de una misma directiva y reportes carentes de la información solicitada. La integración semántica a lo largo de todos los niveles de la organización es algo altamente deseable.

Por último, la contabilidad corporativa tradicional brindaba información demasiado tarde, lo cual se traducía en un serio impedimento para la competitividad.

Hoy, los sistemas de información disponibles no sólo sostienen y aceleran el proceso de reportes, sino que permiten en cualquier momento el acceso *on line* a información específica, necesaria para la toma de decisiones. Esto puede incluir números de la empresa altamente agregados, que la muestran en su conjunto y frente a los factores críticos de éxito. Los programas actuales proporcionan la facilidad de analizar detalladamente los números macro, a partir de los cuales se accede a clientes, transacciones y procesos individuales. De esta manera, los sistemas disponibles hoy funcionan como una alerta temprana al detectar cambios en variables de control relevantes. Luego, permiten acceder a información cada vez menos agregada, hasta llegar a la transacción individual si es necesario, a efectos de identificar el origen del problema.

Los modernos sistemas de información para el control de gestión permiten a los usuarios parametrizar la organización operacional del sistema y de sus reportes sin necesidad de recurrir a la modificación de los programas. Esto resulta altamente conveniente, ya que la programación del sistema puede demandar largo tiempo y altos costos. De la misma manera, la configuración específica que la compañía hace de su sistema de información se realiza mediante el ingreso de parámetros sencillos.

Otra característica de los sistemas de información es que utilizan una sola base de datos, a la cual pueden acceder distintos usuarios simultáneamente. De esta manera se evitan inconsistencias de datos.

Los sistemas de información son hoy utilizados por gerentes y *controllers* de diferentes niveles de la organización, y hasta de distintos países. En consecuencia, el sistema necesita una arquitectura de *software* de última generación. Todos los usuarios relacionados de alguna manera con el proceso de reportes corporativos (*controllers*, analistas y ejecutivos de cualquier nivel) deberían poder moverse dentro del sistema de una manera uniforme. De ese modo se simplifica y acelera la comunicación, a la vez que se trabaja de modo más eficiente.

7.4. Referencias seleccionadas

Ackoff, Russell: *Un concepto de planeación de empresas.* Editorial Limusa, México, 1972, Caps. 1-3.
Kaplan, Robert y Norton, David: *Cuadro de mando integral.* Gestión 2000, Barcelona, 1997, Caps. 1 y 2.
Sasso, Hugo Luis: *El proceso contable.* Ediciones Macchi, Buenos Aires, 1996, Caps. 4 y 5.

7.5. Temas de discusión

1. ¿Cuál es la relevancia del proceso presupuestario dentro de un sistema integral de planeamiento?
2. ¿Los datos proporcionados por la contabilidad financiera constituyen un sistema de información apropiado en el actual contexto corporativo?
3. ¿Qué relación debe establecerse entre los sistemas de planeamiento y los de control?
4. ¿Existen diferencias entre los indicadores tradicionales de control de gestión y los aportes actuales en la materia?
5. Seleccione tres características relevantes de la actual tecnología de procesamiento de información y considere su impacto sobre los sistemas de planeamiento, de contabilidad y de control de gestión.

CAPÍTULO 8

METODOLOGÍA DE DISEÑO

OBJETIVOS DE APRENDIZAJE

- Identificar y diferenciar distintos enfoques metodológicos en materia de diseño.

- Analizar en detalle los métodos del ciclo de vida, de mejora continua y de diseño base cero.

- Reconocer las situaciones en que es aplicable cada uno de los métodos analizados.

- Entender el diseño como cambio y, por lo tanto, reflexionar acerca de las condiciones que deben darse para que su puesta en práctica tenga éxito.

8.1. Distintos enfoques de diseño

La propuesta de diseño de este libro, tal como está definida en el Capítulo 1, parte desde la administración y se apoya –con una finalidad pedagógica– en una visión sistémica de la organización. En el desarrollo se ha centrado la atención en los procesos operativos, así como en los de planeamiento y control y en la estructura orgánica que soportará dichos procesos, todo ello considerando la creciente influencia de la tecnología sobre la organización.

Según Hickman y Silva (1991, 27), las transformaciones empresarias importantes revelan instancias clave:

"En primer término hay un período prolongado de cambio acumulativo, una serie de transiciones definidas desde una época a otra. Durante cada época las organizaciones ajustan los enfoques, los métodos y las filosofías y las orientaciones existentes para adecuarlos a las necesidades de un ambiente evolutivo, pero [finalmente] tales transiciones sólo producen beneficios marginales. En segundo término, cuando un período de cambio acumulativo de varias épocas concluye su aceleración y comienza a disminuir su ritmo, surge la oportunidad de apartarse fundamental y ampliamente (...) del pasado. Las formas antiguas no desaparecen de la noche a la mañana, sino que proporcionan un terreno fértil a partir del cual pueden florecer otras nuevas. En tercer término, la transformación inaugura una nueva serie de transiciones y de épocas durante las cuales las personas se ajustan al nuevo enfoque a la luz de las condiciones que evolucionan continuamente".

En el sentido expuesto, la tarea de diseño parte del reconocimiento de una realidad interna y externa a la organización y de ciertos propósitos a cumplir mediante la especificación de la estructura y los procesos. Pero cuando queramos poner en práctica dichas especificaciones iniciaremos un cambio que podrá tener distintas características, como vimos en la cita anterior, pero que necesariamente presentará dificultades y requerirá ciertas condiciones que se analizarán en el final de este capítulo.

La complejidad del fenómeno organizativo y, por qué no decirlo, el aspecto económico asociado al trabajo en el ámbito de las empresas han estimulado la inclinación de distintas profesiones a establecer especificaciones para el diseño organizacional. Así, por ejemplo, los sociólogos abordan el análisis de las relaciones de poder y de los mecanismos de diferenciación de roles, mientras que los psicólogos tratan el ajuste de la personalidad a los requerimientos del puesto, o los ingenieros estudian los procesos y las relaciones con la perspectiva de su disciplina.

El propósito de este punto no es desarrollar los enfoques del diseño desde las distintas profesiones, sino centrarnos en la consideración de los diversos enfoques de diseño disponibles dentro de la administración, y, en tal sentido, nos parece interesante partir de la diferenciación que sobre ellos realizan los profesores Mohrman y Cummings (1991, 113), y que representan con el siguiente gráfico:

| Cambio limitado Incertidumbre baja Pequeña divergencia del *statu quo* | Afinación del diseño actual | Imitación de otras organizaciones | Diseño de base cero | Cambio amplio Incertidumbre amplia Gran divergencia del *statu quo* |

Los autores identifican tres enfoques principales para el diseño, considerando la magnitud de los cambios a introducir, el nivel de incertidumbre implícito en su aplicación y el grado en el cual estos cambios se alejan del *statu quo*. En el extremo izquierdo del gráfico tenemos el enfoque más sencillo, que implica un perfeccionamiento del diseño existente y, por lo tanto, un cambio muy acotado y bastante certeza respecto de su puesta en práctica. El segundo enfoque, más profundo en cuanto a las modificaciones y al grado de cambio que supone, radica en la utilización de diseños ya probados en otras organizaciones. El método más complejo está representado por el diseño base cero, que implica la creación de una organización completamente nueva que altera el *statu quo* y, por ende, genera gran incertidumbre.

La *afinación del diseño actual* consiste en el mejoramiento del diseño actual y generalmente supone la realización de cambios parciales efectuados en forma incremental. Este enfoque resulta aplicable cuando se detectan problemas y limitaciones en el funcionamiento del actual diseño, pero no existe la necesidad de un cambio de fondo, es decir que se diseña o rediseña dentro de los límites de la organización existente y utilizando la técnica de resolución de problemas, mediante la realización de un diagnóstico y la corrección de las dificultades detectadas.

Este enfoque de diseño, largamente utilizado y que podríamos denominar "tradicional", resulta aplicable cuando el diseño vigente satisface las necesidades técnicas y humanas, así como los requerimientos del medio, pero en nuestros días es difícil imaginar esta situación en un contexto caracterizado por el cambio tecnológico y la competitividad. Muchos directivos y analistas adhieren a este enfoque con el argumento de que es una solución rápida que no requiere muchos recursos, pero cuando lo que precisa la organización es un cambio profundo, aplicar esta metodología resulta un remiendo que no solucionará los problemas y a la larga significará un desperdicio de tiempo y medios.

El segundo de los enfoques es denominado por Mohrman y Cummings de *imitación de otras organizaciones*; en este caso existen innovaciones que han resultado exitosas y que el diseñador estima que pueden remediar los problemas detectados en el diagnóstico. Esta técnica, fácil de relacionar con el *benchmarking* o método de las mejores prácticas, propone una mirada fuera de la organización para aprender de los mejores y, de ese modo, reducir el costo de la innovación y el tiempo de diseño.

Sin embargo, la imitación puede ser riesgosa si el diseñador juzga erróneamente la aplicabilidad de la innovación a los requerimientos propios de otra empresa. Cuando se copia el diseño de un proceso o de una estructura, también se introduce una lógica distinta del funcionamiento organizacional. Muchas veces, la innovación se limita a un proceso y se descuidan otros aspectos de la organización que requieren cambios para apoyarla.

El tercer enfoque es el de *diseño base cero*, e implica cambiar de manera fundamental la organización, ignorando el diseño actual y sus restricciones. Se lo denomina así porque supone comenzar con una hoja en blanco para lograr un diseño completamente nuevo destinado a alterar los supuestos y valores subyacentes. Por lo tanto, es aplicable cuando existe la necesidad de un cambio radical y se cuenta con las habilidades requeridas para realizarlo.

La metodología de la reingeniería es un buen ejemplo de este enfoque; si nos atenemos a lo que sostienen Hammer y Champy (1994, 33), significa: "(...) empezar de nuevo. No quiere decir chapucear con lo que ya existe ni hacer cambios incrementales que dejan intactas las estructuras básicas. No se trata de remendar nada, de hacer componendas en el sistema existente para que funcione mejor (...) Rediseñar una compañía significa echar a un lado sistemas viejos y empezar otra vez".

De los tres enfoques, el de base cero en general es el más atractivo para quien diseña, ya que se trata de una acción creativa liberada de las restricciones del sistema existente, pero conlleva la inseguridad de cualquier acción verdaderamente novedosa. Requiere una clara apreciación de la necesidad del cambio, conocimientos sólidos sobre el proceso a rediseñar y el compromiso para llevar adelante una tarea que se propone lograr ciertos resultados y formular valores que modificarán la identidad de la organización.

Podríamos agregar, para completar este análisis de los distintos enfoques de diseño, que Van Gigch (1981) presenta la metodología sistémica en oposición al enfoque tradicional que él identifica con la mejoría del sistema existente. Las principales diferencias entre ambos enfoques pueden resumirse en la siguiente forma.

- La *visión* en el método tradicional es introspectiva, hacia el interior, mientras que en el enfoque sistémico es hacia el exterior, ya que requiere una comprensión del contexto, sus influencias y requerimientos.

- En el enfoque tradicional el *interés* está puesto en las causas de los errores o desvíos que se pretenden remediar, mientras que en el enfoque de sistemas se orienta a los aspectos estructurales y procesales más amplios en función de un objetivo.

- El *método* tradicional es analítico; trata de aislar el problema y a partir de allí deducir el diseño que posibilite resolverlo, en tanto que el enfoque sistémico utilizará un método inductivo, para generar nuevas ideas.

- En cuanto al resultado de los dos enfoques podríamos decir que el tradicional nos permite una mejoría del sistema existente, mientras que el sistémico, en cambio, nos proporciona un diseño nuevo.

Como vemos, este análisis tiene claras coincidencias con el propuesto por Mohrman y Cummings. Es fácil asociar al enfoque tradicional el de *afinación del diseño actual*, y al enfoque sistémico, el de *diseño con base cero*. Por otra parte, los elementos tomados por Van Gigch en su clasificación nos serán útiles para encuadrar dentro de los distintos enfoques tres metodologías de diseño usuales en administración y que desarrollaremos en detalle en los siguientes puntos del capítulo.

Dichas metodologías son la del *ciclo de vida*, la de *mejora continua* y la de *reingeniería*. Las dos primeras pueden asociarse al enfoque tradicional o de afinación del diseño actual, mientras que la tercera es, por definición, un enfoque de base cero que cumple, además, con los requisitos de una metodología sistémica en el sentido que le da Van Gigch al concepto.

La metodología del *ciclo de vida* es la típica expresión del enfoque tradicional, ya que parte del relevamiento del diseño actual, lo analiza, y presenta un diagnóstico con los problemas detectados. A partir de allí se formula la propuesta del nuevo diseño de acuerdo con los requerimientos y los parámetros predefinidos; la visión es exclusivamente hacia adentro de la organización, el interés es solucionar deficiencias o errores, el método es analítico deductivo y el resultado es la mejora o el afinamiento del diseño existente.

Con referencia a la *mejora continua*, podemos decir que es un enfoque sistémico para mejorar los productos o servicios de acuerdo con las necesidades y expectativas de los clientes. Consiste en ejercer cambios sucesivos que permiten incorporar las mejoras en forma gradual; por lo tanto, el costo de aplicar este método es más accesible que el de la reingeniería, y su utilización más rápida; por otra parte, permite conocer si los cambios van en una dirección correcta y, según eso, realizar reajustes sobre la marcha.

Además, normalmente genera en la organización un cierto acostumbramiento al cambio continuo, produce menor rechazo y la capacitación es mucho más sencilla de asimilar por parte del personal. Si se realizan a conciencia los análisis de los objetivos a lograr y los cambios necesarios, no sólo es posible obtener rápidamente resultados positivos, sino incluso superar las expectativas de los clientes, elemento necesario para conseguir *calidad*. Este método también es muy utilizado para satisfacer a los clientes internos.

La tercera metodología que desarrollaremos será la *reingeniería*, que, como vimos, por definición coincide con el enfoque de diseño con base cero. Mucho se ha escrito a favor y en contra de la aplicación de esta técnica y gran parte de la controversia sobre su utilidad y consecuencias se debe al poco conocimiento de sus aspectos metodológicos; como se ha mencionado, se denomina "reingeniería" a cualquier intento de reorganización o de reestructuración, a un programa de calidad o a la mera automatización de procesos existentes.

Por lo dicho, trataremos de concentrarnos en los aspectos metodológicos ateniéndonos a la propuesta de sus creadores y descartando las ideas de segunda mano, y sobre la base de que constituye el método por excelencia de diseño a partir de cero. Sin duda, esta condición ha generado gran ansiedad entre los participantes de la organización cuando no están convencidos de la necesidad de un cambio fundamental: "(...) ir más allá de lo familiar requiere un salto conceptual a las áreas de riesgo e incertidumbre; sin embargo, tales saltos son esenciales para lograr los cambios en gran escala necesarios en el entorno actual" (Mohrman y Cummings, 1991, 118).

8.2. La metodología del ciclo de vida

La bibliografía disponible en esta materia es, además de numerosa, sumamente clara, por lo que a continuación intentaremos efectuar una síntesis orientada a la aplicación práctica del método en aquellos casos en que sólo se procura una mejora del sistema. Aunque en el enunciado de los distintos pasos del método se hace referencia al análisis de un sistema, la metodología es asimismo apta para el estudio de estructuras.

Para comenzar, vamos a aclarar que esta metodología, también conocida como *metodología tradicional o metodología del ciclo de vida del proyecto clásico* (tal como la denomina E. Yourdon), o *metodología del ciclo de vida del desarrollo de sistemas* (D. Hampton), data de la década de los '70; no obstante –y a pesar de que desde entonces se han desarrollado otras, algunas de las cuales presentamos más adelante–, no ha perdido vigencia para el desarrollo de ciertos proyectos.

Con respecto a cada una de las etapas que conforman la metodología es importante destacar que, si bien se presentan un cierto orden secuencial, en realidad las actividades que comprenden se desarrollan o llevan a cabo con un solapamiento que hace imprecisos los límites.

Esta consideración no implica una modificación del orden establecido; muy por el contrario, deben tenerse en claro la secuencia de cada una de las etapas y su cometido para no obviar ningún aspecto relevante del análisis y del diseño capaz de restar coherencia al proyecto.

Antes de comenzar con el estudio de las distintas etapas que integran la metodología, es importante resaltar que los proyectos de desarrollo de sistemas, si bien pueden encararse ante la necesidad de generar un sistema aún no existente, en la realidad es muy difícil que así ocurra. Es más factible que su aplicación surja de una necesidad originada en un problema desencadenado en un sistema que se encuentra funcionando.

Etapas

La secuencia de las distintas etapas y las actividades que comprenden se sintetizan en el siguiente cuadro.

Etapa	Actividades	Resultados
I. Estudio preliminar	– Definición del objetivo y alcance del proyecto – Planificación de la tarea	– Plan de trabajo
II. Relevamiento	– Recopilación de antecedentes mediante: • entrevista • encuesta o cuestionario • observación directa • revisión de documentación	– Información sobre el sistema existente
III. Análisis	– Sistematización de la información – Evaluación técnica	– Diagnóstico
IV. Diseño	– Diseño global – Diseño detallado	– *Hardware* y *software* requeridos – Manuales de procedimientos
V. Implementación	– Planificación – Entrenamiento – Puesta en marcha	– Nuevo sistema funcionando

Etapa I. Estudio preliminar

Expuestas las necesidades y expectativas de los directivos de la organización, el analista (interno o externo) al que fue asignado el proyecto iniciará su trabajo con el propósito de estudiarlas y, en función de ello y de las características de la organización en cuestión, definir los objetivos y el alcance del trabajo y, a partir de allí, el plan de trabajo según se describe a continuación.

Para arribar a estas definiciones, deberá recabar información acerca de la organización en cuanto a objetivos, políticas, estructura, sistemas vigentes, contexto en el que se desenvuelve, etc. Todos estos datos los obtendrá mediante entrevistas que pueden abarcar al personal directivo, ejecutivo e incluso a los usuarios directos, de ser necesario.

Con ello, el analista deberá ser capaz de definir claramente el *objetivo* y el *alcance* del proyecto encomendado y evaluar la factibilidad de llevarlo a cabo desde los siguientes puntos de vista:

- *Económico*, evaluando beneficios vs. costos considerando los costos del estudio de sistemas, del equipamiento requerido, de los usuarios necesarios y del mantenimiento;

- *técnico*, evaluando si el equipamiento existente puede soportar el nuevo sistema o si hay tecnología disponible en el mercado que pueda servir a los fines perseguidos;

- *cultural*, realizando encuestas con las que podrá advertir la predisposición de directivos, ejecutivos y usuarios en cuanto al apoyo que brindarán al desarrollo del proyecto. Esto es sumamente importante, sobre todo si se tiene en cuenta que la implementación de muchos sistemas fracasa debido a las resistencias que ofrecen los usuarios. Por lo tanto, es fundamental la habilidad del analista para hacer partícipes, involucrar y comprometer a los distintos usuarios en el desarrollo del proyecto.

También debe considerarse la limitación que representa realizar un estudio de factibilidad en esta instancia de la metodología, por lo que hay que tener en cuenta que simplemente permitirá obtener un panorama general de dónde se está situado.

Definidos estos aspectos, se elaborará un informe que será presentado a los directivos con el objeto de establecer la concordancia entre los propósitos y necesidades definidos por la organización y la interpretación efectuada por el analista. El informe irá acompañado de una reseña acerca de los estudios de factibilidad realizados junto con las conclusiones respectivas.

Unificados los criterios con los directivos, el analista continuará con su tarea desarrollando el plan de trabajo con la determinación de los tiempos (inicio y finalización) del proyecto y los recursos necesarios para llevarlo a cabo.

Cabe aclarar que, en esta instancia, si bien se planifica todo el proyecto, la mayor predictibilidad corresponde a las etapas de relevamiento y análisis; presentado el *diagnóstico*, la dirección puede decidir no continuar con el proyecto.

Para llevar a cabo esta tarea de planeamiento, el analista cuenta con el soporte de *diagramas* tales como GANTT, PERT, CPM, *cronogramas*, etc.

Como producto de esta etapa se obtiene el *plan de trabajo*, que contendrá:

- objetivos y alcance definidos en la etapa anterior;
- análisis de factibilidad definido en la etapa anterior;
- metodología a desarrollar;
- plan de trabajo;
- equipo de sistemas que intervendrá en el proyecto;
- recursos humanos y materiales requeridos.

Etapa II. Relevamiento

El objetivo de esta etapa consiste en recopilar antecedentes acerca de las características del sistema tal como está operando en ese momento, determinar disfunciones y necesidades no satisfechas, siempre teniendo presentes el objetivo y alcance definidos antes.

Para efectuar este relevamiento, el analista deberá recabar información, que obtendrá a través de distintas técnicas.

- *Entrevista:* consiste en una reunión cara a cara del analista con usuarios, ejecutivos y directivos. Otorga la posibilidad de ahondar en los datos que suministra el entrevistado en el mismo momento en que se lleva a cabo. Su principal desventaja es el tiempo que demanda su desarrollo, por lo que suele utilizarse sólo para completar información recogida mediante encuestas, reservándose su uso para recabar información del personal ejecutivo y directivo de la organización.
Para que la entrevista resulte efectiva se deben establecer previamente algunas condiciones, como por ejemplo: definición del objetivo, determinación de su duración, elaboración de un temario, concertación por adelantado de fecha y tema a tratar, resumen para el entrevistado.

- *Encuesta o cuestionario:* consta de una guía de preguntas y/o planteos formulada por escrito y distribuida entre los agentes. Se reparte preferentemente entre todos los participantes, ya que esta técnica permite salvar la principal desventaja de la entrevista, que, por las limitaciones de tiempo, no puede ser utilizada masivamente. En general, las encuestas son anónimas, por lo que su principal desventaja es que no permiten captar ciertas actitudes que sí se obtienen en las entrevistas. Los cuestionarios deben ser breves, de fácil lectura y acompañados de un instructivo para que sean completados en tiempo y forma por los usuarios.

- *Observación directa:* esta técnica consiste en la visualización por parte del analista de cómo se desarrollan las actividades desde el mismo lugar de la acción. Por lo general se la utiliza como complemento de las dos técnicas anteriores, ya que una de sus principales desventajas es el riesgo de alteración del normal desarrollo de las actividades ante la presencia de alguien que habitualmente no forma parte del plantel, lo que puede provocar una visión distorsionada de la realidad. No siempre la participación del analista es pasiva sino que también puede intervenir en la ejecución de una o más tareas.

- *Revisión de documentación y antecedentes:* se trata de analizar los registros y los manuales existentes, así como también de estudiar el tipo y contenido de soportes, el volumen utilizado por período, etc. Esta técnica tiene como limitación los desvíos que pueden existir entre lo diseñado y lo ejecutado y la falta de mantenimiento de los sistemas, por lo que no debería ser la única fuente de relevamiento usada por el analista, aunque puede constituir una guía para obtener la información que se necesita.

Estas técnicas deben combinarse según el tiempo y los recursos disponibles, ya que ninguna de ellas, como se desprende de lo expuesto, es lo suficientemente abarcativa como para dar resultados en forma aislada.

La información que hay que obtener, básicamente, en el caso de un sistema administrativo, se refiere a:

- objetivo y alcance del sistema, procesos que comprende, usuarios que lo llevan a cabo, medios que se utilizan;
- volumen, frecuencia y tiempos de operación del sistema;
- entradas requeridas por el sistema e informes que genera, incluida la manera en que se presentan;

- controles que se realizan;
- relación o interrelación con otros sistemas y con el ambiente o contexto;
- normas de procedimiento y de control interno que contempla el sistema;
- soportes y archivos existentes;
- equipamiento informático (*hardware* y *software*).

Etapa III. Análisis

El objetivo de esta etapa es evaluar los sistemas administrativos y producir un diagnóstico y propuestas de soluciones a incorporar al nuevo diseño.

Obtenida la información a través de las técnicas señaladas, debe realizarse su ordenamiento, que tiene que permitir una recuperación clara e inmediata de los datos que se requieran. Esta tarea recibe el nombre de *sistematización de la información* y puede efectuarse mediante la utilización de distintos diagramas: de bloque (global y/o detallado), de interdependencia sectorial, cursograma. Cabe aclarar que estos diagramas se usan también en el diseño de los nuevos sistemas.

Luego de compatibilizada y sintetizada la información, se lleva a cabo la *evaluación técnica*, que tiene por finalidad determinar la efectividad y eficiencia del sistema en cuestión, las consideraciones en materia de control interno que contempla y los informes de gestión que genera para la toma de decisiones. Además, se evaluará la estructura que soporta el sistema en cuanto a quiénes realizan los distintos procesos, cantidad de usuarios que intervienen, capacitación o grado de conocimiento que poseen y adecuación de soportes y archivos a las necesidades del sistema.

El producto de esta *evaluación técnica* es el *diagnóstico*, que, a esta altura, no es más que la formalización del análisis en un instrumento que será presentado a los directivos, ya que el proceso en sí es desarrollado por el analista simultáneamente con el *relevamiento* y la *sistematización de la información.*

El diagnóstico se acompaña con distintas opciones o propuestas formuladas por el analista, que contemplan los requerimientos del nuevo sistema, con el objeto de que, luego de ser explicadas a la dirección, esta otorgue el aval suficiente para diseñar el futuro sistema.

Etapa IV. Diseño

De acuerdo con el informe de diagnóstico, en esta etapa se comienza a trabajar con el nuevo sistema. Aquí, vale hacer una distinción entre dos instancias del diseño, ya que se empieza a trabajar con una idea abarcativa del sistema en general, para luego ir descendiendo hasta conseguir el diseño de las particularidades y dejarlo en condiciones de operatividad. Estas dos instancias reciben, respectivamente, los nombres de *diseño global o general* y *diseño detallado.*

Podríamos decir que el diseño se comienza con el desarrollo global del nuevo sistema, en el que se determinan sus características de funcionalidad sin establecer las especificaciones de aplicación. Esta etapa tiene por finalidad que se comprenda la lógica del nuevo sistema.

Básicamente, se deberán contemplar los objetivos y alcances y la definición sintética del sistema mediante un esquema que permita establecer entradas, procesos, salidas y archivos.

Para desarrollar estos aspectos, el analista puede aprovechar las ventajas que genera el uso de los diagramas. De los mencionados en la etapa de análisis, en esta instancia se utilizará el diagrama de bloque (global y/o detallado).

Antes de comenzar con el diseño detallado deberá cumplirse con una nueva instancia de aprobación por parte de los directivos. Este paso consiste en la determinación de la factibilidad del proyecto, considerando los mismos aspectos que los desarrollados al referirnos a la primera etapa de la metodología. Téngase en cuenta que a esta altura del proyecto, sin ser definitivos, los cálculos que se hagan revestirán una mayor precisión.

Aprobado el diseño global, se determinarán las especificaciones necesarias para que el sistema reúna características de operatividad. Puede decirse que el diseño detallado consiste en la conversión del diseño lógico en el diseño físico del sistema. Esto es:

- diseño del *software* requerido para llevar a cabo los procesos;
- especificación del *hardware* necesario para operar el sistema;
- elaboración de manuales de procedimientos;
- diseño y elaboración de manuales de soportes y archivos.

Para obtener estos "productos", el analista cuenta con el apoyo de las herramientas que también indicamos en la etapa de análisis: diagrama de interdependencia sectorial, cursograma, etc.

Etapa V. Implementación

Esta es la etapa en la cual el sistema es puesto en funcionamiento para reemplazar al anterior. Para que se concrete en forma efectiva y eficiente, es preciso desarrollar una serie de actividades.

- *Planeamiento de la implementación:* consiste en el establecimiento y determinación de tiempos y recursos necesarios, para lo cual deben programarse las actividades indispensables utilizando las herramientas señaladas en la etapa 1 (diagramas GANT, PERT, CPM, cronogramas). Asimismo, deberán efectuarse la carga inicial de datos, las instalaciones de apertura, etc.

- *Entrenamiento:* capacitación del personal asignado en la utilización de los nuevos sistemas. Previamente se entregarán los manuales correspondientes y, sobre la base de su lectura, se desarrollarán programas para la explicación de su contenido y forma de uso.

- *Puesta en marcha:* el reemplazo del sistema puede asumir, básicamente, dos formas: ser un proceso gradual que trabaja en "paralelo" con el sistema anterior hasta que el nuevo reúna todas las características de operatividad necesarias y se deje sin efecto el anterior o, de tratarse de un sistema que no existía, realizar las pruebas de funcionamiento del procedimiento y equipos.

A partir de allí, el sistema comenzará a funcionar bajo responsabilidad del usuario, pero contando, durante un lapso, con el apoyo del analista para consultas y ajustes que sean necesarios.

8.3. El método de mejora continua

La *mejora continua* es una metodología para mejorar productos o servicios, en concordancia con las necesidades y expectativas que los clientes tienen de ellos. En palabras de Richard y Chang (1995, 7): "El resultado final es un medio más rápido, mejor, más eficiente o efectivo para producir un servicio o un producto".

En un mundo globalizado y sumamente competitivo sólo sobrevive aquel que mantiene una disponibilidad continua hacia el cambio, con el objetivo de cubrir las necesidades de los clientes y, si es posible, superar sus expectativas; ambos aspectos constituyen lo que llamaremos *requerimientos*. Nuestros *clientes* pueden ser personas, grupos o empresas que solicitan nuestros productos o servicios, y podemos clasificarlos como externos o internos, según sean parte, o no, de la organización.

El *producto* puede ser además servicio o información que se produce para satisfacer la solicitud de los clientes. Para obtener este producto, hay que realizar un proceso, a partir de determinados *insumos* (información, materiales y recursos). El *proceso* es la suma de las tareas ejecutadas para convertir los insumos en productos; dichas tareas *pueden* agregar valor o no. Las tareas *con valor agregado* son las que permiten obtener el resultado deseado; sin ellas no se puede lograr el objetivo. Las tareas *sin valor agregado* son las que se realizan adicionalmente, pero que no aportan valor al resultado e incluso pueden constituir un obstáculo para lograrlo.

Es muy importante conocer los requerimientos del cliente, no sólo en cuanto a la necesidad, sino, especialmente, a las expectativas de cómo se debe cubrir esa necesidad. Este conocimiento o *feedback* debe ser continuo, para mantener actualizado el funcionamiento de la *cadena proveedor-productor-cliente*.

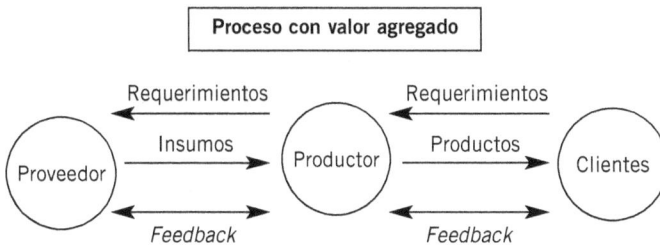

Proceso con valor agregado

Para lograr un *feedback* efectivo es necesario comunicarse continuamente con el cliente, a fin de verificar si los productos satisfacen sus requerimientos, si esos requerimientos están cambiando y, de ser posible, deducir cómo superar sus expectativas.

Existe una predisposición a *imaginar* los requerimientos del cliente, y esto es incorrecto, ya que puede conducir a realizar cambios innecesarios, gastando tiempo y dinero en ello. Antes de iniciar un proceso de mejora, es necesario obtener *feedback* realmente válido; luego, el método permitirá mejorar el producto de modo de satisfacer los cambiantes requerimientos.

Sabremos de nuestro éxito, por el aumento de la satisfacción del cliente. El *feedback* se deberá aplicar también a la relación productor-proveedor. No podemos estar a la espera del *feedback*, sino que es esencial incorporarlo como parte de nuestro proceso, a través de encuestas, preguntas y otros medios. No es posible mejorar el requerimiento sin evaluar la calidad y la eficiencia del producto generado.

Veremos en detalle los elementos básicos del método que, aplicados en forma continua y cíclica, nos permitirán incorporarlos naturalmente a nuestros procesos Para ello utilizaremos el modelo SAMME (Richard y Chang, 1995, 19), sigla que representa las etapas de la mejora continua: *Seleccionar, Analizar, Medir, Mejorar* y *Evaluar*.

El método deberá adaptarse a las necesidades particulares de cada empresa, eliminando las tareas que consideren innecesarias o ya conocidas y profundizando en aquellas que se consideren importantes. Es probable que sea necesario volver atrás en alguna etapa, para mejorar o revisar algún punto donde se haya detectado un error.

Etapa I. Seleccionar

Determinar requerimientos para clientes principales o más representativos

Primero hay que tener en claro quiénes son los principales clientes, tanto externos como internos. Es más fácil determinar los clientes externos clave, por ejemplo a través de un proceso ABC (normalmente se cumple la regla de que el 80% de la facturación corresponde al 20% de los clientes); en cambio es más difícil determinar cuáles de los clientes internos son los que influyen más en la satisfacción de los clientes externos.

Para ello es ideal apoyarse en el intercambio de ideas entre los sectores de la organización. Luego de obtener la lista de los clientes clave, será necesario determinar cuáles son sus requerimientos; se podrá obtener un indicio importante a partir de sus reclamos, devoluciones y/o quejas.

Los requerimientos de los clientes normalmente giran en torno de: puntualidad en la entrega, cumplimiento en la cantidad solicitada, precios razonables, calidad del producto o servicio, continuidad en la producción, flexibilidad ante el cambio de especificaciones, disponibilidad de stock, entre otros aspectos.

Para obtener los reales requerimientos de los clientes, se utilizan herramientas ya comentadas al hablar del método del ciclo de vida. Los pasos a seguir son:

- *identificar las áreas de requerimientos de los clientes,* realizando una lista de aquellos puntos que se consideran importantes, que luego se revalidarán con algunos clientes *top*;

- *elaborar cuestionarios* para obtener un *feedback* preciso, con preguntas fáciles de responder y que dejen abierta la posibilidad de que se agreguen aspectos no tenidos en cuenta;

- *encuestar a los clientes,* toda vez que sea posible, en forma personal, de modo de precisar mejor los verdaderos requerimientos;

- *incorporar el feedback,* procesando y tabulando las respuestas obtenidas para determinar cuáles son las áreas donde hacen falta mejoras.

Decidir cuál será el proceso a mejorar

Una vez que se conocen los requerimientos, se puede identificar con mayor precisión el proceso a mejorar en primer término o con mayor urgencia. Para eso, hace falta:

- *confeccionar una lista de los procesos relevantes* de acuerdo con las sugerencias del equipo y con límites claros; no podrá implicar un sistema completo, ni ser únicamente una tarea;

- *establecer los criterios de selección,* como las críticas de los clientes, el seguimiento de cambios ya realizados, el valor agregado para el cliente, los beneficios a partir de la mejora, etc.;

- *identificar la relación entre criterios y procesos* comparando los seleccionados, y armar un formulario de selección;

- *seleccionar un proceso para su mejoramiento,* evaluando cuál satisface en mayor grado los criterios.

Etapa II. Analizar

Documentar el proceso actual

Para mejorar un proceso hace falta conocerlo, por lo tanto es necesario documentarlo tal cual es. Para ello se deberá:

- *enumerar las tareas más importantes* para obtener el producto, definiendo los insumos y operaciones incluidos en él; posteriormente se seleccionan no más de 10 tareas importantes identificando las operaciones o decisiones que las enlazan; las preguntas que permitirán establecer esta lista son del tipo: ¿qué pasa a continuación?, ¿es necesario tomar alguna decisión antes de esta tarea?, ¿qué autorización es necesaria antes de continuar?, ¿qué es lo que no se logra con estas tareas?;

- *crear un diagrama de flujo del proceso,* para lo que es necesario representar gráficamente paso a paso el proceso relevado en forma sencilla; mediante el análisis del diagrama se podrán detectar las tareas que generan valor agregado y las que no agregan valor; estas últimas constituyen oportunidades de mejoramiento inmediato.

Establecer las medidas necesarias del proceso

Medir los insumos, los recursos y los resultados del proceso es uno de los puntos básicos para obtener resultados positivos. Para ello es necesario definir criterios de medición sin perder de vista que el objetivo es la satisfacción de las necesidades y expectativas del cliente. Los tipos básicos de mediciones son:

- *medición del insumo* (proveedor) o estimación en función de estándares; se establecen cantidades y calidades de los insumos requeridos, y frecuencias y horarios en los que debemos recibirlos;

- *mediciones del proceso* (productor), que manifiestan si el proceso se cumple en forma satisfactoria o no; los parámetros son los tiempos para obtener cada componente del producto o servicio, la cantidad y calidad de los insumos, etc.;

- *mediciones del resultado* (cliente), que indican si el cliente está satisfecho o no; son las que expresaron los clientes en las encuestas.

Determinar las mediciones del resultado

Es mejor disponer de pocas mediciones significativas, que de muchas irrelevantes, por lo tanto hay que tener en cuenta: medir pocos elementos, destinar poco tiempo a cada medición y, sobre todo, *no medir* los elementos equivocados. Una vez consideradas todas las ideas posibles, determinar cuáles son las estimaciones más decisivas para lograr el objetivo, luego visitar a algunos de los clientes más importantes y *obtener su conformidad.*

Etapa III. Medir

Durante esta etapa, se podrá determinar si estas medidas del proceso interno y del insumo eran las mejores a tener en cuenta, analizándolas sobre una base de continuidad.

Recopilar datos de referencia sobre los resultados

Con la recopilación se podrá conocer la eficacia del proceso y de las tareas que satisfacen los requerimientos del cliente; para ello, se deberán diseñar hojas de verificación que permitan realizar las comparaciones.

Identificar las deficiencias en los resultados del proceso

Los problemas detectados en el proceso son los responsables de la insatisfacción de los clientes; para eliminarla, es necesario identificar y solucionar dichas dificultades en cada tarea relevante de un proceso de trabajo (por ejemplo, suprimir aquellas tareas sin valor agregado).

- *Utilizar una matriz de áreas con problemas:* entre los problemas más habituales están: falta de procedimientos, demora considerable en la ejecución, inexistencia de responsable para una tarea, desperdicio de recursos, falta de capacitación, deficiencia o ausencia de comunicación, responsabilidades diluidas o compartidas; estos puntos detectados serían las columnas, y las tareas relevantes analizadas serían las filas de la matriz.

• *Análisis de la matriz de áreas con problemas:* se deben tomar en cuenta las tareas con problemas de mayor relevancia para trabajar en el mejoramiento; esto permite identificar, además, tareas sin valor agregado, que podrían ser eliminadas.

Etapa IV. Mejorar

Fijar las metas de mejoramiento del proceso

El proceso de mejoramiento debe ser aplicado de manera continua. En otras palabras, es necesario fijar metas, cumplirlas y fijar nuevas metas. Esta etapa del método permite identificar oportunidades de mejoramiento, enfocarse en los resultados y verificar si se están haciendo bien las cosas.

• *Descubrir necesidades y oportunidades de mejoramiento:* comparar las deficiencias detectadas con los requerimientos del cliente para luego separar las tareas sobre las cuales se va a trabajar y determinar cuáles son las oportunidades de mejora.

• *Confirmar el nivel deseado de resultados del proceso:* conociendo los resultados que esperan los clientes, es posible fijar objetivos para superar esta expectativa y aumentar la satisfacción.

• *Determinar los requerimientos de cumplimiento para el proveedor:* fijar los niveles deseados y lograr un acuerdo con los proveedores; si alguno de ellos no puede cumplir con los nuevos objetivos, habrá que verificar si no son demasiado ambiciosos, cambiar de proveedor, o incorporar uno nuevo para complementar al existente.

Desarrollar y realizar las mejoras sobre una base de ensayo

Para diseñar las mejoras a realizar, se utilizan los datos obtenidos en las etapas anteriores, como causas de los problemas del proceso, oportunidades identificadas y priorizadas, etc., para luego ensayar en pequeña escala a modo de prueba y recopilar datos sobre las medidas clave del proceso.

- *Identificar la causa de los problemas del proceso:* una vez identificada el área del problema, es necesario preguntar la causa, mediante un análisis causa-efecto, partiendo del efecto (que sería el problema).

- *Identificar y priorizar oportunidades para simplificar y/o mejorar el proceso:* es el momento de eliminar las tareas sin valor agregado o reducir las actividades dentro de los pasos de los procesos.

- *Elegir las mejores soluciones conocidas:* la mejor solución es aquella que satisface los requerimientos con el menor costo y/o en el menor tiempo posible; además, encarar los cambios que se pueden ejercer con poco esfuerzo, y postergar el resto.

- *Ensayar en pequeña escala a modo de prueba:* antes de incluir los cambios en los procedimientos estándar de operación, es conveniente realizar ensayos o pruebas.

- *Recopilar datos sobre las mediciones clave del proceso:* en este punto de la metodología habrá señales que respaldarán o no los esfuerzos para mejorar.

Etapa V. Evaluar

Aunque se hayan detectado los problemas y realizado cambios, el mejoramiento no está terminado hasta que no se sabe cuál será el nivel de satisfacción del cliente. Para ello, es necesario:

- *determinar el impacto de las mejoras en el proceso,* es decir, comprobar si los cambios han reducido o eliminado

las áreas de problema detectadas de manera tal que
satisfagan los requerimientos del cliente; para poder
evaluarlo hace falta: *solicitar* feedback *del cliente selec-
cionado, durante el período de ensayo; reexaminar los datos relacionados con los objetivos de mejora* y *perfeccionar
las mejoras donde sea necesario*;

• *estandarizar el proceso y verificar el mejoramiento realizado*; una vez logrados los objetivos, hay que evitar
que se reviertan, para ello se debe: c*omunicar el flujo del proceso mejorado y las nuevas pautas de operación;
impartir la capacitación necesaria sobre el nuevo proceso; recopilar* feedback *actual del cliente y del proveedor;
mantener y mejorar continuamente los beneficios de los resultados.*

8.4. La reingeniería

La reingeniería de procesos o de negocios, como también
se la denomina, es una metodología desarrollada en 1994
por Michael Hammer y James Champy en su libro
Reingeniería, y como dijimos en el punto 8.1, se trata de un
enfoque de diseño base cero. La denominación ha sido aplicada en forma indiscriminada, e inapropiadamentemente,
a cualquier tipo de programa de cambio o mejoramiento
del management; por eso no debemos sorprendernos cuando alguno de ellos no cumple con el cometido de la reingeniería.

Para precisar de qué estamos hablando, proponemos la
siguiente definición: *la reingeniería significa pensar en los fundamentos de los procesos de un negocio (qué hacemos y cómo lo hacemos) y rediseñarlos radicalmente para obtener una mejora significativa en el rendimiento de la organización en términos de costo,
calidad y servicio.* Para profundizar la definición analicemos
las palabras clave.

- *Fundamentos* son las cuestiones básicas de la empresa y su modo de funcionar; deben explorarse sin ningún preconcepto ni atadura con los procesos actuales, olvidando lo que fue y concentrándose en lo que *debe ser*.

- Por *procesos* se entiende una secuencia de actividades que agregan valor para el cliente. Deben pensarse en términos de estados iniciales y finales, y considerar que generalmente atraviesan los límites funcionales; los enfoques tradicionales, en cambio, dirigen el análisis hacia la habilidad y el rendimiento de los distintos puestos o sectores.

- Rediseñar en forma *radical* significa llegar hasta la raíz de las cosas: descartar las estructuras y los procedimientos existentes e inventar nuevas maneras de realizar el trabajo. Es un error común pensar que esto se logra con sólo incorporar tecnología para automatizar procesos existentes; la tecnología debe usarse creativamente para llevar a cabo cosas distintas de las que hacíamos.

- El adjetivo *significativo* aplicado a la mejora del rendimiento establece una marcada diferencia respecto de las mejoras incrementales o marginales. Toda la empresa debe estar convencida de la necesidad de agregar valor para el cliente mediante aumentos espectaculares en la calidad de los productos, en la reducción de costos y en la eficiencia del servicio.

Para permitir a la empresa afrontar los desafíos de la competitividad, la apertura de los mercados, los cambios en los gustos de los consumidores y la revolución tecnológica, la aplicación de la reingeniería necesariamente tiene que ser drástica, tanto en el grado de cambio de los procesos como en los resultados.

Por definición, entonces, la reingeniería va más allá de la mera reorganización que pretende reducir la dotación de personal, de la automatización a secas de los procesos existentes y de los programas de calidad; el mismo Hammer dice que reingeniería y calidad total son diferentes, pero complementarias: la calidad se propone mejorar lo que estamos haciendo, mientras que la reingeniería trata de reinventarlo.

Etapas

Dados los conceptos básicos del método, entraremos ahora en el tema de cómo ponerlo en acción. En la bibliografía disponible –por ejemplo, Johansson (1993), o Morris y Brandon (1994)–, encontramos distintas etapas que deben seguirse en un proyecto de reingeniería. Las que aquí propondremos no difieren en lo sustantivo, pero proponen una síntesis orientada a la aplicación práctica del procedimiento. El gráfico siguiente muestra las diversas etapas y la secuencia en que se desarrollan; a continuación se analizan y se señalan el propósito y las actividades de cada una.

Movilización → Identificación → Elección → Diseño → Transformación

Etapa I. Movilización

Esta etapa preliminar comienza con el desarrollo de un consenso de los ejecutivos sobre las metas y los objetivos que justifican el proceso de reingeniería. Como la denominación lo indica, tiene por finalidad estimular a las personas que van a realizar la tarea. Dará como resultado la constitución del equipo y la definición del programa de trabajo.

Las actividades que comprende son: *armar el equipo de trabajo* integrado por los especialistas en la metodología y la contraparte asignada por los sectores involucrados que aportarán su conocimiento de los procesos del negocio. Hay que tener en cuenta que los participantes deben poseer una buena dosis de imaginación y capacidad para trabajar bajo presión. Seguidamente, el equipo tendrá que *acordar la metodología* y *el plan de tareas* que constituyen el principal resultado de esta etapa.

Etapa II. Identificación

El segundo paso será reconocer los procesos. La reingeniería, como vimos, se centra en los procesos clave del negocio, pero estos frecuentemente se encuentran fragmentados y oscurecidos por los compartimientos funcionales. Hammer sostiene que los procesos clave son pocos, a lo sumo diez, y esto concuerda con la idea de Porter acerca de las actividades que agregan valor: logística de entrada, operaciones, logística de salida, marketing y ventas, y servicio al cliente.

El objetivo de esta etapa es confirmar la estrategia de la empresa para definir las exigencias del contexto y luego obtener una visión global de los procesos relacionados, de la estructura que los sustenta y de los recursos humanos e informáticos comprometidos.

En conclusión, las actividades a realizar serán: *identificar la estrategia*, para lo cual se efectuarán entrevistas con los directivos y sus asesores; *reconocer los procesos*, realizando un relevamiento global en términos de flujo de trabajo e información, departamentos participantes y normas administrativas aplicadas; la tarea se concretará en la confección de los llamados *mapas de proceso*, denominación de los diagramas que muestran los principales pasos del proceso y la interrelación de los sectores que intervienen en él; y, por último, *evaluar el desempeño* de los procesos actuales en términos de cantidades de insumos y de productos, costo, tiempo y calidad del proceso, y personal participante. Esta actividad es básica: no se puede afirmar que la mejora ha sido significativa, como se propone por definición, si no se efectúa la medición antes y después de la aplicación de la reingeniería.

Etapa III. Elección

Realizado el análisis de los principales procesos, corresponde determinar, atendiendo al impacto sobre el negocio, por cuál proceso se iniciará la reingeniería y cómo continúa el orden de prioridades. Veremos dos propuestas de cómo elegirlo.

- Carr y Johansson (1995) proponen ordenar los procesos según su importancia estratégica. Marketing es un ejemplo de un proceso prioritario porque define la empresa hacia afuera y afecta significativamente la performance diaria; luego se puede considerar, por ejemplo, el servicio de posventa. Por último, aconsejan focalizar inicialmente en pocos procesos para evitar que la iniciativa se pierda en la confusión.

- Hammer y Champy (1994), por su parte, sugieren tres criterios para seleccionar el proceso: *necesidad, importancia* y *factibilidad.* Por necesidad remiten a aquellos procesos con disfunciones reconocidas, por ejemplo: redundancia de datos, repetición de tareas, o controles que no agregan valor. La importancia está relacionada con el impacto sobre los clientes, y la factibilidad, con la posibilidad de éxito del rediseño. Aplicando estos criterios se realiza la *identificación* de los procesos a ser rediseñados y las prioridades de la tarea. Con esta información se llevará a cabo una *presentación ejecutiva* para someterla a decisión de la dirección y obtener la aprobación formal de los procesos seleccionados para el rediseño.

Etapa IV. Diseño

En esta etapa se efectuará el diseño o rediseño de los procesos seleccionados y se definirán las necesidades en materia de personal y de soporte informático, así como las modificaciones requeridas por la estructura que sustentará los nuevos procesos.

La primera actividad es el *análisis de detalle* del proceso a fin de detectar tareas o pasos redundantes, cuellos de botella en el flujo de trabajo, operaciones o controles que no agregan valor, etc. A partir de este análisis, comienza la actividad más exigente: *generar procesos alternativos*.

En efecto, el paso de una visión a una solución no es un mero salto mental, sino que necesita herramientas de *creatividad* (por ejemplo, *brainstorming*) para trazar el puente entre el ideal y el diseño concreto. Se definirán a continuación los requerimientos de las opciones de solución. El diseño de las opciones se subdivide en el *diseño técnico*, cuyo objetivo es especificar el proceso en términos de normas, procedimientos, controles y tecnología requerida, y el *diseño social*, consistente en determinar la dotación de personal, las capacidades que son necesarias y la definición de la nueva estructura.

Etapa V. Transformación

Aprobados los diseños definitivos de los procesos a partir de los requerimientos técnicos y sociales, se está en condiciones de proceder a la implementación. Esta etapa, que hemos preferido denominar de "transformación" para diferenciarla de la misma etapa en los métodos tradicionales, comprende las actividades de *planificación* y *puesta en marcha*.

La planificación integrará todas las tareas necesarias para la puesta en marcha, tales como cambios en la planta física, asignación y capacitación del personal, disponibilidad del soporte tecnológico, realización de pruebas piloto y adecuada comunicación para que el nuevo proceso esté en condiciones de operar.

Para apreciar mejor el tipo y significación del cambio que implica la reingeniería, en el siguiente cuadro la comparamos con la mejora continua.

	Mejora continua	Reingeniería
Focalización	En todos los procesos de la organización	En los procesos clave del negocio
Visión de los procesos	Agrega valor a los procesos existentes	Cuestiona los procesos existentes
Rol de la tecnología	Facilita el mejoramiento	Posibilita el cambio
Tipo de cambio	Evolutivo	Revolucionario

Pueden advertirse ciertas similitudes en cuanto a la forma de organización del trabajo en etapas y al uso de diagramas y otras herramientas de apoyo. Pero, en el caso de la reingeniería, deben destacarse las siguientes ventajas comparativas:

- parte de un enfoque del negocio, donde las actividades deben agregar valor para el cliente no sólo en términos de precios, sino también de calidad y servicio;

- se basa en un enfoque del proceso integral, que abarca a los analistas y a los responsables de los procesos (participación de los usuarios en el equipo de trabajo);

- excede el diseño de los sistemas administrativos e impacta sobre la estructura organizativa, ya que modifica o elimina sectores funcionales y niveles de supervisión (Gilli, 1998, 57).

8.5. La gestión del cambio

Cada vez con más frecuencia los cambios que se producen en el contexto obligan a que las organizaciones modifiquen su estructura y sus procesos. Esta presión puede provenir de distintas fuentes: a veces son los clientes quienes exigen nuevas especificaciones en los productos o servicios, más adaptadas a sus requerimientos, o menores precios; en otras ocasiones, pueden provenir de la competencia existente, que utiliza nueva tecnología o lanza nuevos productos, o de la aparición de nuevos competidores.

El cambio de los procesos y la estructura puede tomar diferentes formas según el enfoque de diseño que se elija; puede ir de la mejora o afinamiento de lo existente hasta un cambio radical, pero, más allá de considerar el cambio en el ambiente de los negocios, debe destacarse que el cambio "es" el nuevo ambiente de los negocios.

Principales dificultades

Según Schvarstein (1998, 261), "(...) diseño significa cambio. Si queremos desarrollar e implementar nuestros diseños debemos, por lo tanto, ser capaces de diseñar los procesos de cambio que conduzcan a la implementación de nuestros diseños". Es aquí donde surgen dificultades.

Basta mirar lo que sucede en el mercado: casi todas las empresas, grandes o pequeñas, afirman que quieren cambiar. Quienes las dirigen y trabajan en ellas hablan de cambios, pero, de hecho, no los llevan a cabo; expresiones como "lo que hacemos es suficientemente bueno…" o "no podemos hacerlo porque…" surgen de inmediato. Pocos esfuerzos de cambio tienen éxito y algunos resultan rotundos fracasos; las lecciones que pueden obtenerse de estos casos son interesantes y útiles para establecer el proceso de cambio.

La primera dificultad es *reconocer la necesidad del cambio*. Las condiciones empeoran día a día, pero la mayoría de las personas ignoran que esos signos indican la necesidad de cambio, y cuando lo reconocen suele ser tarde. Frente a hechos desagradables, como pérdida de posición en el mercado o desequilibrio financiero, algunos gerentes subestiman la urgencia de tomar decisiones o se paralizan porque los sucesos se salen de control, porque peligran los negocios en el corto plazo o porque se los culpa de las crisis; entonces, el mandato es minimizar el riesgo y mantener el sistema operativo en uso.

Este tipo de actitud requerirá que la crisis estalle para poner en funcionamiento el proceso de cambio. Las transformaciones comienzan bien y a tiempo cuando existe al frente de la organización un líder que enfrenta los hechos potencialmente desagradables y promueve una discusión franca sobre las medidas necesarias.

Reconocida la necesidad del cambio, surge la de evaluar cuál es la disposición de la organización para llevarlo a cabo. Deben sacarse a luz los aspectos clave que pueden producir resistencia y que tienen que ser considerados en la selección del método y el diseño del proceso.

El fenómeno de *resistencia al cambio* funciona como una ley física aplicada a las organizaciones. Si analizamos las causas de esa reacción veremos que el cambio es percibido como una amenaza a la seguridad en el puesto de trabajo, como una pérdida de influencia, autoridad o control, como la falta de calificación para enfrentar la nueva situación o, simplemente, como una modificación en los hábitos y el *statu quo*.

Sorprendentemente, en los libros el cambio es descrito como un proceso indoloro; basta determinar la visión, diseñar un programa y seguir un procedimiento. En la realidad, las personas dejan de lado las lealtades, abandonan las alianzas, y la oposición proviene de los lugares menos esperados; en otras palabras, cuando las apuestas, el compromiso y el riesgo son fuertes, entran en juego las emociones.

En general, el reconocimiento de la necesidad de cambio surge en la dirección, pero el proyecto tiene un responsable o patrocinador que se ocupa de reunir los esfuerzos de todos y para ello deberá reconocer las diferentes opiniones y estar preparado para vencer las resistencias. El agente de cambio tiene que recordar que si quiere lograr su propósito es muy posible que los que están a su alrededor se sientan afectados porque alterará rutinas, revelará falencias y sugerirá pérdida de beneficios.

Resulta sorprendente que el personal del nivel operativo suele ofrecer menor resistencia porque conoce mejor las deficiencias de la organización del trabajo. La mayor oposición surge en los niveles intermedios y gerenciales, donde el temor a perder estatus y poder es mayor.

No conocer los motivos del cambio también es un factor que estimula la resistencia; de hecho, para muchas de las personas afectadas no resulta claro por qué se necesita el cambio. La disminución de la resistencia se puede lograr de muchas formas, pero la comunicación sobre los cambios que se proponen resulta clave para aclarar sus razones y sus efectos; otra manera es hacer participar a los miembros de la organización del diseño del proceso, reconociendo que incluye tanto la dimensión social como la técnica de la organización.

Condiciones para el cambio

Vistos los problemas señalados, la premisa fundamental para implementar con éxito un nuevo diseño es reconocer que el cambio no resultará fácil y que las dificultades serán proporcionales a su magnitud. A partir de esta premisa distintos autores realizan su propuesta.

Así, John P. Kotter (1998, 102) plantea seguir ocho pasos: establecer un sentido de urgencia; crear una coalición guía; desarrollar una visión y una estrategia; comunicar la visión del cambio; fomentar el *empowerment*; generar logros a corto plazo; consolidar los resultados; y fijar nuevos enfoques en la cultura. Para lograr el éxito –según el autor– deben cumplirse todos estos pasos, respetando el orden en que están formulados.

Por su parte, Charles Fishman (1998, 90-100) sugiere diez leyes para guiar el proceso: cambiar por cambiar no sirve; la clave está en las personas; la resistencia es información; la red informal es poderosa; es imposible forzar el cambio; el cambio es un negocio; hay que generar tensiones; nadie debe morir por el cambio; el cambio empieza por uno; y es un desafío personal.

En nuestro desarrollo, más modestamente, no propondremos procedimientos infalibles ni leyes inmutables. Analizaremos algunas cuestiones básicas que desde la teoría y desde la práctica deben considerarse en un proceso de cambio.

Estas cuestiones se refieren a crear un ambiente propicio para el cambio demostrando su necesidad o ventajas; establecer la visión y hacer partícipes de ella a las personas clave, dentro y fuera de la organización, convocándolas a formar parte concreta y creativa; y, por último, consolidar el proyecto reforzando la acción y tratando de demostrar a todos su sentido y resultados.

El ambiente de cambio

La primera cuestión reside en afrontar la realidad –por ejemplo, que los productos y servicios que se ofrecen perderán vigencia–, pero existe la tendencia a pensar que la empresa seguirá funcionando aun cuando los cambios del medio, de la tecnología o de la competencia indiquen que está perdiendo competitividad. No se trata de cambiar por el solo hecho de hacerlo, sino centrar el empeño en transformar los procesos clave para el negocio.

Los esfuerzos de cambio por lo general comienzan cuando un funcionario o un grupo miran seriamente la situación competitiva de la compañía: la porción de mercado, las tendencias tecnológicas o el desempeño financiero; a partir de ese momento debe transmitirse amplia y claramente la situación real y potencial y los desafíos que plantea. Esta acción es esencial para lograr la efectiva cooperación del mayor número posible de personas. Sin motivación, la gente no colaborará y el esfuerzo de cambio correrá el riesgo de fracasar.

Quien lidere el proyecto debe asumir la ambigüedad que supone el cambio; no se trata de un equilibrio cómodo, sino de una tensión dinámica para llevar a la empresa fuera de sus zonas de confort. Por eso necesita, además de excepcionales habilidades, estar convencido de la necesidad del cambio y haber tomado su implementación como un desafío personal.

La clave está en las personas

En el comienzo, el proceso de cambio se centra en una persona o en un pequeño grupo, pero en el corto plazo se necesitará desarrollar una masa crítica que lo sustente.

A menudo se dice –y con razón– que un cambio mayor es imposible sin el respaldo activo de la conducción de la organización y del desarrollo de una coalición lo suficientemente fuerte en términos de cargos, experiencia, reputación y relaciones.

En una pequeña empresa, bastarán de tres a cinco personas, pero en las grandes, la coalición puede crecer hasta un rango de veinte o más. Los gerentes formarán el núcleo del grupo, pero también puede ser significativo incorporar un representante de la dirección o de un cliente importante e, incluso, del sindicato correspondiente.

Para integrar la masa crítica debe buscarse más allá del organigrama oficial y reconocer que la red informal es una fuente de influencia, y como tal puede utilizarse en el proceso; para ello habrá que identificar a las personas que comparten la necesidad del cambio y sumarlas como aliados.

Por último, en relación con las personas, debe mencionarse que el cambio no puede forzarse: no es un ejercicio compulsivo; bajo presión, los agentes aprenderán los nuevos conceptos y procedimientos, pero no los aplicarán. No hay que confundir imposición con liderazgo; el líder tiene que lograr que las personas adhieran al esfuerzo y actúen en la dirección deseada.

La creación de la visión

Sin una visión sensata, el esfuerzo de transformación difícilmente llegará a término y es posible que naufrague en una serie de proyectos poco definidos e incompatibles entre sí. La visión siempre va más allá de los números típicos de los planes de mediano plazo; debe indicar el rumbo y requiere un análisis cuidadoso, pero también imaginación.

Para determinar la visión hace falta orientar los esfuerzos de cambio hacia donde se pueda tener éxito; para ello deben analizarse con rigor las necesidades del cliente y las fronteras a atravesar (de mercados, culturales, funcionales, tecnológicas, etc.) y también expresar el propósito con claridad y firmeza.

Muchos cambios fracasan porque se encuentran una gran cantidad de programas y directivas, pero no una visión; en otros casos, se definió una visión, pero fue expresada de manera compleja o confusa. Kotter (1998) propone una regla útil y elemental: "Si no puedes comunicarle la visión a alguien en menos de cinco minutos y conseguir una reacción que signifique comprensión e interés, no has terminado con esta etapa del proceso de transformación".

A la visión la seguirá la determinación de una estrategia para llevarla a cabo y la detallada planificación que integrará las distintas iniciativas: cambios en los procesos, en los sistemas, en las personas, en las necesidades de capacitación, etc.

La comunicación convincente

Como vimos, el cambio es imposible si la mayor parte de la gente no está dispuesta a colaborar, y no está convencida de su necesidad y de los beneficios que generará. Por ese motivo, es fundamental comunicar la visión del cambio a todos y así obtener *feedback*; siempre es posible conseguir información que mejore la ejecución, incluso de la resistencia.

La transformación no existe si la mayoría de las personas no está dispuesta a ayudar, incluso hasta el punto de hacer sacrificios en el corto plazo. Los empleados no harán ningún tipo de sacrificio, aun cuando no estén conformes con la situación existente, a menos que entiendan que es posible un cambio útil; para ello se necesita comunicación creíble y continua por parte de los responsables, que deben utilizar todos los canales disponibles e incorporar información acerca del proyecto en cada una de sus actividades.

Una vez que se fija el rumbo, se necesita difundirlo con un impulso firme por parte de la conducción, y cuando la gente lo comprende hay que alentarla a actuar. Si se desea que el proyecto triunfe, se deberá comunicar constantemente cómo se desarrollan los cambios: los mensajes deben ser *claros* y, además, *creíbles*. No bastan las palabras: los hechos también importan; nada debilita más un proyecto que un comportamiento inconsistente por parte de la dirección o de la gerencia.

La consolidación del cambio

Usualmente, los procesos de transformación se inician con mucha publicidad, pero la comunicación no es suficiente por sí sola. Pronto aparecen obstáculos que requieren ser removidos; a veces existen bloqueos reales, como una estructura demasiado jerárquica o especializada que atenta contra la productividad o la orientación hacia el cliente; otras veces, el problema está en las personas y el desafío consiste en convencerlas y sumarlas al proceso.

Cuando la transformación está en curso, deben enfrentarse las dificultades realmente importantes para permitir el logro de ciertos objetivos de corto plazo que serán tomados como prueba de que el cambio está en curso y produce resultados; será la mejor forma de evitar que la gente se desanime y de desactivar las resistencias remanentes. Esto demostrará una actitud positiva y dará oportunidad para reevaluar lo hecho y, de ser necesario, emprender acciones correctivas.

Estos logros parciales no tienen que tornarse una declaración de victoria prematura, ya que los que se resisten al cambio pueden interpretarlo como que concluyó la tarea y detenerse, entonces la inercia ahoga los esfuerzos que restan. Los resultados de corto plazo deben utilizarse para dar credibilidad al proceso de renovación y reforzar la visión inicial.

Consideraremos que el cambio se ha consolidado cuando toda la organización haya incorporado las nuevas normas; si el cambio no arraiga en los valores compartidos y en la cultura, corre el riesgo de desaparecer tan pronto como ceda la presión de la conducción. Para asegurar el cambio también será necesario tomar en cuenta los nuevos valores al decidir la renovación de directivos y gerentes.

8.6. Referencias seleccionadas

Chang, Richard Y.: *Mejora continua de procesos*. Granica, Buenos Aires, 1996.

Hammer, M. y Champy, J.: *Reingeniería*. Norma, Bogotá, 1994, Caps. 7 y 8.

Kotter, John P.: *Leading Change*. HBP Press, Boston, 1996, Caps. 3-10. (Existe versión en castellano.)

8.7. Temas de discusión

1. Caracterice los distintos enfoques de diseño tomando en cuenta la magnitud del cambio requerido y el grado de resistencia que generará su implementación.

2. ¿Qué razones encuentra para considerar las metodologías del ciclo de vida y de proceso de mejora continua como enfoque de mejoramiento o afinación del diseño actual?

3. ¿Por qué puede afirmarse que el método de la reingeniería se corresponde con un enfoque de diseño base cero?

4. Identifique una empresa o institución de su medio que haya realizado un proceso de transformación y mencione qué enfoque y qué metodología utilizó.

5. ¿Puede dejarse de lado alguna de las consideraciones que se efectúan en el texto como condicionantes de la gestión de cambio? ¿Qué consecuencias tendría?

BIBLIOGRAFÍA

Ackoff, R. (1972): *Un concepto de planeación de empresas,* México, Limusa.
_____ (1994): *La planificación de la empresa del futuro,* México, Limusa.
Albertti, P.P. y otros (1999): *Administración,* Buenos Aires, Docencia.
Allport, F.H. (1962): "A structuronomic conception of behaviour", en *Journal of Abnormal and Social Psychology* N° 64.
Alonso, A.H. (1987): *Planificación y control,* IIas. Jornadas de Profesionales en Ciencias Económicas, La Plata.
_____ (1993): *Control estratégico de gestión,* IIas. Jornadas Nacionales sobre Modernización del Sector Público, La Plata.
Argumedo, C. (1996): "Impacto de la revolución científico-tecnológica", en revista *Encrucijadas,* UBA.
Argyris, C. (1961): *Understanding organizational behavior,* Homewood, Darsey Press.
Brown, W. (1960): *Exploration in management,* Londres, Heinemann.
Carr, D. y Johansson, H. (1995): *Best practices in reengineering,* Nueva York, McGraw-Hill.
Chapman, W.L. (1965): *Procedimientos de auditoría,* Buenos Aires, Abeledo Perrot.
Coriat, B. y Taddei, D. (1993): *Made in France,* Buenos Aires, Alianza.
Cyert, R.M. y March, J.G. (1965): *Teoría de las decisiones económicas en la empresa,* México, Herrero Hnos.
Davidow, W.H. y Malone, M.S. (1993): *The virtual corporation,* Nueva York, Harper Business.
Deal, T. y Kennedy, A. (1985): *Las empresas como sistemas culturales,* Buenos Aires, Sudamericana.
Drucker, P.F. (2000): *La gerencia. Tareas, responsabilidades y prácticas,* Buenos Aires, El Ateneo.
_____ (1986): *La innovación y el empresario emprendedor,* Buenos Aires, Sudamericana.
_____ (1996): "La información que importa", en revista *Gestión,* N° 1. McGraw-Hill.
Eiglier, P. y Langeard, E. (1989): *El marketing de servicios,* Madrid, McGraw-Hill.
Emery, F.E. y Trist, E.I. (1960): "Socio technical systems", en *Management Science,* vol. 2.
Etzioni, A. (1965): *Organizaciones modernas,* México, UTEHA.

FACPCE (1985): "Informe N° 5": *Manual de auditoría*, Buenos Aires.

Fayol, H. (1991): *Administración industrial y general*, Buenos Aires, El Ateneo.

Fishman, C. (1998): "Las diez leyes del cambio", en revista *Gestión*, vol. 3, N° 3.

Fowler Newton, E. (1992): *Organización de sistemas contables*, Buenos Aires, Macchi.

Gane, C. y Sarson, T. (1982): *Análisis estructurado de sistemas*, Buenos Aires, El Ateneo.

Ghiglione, L.M. y otros (1993): *Estructuras y procesos*, Buenos Aires, Macchi.

Gilli, J. (1995): *Diseño de estructuras*, Buenos Aires, Docencia.

_____ (1996): "Ética y empresa", en revista *Apertura*, N° 59.

_____ y colab. (1998): *Sistemas administrativos*, Buenos Aires, Docencia.

Greiner, L.E. (1974): *Evolución y revolución conforme crecen las organizaciones*, Buenos Aires, Biblioteca Harvard.

Grupo Lisboa (1996): *Los límites de la competitividad*, Buenos Aires, Sudamericana.

Hamel, G. (1997): "La fórmula de la revolución", en revista *Gestión*, vol. 2, N° 3.

Hammer, M. y Champy, J. (1994): *Reingeniería*, Bogotá, Norma.

Hammer, M. (1998): "Unificar procesos", en revista *Gestión*, vol. 3, N° 1.

Hampton, D.R. (1994): *Administración*, Madrid, McGraw-Hill.

Hannan, M.R. y Freeman, J. (1993): *Organizational ecology*, Cambridge, Harvard University Press.

Handy, C. (1998): "The hungry spirit", en *Book Sumary* 2, Buenos Aires, Gestión.

Hickman, C.R. y Silva, M.A. (1992): *Cómo organizar hoy empresas con futuro*, Buenos Aires, Granica.

Illera, C.R. y Moreno, R. (1997): *Administración y dirección de empresas*. Madrid, UNED.

Jaques, E. (1976): *A general theory of bureaucracy*, Londres, Heinemann.

Johansson, H. y otros (1993): *Business process reengineering*, Chichester, Wiley.

Kaplan, R.S. y Norton, D.P. (1992): "The balanced scorecard: measures that drive performance", en *Harvard Business Review*, enero-febrero.

_____ (1993): "Putting the balanced scorecard to work", en *Harvard Business Review*, septiembre-octubre.

_____ (1997): *Cuadro de mando integral*, Barcelona, Gestión 2000.

Katz, D. y Kahn, R. (1981): *Psicología social de las organizaciones*, México, Trillas.

Keen, P.G. y Knapp, E.M. (1996): *Business processes*, Boston, HBS Press.

Knight, C. (1997): "Matrix organization", en *The Journal of Management Studies.*

Kotter, J.P. (1996): *Leading change,* Boston, HBS Press. (Existe versión en castellano.)

_____ (1998): "Errores fatales", en revista *Gestión,* vol. 3, N° 3.

Lardent, A.R. (1976): *Metodología de análisis y diseño de sistemas administrativos,* Buenos Aires, El Coloquio.

_____ (1984): *Técnicas de organización, sistemas y métodos,* Buenos Aires, Club de Estudios.

Magdalena, F. (1984): *Sistemas administrativos,* Buenos Aires, Macchi.

March, J.G. y Simon, H.A. (1969): *Teoría de la organización,* Barcelona, Ariel.

Mendes, K.S. (1980): "Análisis de sistemas estructurado", en *Revista de Administración de Empresas,* vol. 21, N° 4.

Miller, J.G. (1995): "Toward a general theory for the behavioral sciences", en *American Psychologyst,* N° 10.

Mintzberg, H. (1984): *La estructuración de las organizaciones,* Barcelona, Ariel.

_____ (1990): *Diseño de organizaciones eficientes,* Buenos Aires, El Ateneo.

_____ (1991): *Mintzberg y la dirección,* Madrid, Díaz de Santos.

_____ (1992): *El poder en la organización,* Barcelona, Ariel.

_____ y Quinn, J.B. (1993): *El proceso estratégico,* México, Prentice-Hall.

_____ y otros (1998): "La estrategia y el elefante", en revista *Gestión,* vol. 3, N° 4.

Mintzberg, H.; Lampel, J. y Ahlmstrand, B. (1998): *Safari a la estrategia,* Buenos Aires, Granica.

Mohrman, S.A. y Cummings, T.G. (1991): *Autodiseño de organizaciones,* Wilmington, Addison-Wesley.

Morris, D. y Brandon, J. (1994): *Reingeniería,* Bogotá, McGraw-Hill.

Nadler, D.A. y otros (1994): *Arquitectura organizativa,* Barcelona, Granica.

Peters, T. (1996): *Del caos a la excelencia,* Barcelona, Folio.

Porter, M. (1990): *La ventaja competitiva de las naciones,* Buenos Aires, Vergara.

_____ (1991): *Estrategia competitiva,* México, CECSA.

Rappaport, A. (1986): *Creating shareaholder value,* Nueva York, Free Press.

Riaz, K. y Lorber, R. (1994): *Administración en una página,* Bogotá, Norma.

Richard y Chang (1995): *Mejora continua de procesos,* Barcelona, Granica.

Rifkin, J. (1996): *El fin del trabajo,* Buenos Aires, Paidós.

357

Rummler G.A. y Brache, A.P. (1995): *Improving performance. How to Manage the White Space on the Organization Chart,* California, Jossey-Bass Publishers.

Sasso, H.L. (1992): *El proceso contable,* Buenos Aires, Macchi.

Schlemenson, A. (1990): *La perspectiva ética en el análisis organizacional,* Buenos Aires, Paidós.

Schoderbek, C.G.; Schoderbek, P. y Kefalas, A. (1984): *Sistemas administrativos,* Buenos Aires, El Ateneo.

Schvarstein, L. (1998): *Diseño de organizaciones,* Buenos Aires, Paidós.

Simon, H.A. (1962): "La arquitectura de la complejidad", en *Proceedings of the American Philosophical Society,* 106, N° 6.

_____ (1964): *El comportamiento administrativo,* Madrid, Aguilar.

_____ (1969): *Ciencia de lo artificial,* Barcelona, ATE.

_____ (1984): *La nueva ciencia de la decisión gerencial,* Buenos Aires, El Ateneo.

Solana, R.F. (1994): *Producción,* Buenos Aires, Interoceánica.

Stoner, J.A. y Freeman, R.E. (1994): *Administración,* México, Prentice-Hall.

Trist, E.L. y Bramforth, K.W. (1951): "Some social and psycological consequences of the longwall methods of coal-getting", *en Human Relations,* N° 4.

Volpentesta, JR. (1993): *Estudio de sistemas de información,* Buenos Aires, Buyatti.

Van Gigch, J.P. (1981): *Teoría general de sistemas aplicada,* México, Trillas.

Waterman, R.H. (1992): *Adhocracy,* Nueva York, Norton.

Walton, M. (1990): *Cómo administrar el método Deming,* Bogotá, Norma.

Woodward, Joan (1965): *Industrial organization: theory and practice,* Londres, 1965, Oxford University Press.

Yourdon, E. (1989): *Análisis estructurado moderno,* México, Prentice-Hall.

www.ingramcontent.com/pod-product-compliance
Lightning Source LLC
Chambersburg PA
CBHW060322200326
519CB00011BA/1805